KB152396

인생의
12가지 원칙

* 일러두기

1. 본문의 인용문과 큰따옴표 속 문장은 《자기신뢰》를 비롯한 에머슨의 저서와 공개 강연, 에세이, 헌정 연설 등에서 발췌한 것으로, 관련 내용은 참고문헌에서 확인하실 수 있습니다.
2. 본문의 병기와 괄호 속 설명은 독자의 편의를 위해 옮긴이가 추가한 내용입니다.

인생의 12가지 원칙

초판 1쇄 발행 2024년 4월 17일

지은이 마크 마토우세크 / **옮긴이** 이지예

펴낸이 조기흠
총괄 이수동 / **책임편집** 박의성 / **기획편집** 최진, 유지윤, 이지은, 김혜성, 박소현, 전세정
마케팅 박태규, 홍태형, 임은희, 김예인, 김선영 / **제작** 박성우, 김정우
디자인 필요한 디자인

펴낸곳 한빛비즈(주) / **주소** 서울시 서대문구 연희로2길 62 4층
전화 02-325-5506 / **팩스** 02-326-1566
등록 2008년 1월 14일 제 25100-2017-000062호

ISBN 979-11-5784-736-5 03190

이 책에 대한 의견이나 오탈자 및 잘못된 내용은 출판사 홈페이지나 아래 이메일로 알려주십시오.
파본은 구매처에서 교환하실 수 있습니다. 책값은 뒤표지에 표시되어 있습니다.

⌂ hanbitbiz.com ✉ hanbitbiz@hanbit.co.kr 🅵 facebook.com/hanbitbiz
🅽 post.naver.com/hanbit_biz ▶ youtube.com/한빛비즈 🅾 instagram.com/hanbitbiz

LESSONS FROM AN AMERICAN STOIC: HOW EMERSON CAN CHANGE YOUR LIFE

Copyright © 2023 by Mark Matousek

All rights reserved

Korean translation copyright © 2024 by Hanbit Biz, Inc.

Published by arrangement with HarperOne, an imprint of HarperCollins Publishers through EYA Co.,Ltd
이 책의 한국어판 지작권은 EYA Co.,Ltd를 통한 HarperOne, an imprint of HarperCollins Publishers사와의
독점계약으로 한빛비즈(주)에 있습니다.
저작권법에 의해 한국 내에서 보호를 받는 저작물이므로 무단 복제와 전재를 금합니다.

지금 하지 않으면 할 수 없는 일이 있습니다.
책으로 펴내고 싶은 아이디어나 원고를 메일(**hanbitbiz@hanbit.co.kr**)로 보내주세요.
한빛비즈는 여러분의 소중한 경험과 지식을 기다리고 있습니다.

불안한 영혼을 위한
랄프 왈도 에머슨의 내면 수업

LESSONS FROM AN AMERICAN STOIC

인생의
12가지 원칙

마크 마토우세크 지음 | 이지예 옮김

HB 한빛비즈
Hanbit Biz, Inc.

본성을 드러내는 것이 인간의 최고 목적이다.

_랄프 왈도 에머슨

때로는 살아가는 것조차 용기가 필요하다.

_세네카

새로운 삶의 지도를 그리는 시간

에머슨과 사랑에 빠지다

내가 처음 랄프 왈도 에머슨을 사랑하게 된 것은 내 인생이 위기에 빠졌을 때였다. 학업에서도 별다른 두각을 나타내지 못했고, 미래는 두려울 뿐이었다. 스스로에 대한 회의와 의심에 빠져 허우적대고 있었다. 내가 누구인지, 이 이해할 수 없는 행성에서 내가 태어난 이유가 무엇인지 결코 깨닫지 못하리라는 생각에 겁이 났다. 그때 나는 스물두 살, 실의에 빠진 대학원생이었다.

어렸을 때부터 나는 혼란스러운 감정이 너무나 버거웠다. 어디에 가든 어린 내 눈에는 기만과 위선이 뚜렷이 보였다. 모든 것의 겉과 속이, 그리고 모든 사람의 겉과 속이 달랐다. 어른들은 매번 다른 상황에서 다른 얼굴을 한 채 곡예를 펼쳤고, 나는 나대로 두 얼굴의 기만자였다. 아버지를 여의고, 분노에 찬 상처받은 소년이 나의 진정한 모습이었지만, 나는 그것을 허세의 방패 아래에 감추고 봉해버렸다. 나는, 다른 미국인들이 그런 것처럼, 이른 나이에 크게 성공해서 눈앞에 펼쳐진 건 눈부신 미래뿐인 것 같이 행동하고 다녔지만, 사실 내면 저 깊은 곳에서는 비참했고 엉망진창이었다. 냉소적이었고, 편집증적이었고, 외로웠고, 방황했다. 더 높은 학위를 따면 쪼그라든 내 자존감을 일으키는 데 도움이 될 거라고 스스로 되뇌었지만, 그것은 환상에 불과했다. 나는 숨을 멈추고 무언가 중요한 일이 일어나길, 이 상황에 중요한 의미를 부여해줄 무언가, 나에게 목적을 줄 무언가가 일어나길 바랐다. 그러나 이 난해한 일이 정확히 무엇인지는 나도 설명할 수 없었다.

게다가 나는 만성적인 재정난에 시달리고 있었다. 예일대학에서 온 바바라 패커Barbara Packer 교수의 연구 조교에 지원한 것도 재정난 때문이었다. 바바라 패커 교수는 마감을 넘긴 원고를 쓰기 위해 단순 작업을 해줄 보조가 필요했다. 이 원고는 랄프 왈도 에머슨의 대표 에세이들을 연구한 연구서였다. 내가 맡은 일은 절판된 참고 서적을 찾아내고, 오래된 신문 기사를 발굴해내고, 흐릿한 마이크로피시에서 찾아낸 글귀를 3×5 크기의 총천연색 인덱스카드에 옮기는 것이었다. 그때의 나는 에머슨에 대해 아는 것이 많지 않았다. 고등학생 때 그가 쓴 화려한 산문의 짧은 발췌본을 읽어본 적은 있었다. 하지만 내 기억 속의 에머슨은 청년들, 트렌드를 좇아 사는 사람들을 위한 친근한 멘토에 가까웠다. 졸업반 문학 수업에서 우리에게 경이로움을 안겨줬던 《월든》의 작가 헨리 데이비드 소로의 좀 더 비극적 버전이랄까. 그해 나는 바바라 패커 교수 덕에 바쁘게 지냈다. 도서관에서 책에 파묻혀 있었고, 텍스트로 된 참고 자료와 비교해보기 위해 산더미 같은 책을 낑낑대며 집에 들고 갔다. 그렇게 봄 학기가 시작될 무렵, 내가 쓸 논문에 대한 아이디어는 없었지만, 이 놀라운 남자의 삶과 저서에 관한 꽤나 좋은 개론 수업을 들은 셈이 되었다.

그렇게 에머슨을 만나고 나의 인생이 바뀌었다. 그의 원대한 생각들은 나의 보잘것없는 세계관에 충격을 안겼고, 나로서는 존재할 것이라 생각지도 못했던 인간의 가능성에 눈을 뜨게 해줬다. 그의 통찰은 급진적이었고 패러다임을 전환하는 것이었다. 사람의 인생에는 영적인 목적이 있다. 우리의 진정한 본성을 깨닫고 무지에서 자기이해로 발전하는 것이다. 우리는 각기 서로 다른 자신만의 목적과 특별한 재능을 부여받았다. 그러므로 우리가 반드시 해야 할 일은 최대한 열정적으로, 독창적으로, 용감하게 우리가 가진 특성을 펼치는 것이다. 에머슨은 **고통과 상실, 고난과 갈등이 기만의 세계 속에서 우리를 안내해줄 스승**이며, 우리가 깨달음에 다다르기 위해 꼭 필요한 것이라고 가르쳤다. 또한 관행을 따르지 않는 것, 일관적이지 않은 것, 내향적인 것, 고집스러운 것, 괴짜인 것, 그리고 "다소 짓궂은 것"조차 스스로를 깨닫는 데 도움을 주는 미덕이라 가르쳤다. 대다수의 사람들을 따라 하는 것은 실수이며, 자신의 마음을 바꾸는 것은 가장 선한 일이다. 이러한 것들은 내가 그때까지 배운 모든 것과 반대되는 것으로, 나에게는 개안開眼의 통찰이었다. 우리는 그 무엇보다 영적인 존재이며, 다음으로 개성이 존재하고, 인간의 삶과 신 사이에는 실제적인 분리가 존재하지 않는다는 생각이 존재에 성스러운 빛을 비추었다. 태어나서 처음 보는 빛이었다.

나는 종교적이지 않은 시대의 미국에서 자랐고, 이곳에서 신은 분위기를 무겁게 하는 주제라 언급하지 않는 것이 불문율이었다. 나는 신이 세계를 창조했다는 것을 믿지 않았고, 대부분의 조직화된 종교에 반대했으며, 나 스스로를 확고한 무신론자라고 생각했다. 그러나 에머슨이 "너 자신을 찾기 위해 내면을 보지 말고, 신을 찾기 위해 보라"[1]고 권면했을 때, 그 문장은 난해하고 복합적이었지만, 그럼에도 나는 그가 뜻하는 바가 무엇인지 이해할 수 있었다. 창조라는 전선을 통해 흐르는 하나의 마음, 그 신성한 지식에 관한 그의 설명은 말로 표현할 수 없는 내 경험에 깊이 와닿았다. 그는 자연이 우리가 이 세계에서 눈으로 볼 수 있게 표현된 신이라 가르쳤다. 다시 말하면, 자연이라는 거울을 통해 우리가 신을 본다는 것이었고, 우리가 이 창조에 반영되어 있다는 것이었다. 그가 설명하기로 우리의 특별한 재능은 우리 안에 있는 신성한 지식의 불빛이며, 이 힘의 원천에서 우리를 떼어낼 수 없다고 한다. 우리가 이것이 안내하는 대로 따를 때, 자신의 선택을 신뢰할 때, 다른 사람들이 하는 대로 따라 하고 싶다는 충동을 참을 때, 자연이 밖으로 드러난 일부임을 자각할 때, 즉 신이 밖으로 드러난 일부임을 스스로 알 때, 그렇게 존재하는 모든 것들이 온 우주와 함께 춤추고 있다는 것을 알 때, 행복이 생겨나는 것이라고 했다.

에머슨의 글을 읽으면 읽을수록 살아 있다는 느낌이 더 생생해졌다. 나는 뒤늦게나마 결단을 내렸다. 대학원을 자퇴하고, 가족과 화해했고, 건강하지 못한 관계를 끝냈다. 뉴욕으로 거주지를 옮기고 그곳에서 프리랜서 기자로 일하기 시작했다. 이제 더 이상 내 문제를 세상의 탓으로 돌리지 않았다. 시답잖은 사회 문제에도 공격적으로 굴던 버릇이 마침내 그 재미를 잃었다. "다른 사람들의 의견과 대립할 때, 박해받고 있다고 생각하는 어리석은 실수를 저지르지 말라." 에머슨은 우리에게 경고한다.[2] 나는 그의 말을 새겨듣고, 문제의 원인을 찾기 위해 나의 내면에 집중했다. 문제를 보는 나의 '시각'을 살폈고, 내가 나 자신과 세상에 관해 말하는 '내러티브'를 살폈다. 내가 어떤 사람이길 바라는지, 어떤 것들이 의미를 갖는지, 내가 중요하게 생각하는 것들은 무엇인지, 그리고 그렇지 않은 것들은 무엇인지. 고대 스토아 철학자들의 통찰처럼 에머슨도 관점이 세계를 창조한다고 말하면서 **우리가 삶의 조건에 관해 어떻게 반응할지 선택하는**

힘 속에 우리의 진정한 자유가 있다고 강조했다. 관점이 현실을 주조한다는 것을 알면 우리는 예의 그 습관적인 방식으로 반응하는 것을 멈추고 더 능숙하게, 건설적으로, 좀 더 주의 깊게 고난에 반응할 수 있을 것이다. 육체적 고문이나 질병 같은 극심한 고통에 봉착하는 경우를 제외한다면, 인간은 언제나 자신의 반응을 결정할 힘을 가지고 있다. 언제 상처를 받을지, 얼마나 받을지, 누구 혹은 어떤 일로 상처를 받을지도 스스로 결정할 수 있는 힘이 있다. 내가 가진 문제의 대다수는 스스로 만들어낸 것이며, 명명백백하게도, 실제 환경보다는 그 상황을 보는 내 방식 때문에 생겨난다. 우리는 쉽게 잘못된 믿음에 의지하고, 내러티브와 현실을 혼동한다는 것을 에머슨에게서 배웠고, 우리가 겪는 대다수의 고난이 바로 이러한 경향성 때문이라는 것을 배웠다. 자기혐오와 부정직함으로 배배 꼬인 이야기는 우리의 삶을 갉아먹고, 내가 누구인지 아는 것을 방해한다. 이렇게 자기이해를 빼앗긴 우리는 방향을 잃고 만다. 세네카는 우리를 일깨운다. "목적지를 모르는 항해사에게는 어떤 바람도 달갑지 않다."[3] 나침반을 손에 꼭 쥐고 있어야 가고자 하는 해변에 닿을 수 있는 것이다.

뉴욕에서 삶을 꾸린 지 2년 만에, 나의 인생 보트는 또 한 번 뒤집혔다. 5년을 넘기지 못할 것이라는 시한부 선고였다. 죽음이 목전에 닿으니 모든 것이 종잡을 수 없게 되었다. 시시한 잡지사 일을 관뒀다. 가진 물건을 팔았다. 살던 집을 내놨다. 친구들에게 작별인사를 했다. 그리고 죽음의 공포를 이겨낼 방법을 찾길 바라며 친구와 함께 인도로 여행을 떠났다. 엄습해오는 암흑 속에서 지푸라기를 잡듯 갖은 수도원과 아시람(ashram, 힌두교도들이 수행하며 거주하는 곳), 치유 워크숍을 다니며 질문에 압도당한 채 영적인 힘을 찾아다녔다. 분철한 에머슨 선집은 늘 가지고 다녔다. 유난히 겁이 나는 날이면 에머슨의 글을 읽었고, 그런 시간이 절벽 끝에 선 나를 일으켜 세웠다. 가능성을 일깨우고, 불안한 마음을 가라앉히고, 나의 관점을 바꿔줬다. 그리고 도무지 이겨낼 수 없었던 동정의 올가미에서 나를 풀어주었다. 1990년대 중반에 이르기까지, 누가 봐도 이상하다 할 만큼, 나는 여전히 살아 있었고 확실히 건강했다. 마침내 내 상태에 대한 진단 결과가 나왔을 때, 나는 두 번째 인생의 기회를 받았다. 말로 표현할 수 없이 기이했고 놀라웠다. 아리스토텔레스가 전쟁터에서 화살이 날아와 바로 옆에 선 병사에게 꽂히는 순간에 비유한 행운은 내게 추상적이고, 비현실적이며, 내 안의 무언가 반쯤 떨어져나가는 느낌이었다. 충격으로 전율했고, 숭고하기도 했다. 경외감, 이 단어로밖에는 설명할 수 없는 감정이었다.

간신히 살아났을 때 무언가 반쯤 떨어져나간 것 같은 느낌을 오늘날 얼마나 많은 이들이 느끼고 있을까. 세계가 점점 더 불안정해지면서 지구 전역의 시민들은 분노와 불신을 집단적으로 경험하고 있다. 외상 후 충격, 편집증, 탈진, 불신, 그리고 언제 또 들려올지 모를 충격적인 뉴스에 대한 두려움 같은 것들.

영적인 가르침, 회복, 진실을 말하는 것, 사회적 유대감의 회복이 절실해졌다. 다행히도 이러한 집단 트라우마로 인해 우리가 가진 잠재력에 관한 관심이 커지고 있고, 각성해야 한다는 다급한 마음들이 생겼다. 재난을 통해 배우고, 우리가 중요하다고 생각했던 가치에 의문을 제기하고, 우리의 선택을 재정비하고, 우리의 잠재력을 최적화해서 우리의 인생을 아끼며 가꾸겠다고 단호히 결단했다. 이러한 것들이 얼마나 순식간에 위협받을 수 있는지, 그리고 남김없이 빼앗길 수 있는지 우리는 이제 알아버렸다. 팬데믹은 (다른 끔찍한 것들과 함께) 별안간 전 지구적 깨달음을 우리 모두에게 안겨준 것이다. 우리의 존재는 영원하지 않으며 유약하다. 지구적 차원에서 인간의 유한함과 충돌하다보니 자기성찰, 주체성, 독자성, 목적, 인간다움이 무엇을 의미하는지에 대한 대중적 관심이 그에 상응할 만큼 급증했다. 우리는 지금 자신의 영혼을 탐색하고 영적 갈증에 목말라하는 사람들을 목도하고 있지만, 이런 현상을 다시 보게 된 것은 1960년대의 의식 혁명 이후로 처음이다.

그것이 내가 이 책을 쓴 목적이다. 에머슨의 변혁적인 지혜야말로 오늘날 우리가 필요로 하는 바로 그 치료제다. 그는 스토아 철학의 실용적이고 이성적인 강점에 초월주의 철학의 장엄함과 아름다움, 자유로움을 접목시켜 모든 것이 혼란스러울 때에도 자기이해에 가닿는 인간적인 길이 있음을 알려준다. 나는 이 교훈들을 40년 동안 실천했던 사람으로서 이것이 가진 힘과 유용성을 확신할 수 있으며, 또한 이것이 현대인들이 당면한 문제와 무척 관련이 깊다는 것을 보장할 수 있다. 당신이 받아들이기만 한다면, 에머슨은 당신에게 가르침을 줄 것이다. 여기가 한계라고 인식했던 벽을 깨고, 자신에게만 몰두했던 자아의 감옥을 넘어서게 할 것이다. 그리고 당신이 가능하다고 믿었던 그 무엇보다 무한히 크고, 깊고, 더 풍성한 것이 바로 당신의 삶이라는 것을 깨닫게 할 것이다. 에머슨은 우리에게 이렇게 말한다. "눈이 건강하려면 지평선이 필요하다. 우리가 충분히 먼 곳을 볼 수 있다면, 우리는 결코 피로하지 않을 것이다." 부디 이 책이 더 멀리 보고, 더 자신감을 갖고, 더 주의 깊게 듣고, 더 깊이 사랑하고, 다른 사람에게 미안해하거나 주춤대지 말고, 당신의 소중한 삶을 만끽할 수 있게 도와주는 동반자가 되기를 바란다. 에머슨은 지금 우리에게 필요한 스승이다. 지금이라도 당신의 보물을 되찾아야 한다.

이 책의 활용법

이 책이 제안하는 12가지 원칙에는 한 인간이 끝없이 걸어가는 깨달음을 향한 여정이 담겨 있다. 1장에서는 독창성과 성격적 특성, 내면 세계의 발견, 지혜로 이어지는 관문인 자아탐구 방법에 관한 이야기로 책의 포문을 연다. 2장에서는 관점을 주제로 다루며, 스스로 창조한 현실이 갖는 특성에 관한 에머슨의 통찰을 듣고, 관점을 바꾸는 것이 인생을 얼마나 근본적으로 바꾸고 발전시키는지에 대해 논한다. 다음으로 일반적인 관습에 순응하지 않는 것이 자아실현의 과정에 어떠한 긍정적인 영향을 끼치는지를 자세히 살펴볼 것이다. 4장에서는 모순과 역설을 주제로, 인간이 탁월해지는 데는 그가 가진 결함과 한계가 핵심적인 역할을 한다는 에머슨 철학의 고집(이것은 스토아 학파의 철학과도 일맥상통하는 지점이다)을 알아본다. 자신감과 회복탄력성의 관계를 다루는 5장에서는 자부심이 다양한 기회와 같은 생각을 가진 사람들을 (마치 우주에 그 의도를 알리듯) 끌어당기는 이유에 대해 함께 이야기한다. 다음으로 자연 세계와 연결됨으로써 얻게 되는 생명력에 대해 고찰한다. 이 영적 근원에 연결되는 것이 어떻게 한마음(One Mind, 분산되지 않고 하나가 된, 변하지 않는 마음) 혹은 오버소울(Over-Soul, 만물에 깃든 영혼으로 플라톤이 말하는 우주 영혼 혹은 신플라톤주의에서 말하는 세계 영혼과 같은 개념이다. 개인의 영혼은 오버소울에서 유출된 것으로, 오버소울의 본질을 잠재적으로 가지고 있다)이 우리가 하는 모든 행위에서 능력을 발휘할 수 있게 추동하며, 그로써 우리가 어떻게 힘을 얻게 되는지 살펴본다.

7장에서는 두려움과 용기에 관한 에머슨의 깨달음을 이야기하며, 자기신뢰가 인간의 선택이 가진 힘을 강조함으로써 두려움과 불안을 약화시키는 과정을 살펴본다. 8장에서 우리가 배우게 될 내용은 사랑과 친밀감 또한 의식적인 선택의 결과라는 것이다. 우리는 저평가되어 있는 우정의 가치, 사랑하는 사람의 마음을 불편하게 하는 갈등, 사랑이 본래적으로 갖고 있는 인간 이해를 넘어서는 측면에 대해 고찰한다. 또한 따뜻한 마음이 역경에 맞설 때 도움이 되며, 그 결과로 한 사람을 성숙함과 완전함으로 이끄는 계기가 된다는 것을 9장에서 배우게 될 것이다. 감사 역시 고난이 곧잘 새로운 시작으로 우리를 이끈다는 것을 깨닫게 하며, 우리의 회복력을 길러주는 영적인 훈련이다. 10장에서는 난관을 극복하고 승리할 수 있는 능력이 낙관주의의 원동력이라고 이야기하며, 사실상 우리가 통제할 수 있는 것이 거의 없다는 것을 인정할 때 모종의 믿음이 생겨난다고 말한다. 이러한 믿음은 명백하고, 경험적이며, 숭배와 경외를 바탕으로 한다. 11장에서는 자기이해로 들어가는 입구로서의 놀라움과 아름다움에 대한 에머슨의 탁월한 가르침을 배우고, 우리가 행복한 삶을 살기 위해 왜 매일의 삶 속에서 기적을 깨닫는 것이 중요한지 생각해본다. 마지막 12장에서는 우리가 인생에서 "굳건히 선 자세"를 취하고, 늘 지금 이 순간에 집중하며, 오직 자신에게만 집중하는 흐릿한 인식 속에서 생겨나는 억압적인 것으로부터 우리를 자유롭게 할 때 비로소 가능해지는 깨달음의 약속과 의식의 변화를 탐구한다.

나는 이러한 에머슨의 핵심 가르침들을 학술적인 시각이 아닌 열정적인 구도자의 시각에서 서술했다. 이 가르침들은 더 행복한 삶, 더 창의적인 삶, 더 열정적인 삶을 원하는 사람들을 위한 실제적이고 현실적인 지혜다. 나는 이론을 설명하기보다는 행동을 촉구하는 편이며, 학문적인 언어보다는 일상적인 언어를 사용하는 편이다. 나는 막후에서 국정을 좌지우지했던 에머슨이 아니라 한 인간으로서의 에머슨에 초점을 맞췄다. 훌륭했지만 결점이 없지 않았던 외톨이였고, 괴팍했으며, 복잡했고, 그가 살았던 시대를 벗어나지 못했다. 그리고 자신이 가진 한계를 처절하게 인식하고 있었다. 에머슨은 19세기 남성이자 엘리트로서 문화를 학습했고, 그에 따라 성별, 여성, 인종, 사회적 관습에 대해 구시대적 생각을 지니고 있었지만, 안타까움과는 별개로 이러한 결점이 그의 영적 가르침에 큰 영향을 끼치지는 않았다. 에머슨의 작품을 익히 잘 알고 있는 독자라면 이 책이 그의 시 저작들을 상당수 다루지 않고 있다는 것에 적잖은 충격을 받을지도 모르겠다. (그의 작품을 통틀어 나는 시를 가장 덜 사랑한다.) 에머슨이 자주 다뤘던 여타의 화제들(역사, 경제, 우주론, 예술론) 또한 이 책의 주제와 큰 관련이 없어 다루지 않았다.

이 12가지 원칙은 진실한 삶을 위한 지도를 직조하기 위해 쓰였고, 오늘날 우리가 당면한 문제들과 밀접한 에머슨의 지혜를 다시금 상기하기 위해 쓰였다. 이 원칙을 잘 활용하고 실천한다면 당신의 인생은 머지않아 새로워질 것이다.

목차

독창성
성격이 결국 전부다

+++

인간이 물려받은 가장 큰 재산은 그의 성격이다.

너 자신이 되어라

에머슨은 주눅 든 아이였다. 사람들을 대할 때도 어색했고, 집 안에 성공한 사람들이 많았기 때문에 에머슨에 대한 기대는 거의 없었다고 해도 과언이 아니었다. 수동적으로 행동했고, 공상에 자주 빠졌으며, 감정은 널뛰듯 했다. 자신을 "멍한 굼벵이"라고 여겼던 에머슨에게 세상은 절망을 안겨주는 일들이 너무나도 많은 곳이었다. 에머슨의 전기를 쓴 반 위크 브룩스는 "(에머슨은) 언제나 듣고만 있었다"고 전한다.

속을 알 수 없는 작은 소년, 통통하고, 어색하며, 강아지처럼 다정하고, 느릿느릿한 생각과 침울한 마음, 그리고 구름 가득한 여름처럼 음울하고… 위축되고 소심한 작은 생명체. 하지만 그는 경이로웠다.[1]

에머슨은 책을 좋아했고, 형제들을 선망했으며, 위대해지고 픈 꿈도 꾸었다. 그러나 동시에 스스로를 확신하지 못했고, 자기 비난으로 고통스러웠다. 괴팍한 성미, 극단을 오가는 감정, 타인을 대할 때 오는 불안감을 사람들과 있을 때 평정심을 잃지 않는 듯한 태도로 숨겼다.

에머슨은 고모 메리에게 보낸 편지에서 이렇게 적었다. "나는 의심 속을 거닐고 있고, 내 이성은 아무런 해결책을 주지 못해요."[2] 총명하고, 마치 찰스 디킨스의 소설 속 인물처럼 강퍅했던 메리 무디 에머슨은 에머슨의 인생 첫 멘토로서 그에게 많은 영향을 끼쳤다. 어린 조카였던 에머슨의 눈에는 그녀가 마치 독창성의 화신 같았다. 키가 130센티미터였던 메리는 맹렬한 칼뱅주의자였고, 대단한 독학자여서 아침 식사 자리에서 키케로와 셰익스피어를 읽었다. 멀리 나갈 때는 장례식 수의를 입었으며, 밤에는 자신의 창조자에게 조금이라도 빨리 돌아가고 싶은 마음에 관 모양으로 된 침대에서 잤다.

메리는 (에머슨이 추앙했던) 탐욕스러운 에너지로 세상을 누비는 사람이었다. 에머슨은 스스로를 굼뜨고, 산만하고, 침울한 사람이라 생각했음에도 불구하고, 그녀에 대해서는 "다른 누구보다도 빠른 속도로 공전한다는 것이 그녀가 가진 불운이었다"고 평했다.[3] 메리는 내향적인 조카가 껍질을 깨고 나올 수 있기를 바라며 그의 한계를 시험하고, 가장 높은 목표를 바라보도록 힘을 북돋았다. "사소한 건 무시해버려. 목표를 높게 잡고, 하기 무서운 일을 해내."[4] 그녀가 에머슨에게 해준 말이었다.

에머슨은 인생의 목적은 우주와 나의 독자적 관계를 얻기 위해 애쓰며, 자기 자신이 되어가는 것임을 배웠다. 그는 개인적으로도 영적으로도 한 사람의 성격character이 모든 것임을 믿게 되었고, 한 개인이 자기 자신을 모른다면, 그 사람은 자신만의 고유한 인생의 목적을 성취하지 못한다는 사실을 믿게 되었다.

이 목적은 관습과 효용을 뛰어넘는다. 에머슨은 늘 이야기했다. "부를 축적하는 것은 한 인간의 궁극적 목표가 아니다. 결국 똑같이 부를 축적하는 것을 궁극의 목표로 삼게 될 자녀를 낳는 것도 그의 목표가 될 수 없다. 다만, 자기 자신을 탐색하는 것, 그것이 인간의 궁극적 목표다." 자신만의 개별적 특성을 살리고 싶다면, 다른 사람들의 인정을 바라는 것은 아무런 도움이 되지 못한다. 오히려 **우리는 우리 자신을 안내자로 존중해야만 한다.** 왜냐하면 언젠가 "부단히 정진하다 보면, 질투는 무지이며, 모방은 자살이라는 확신을 깨닫는 시기"가 오기 때문이다. 인간이 반드시 해야 할 일은 자신만의 것을 세상에 펼치는 것, 그리고 자기 자신이라는 가장 자연스러운 존재를 열매 맺는 것이다. 그리고 이것은 다른 이들의 시선이라는 따가운 빛 밖에서, 오직 참된 자신의 모습을 깊이 이해할 때 가능해진다.

에머슨은 한 사람의 성장에 있어 자아탐구self-inquiry만큼 효과적인 방법은 없다고 생각했다. 마음을 열기 위해 철학적인 질문들을 탐구하고 현실에 관한 통찰력을 얻는 이 훈련은 스토아 철학이 존재했던 시기보다 훨씬 이전으로 돌아간다. 자기발견의 길은 인도의 현자들이 처음으로 "나는 누구인가?"라는 질문을 던졌을 때 시작되었고, 소크라테스는 "너 자신을 알라"는 경고와 함께 이 훈련을 계속함으로써 탐구하는 인생으로 이끄는 출입구를 열었다.

우리의 현실은 개인적인 편향으로 굴곡진 거울에 기반해 우리의 인식이 창조해낸 것이다. 그리고 그러하기 때문에 자기 신뢰를 위해서는 스스로 질문을 던지는 과정이 반드시 필요하다. 자기 자신을 모르는데 '자신이 하고 싶은 것'을 할 수 있을 리 없다. 그러니 웬만하면 무시하고 싶은 내면의 무엇을 면밀히 들여다보는 겸손한 과정을 통해 그것을 나의 의식 세계 안으로 통합해야 한다.

에머슨은 메리를 보면서, 다른 사람들이 보기에는 이 까다로운 여성이 좀 불편할지 몰라도, 그녀가 자신의 의지로 자신이 어떤 사람인지 결정하고, 결점 또한 결점 그대로 받아들인다는 것을 깨달았다. 그 의지 때문에 메리는 강력한 추진력과 내적 갈등 없는 효율성이란 특성을 갖게 되었다. 에머슨은 다른 사람들이 원하는 대로 행동하느라 불안정한 사람이었지만, 그의 고모는 다른 사람들에게 맞추느라 고생하며 시간을 허비하는 사람이 아니었다. 다행히도 에머슨은 스스로를 괴롭히는 행동을 대부분 극복했고, 다른 사람들이 이상하다고 할만한 자신의 특성도 자연스럽게 받아들였다. 자신의 쇠약함과 결함을 스승으로 삼게 된 그는 그것을 타고난 것으로, 자신의 특성에서 꼭 필요한 측면으로 이해하게 되었다. 시간이 지나면서 그의 내면을 객관적인 주시자의 시각으로 살펴볼 수 있게 되었고, 자신의 결점을 비극적이고 유감스러운 것이 아닌 한계가 있는 인간의 희극적 실패로 받아들이게 되었다.

당신은
흥미로운 인간이다

앤디 워홀은 유년 시절 극단적인 자기혐오에 시달리다가 에머슨과 같은 발견에 이르게 되었다. 내가 뉴욕 생활을 시작했을 때, 나를 자신의 잡지사 에디터로 고용했던 앤디 워홀은 펜실베이니아 피츠버그에 터를 잡은 폴란드계 노동자 집안의 막내아들로, 얼굴에는 여드름이 만개했고, 여자아이 같았으며, 결벽증이 있었다. 훗날 호모섹슈얼 아티스트라는 이단아가 될 것을 짐작했던 그는 어렸을 때부터 그에 맞는 성격을 찾기 위해 이런저런 사회적 페르소나들을 시도했다. 소년 에머슨이 미래에 위대한 사람이 될 희미한 빛을 보이고 있었다면, 소년 워홀 또한 아직 발아하지 않은 자신만의 고유한 독창성의 씨앗을 알고 있었다. 그리고 1949년, 그가 뉴욕에 도착해 버스에서 내렸을 때, 그리고 자신과 같은 사회적 이단아들로 가득한 뉴욕 다운타운 예술계를 발견했을 때, 그의 독창성은 천재성으로 꽃피게 되었다.

워홀은 그의 급진적인 지지자들의 성원에 힘입어 그가 순수예술계에서 발돋움하지 못하게 가로막고 있던 불문율들을 깨부수기 시작했다. 그는 누가 봐도 제약조건임이 명확한 것들, 이를테면 별다른 감흥 없는 드로잉, 변변찮은 대인관계 기술, 심지어 일찍이 찾아온 탈모까지, 이러한 것들을 무람없이 과시하며 자신만의 트레이드마크이자 브랜드로 탈바꿈시켰다. 천성적으로 강한 개성과 곧 죽어도 다른 사람을 따라 하지 못하는 평생의 성격이 앤디 워홀의 내향성을 그만의 트레이드마크인 난해한 스타일로 탈바꿈시키는 데 일조했고, 텅 빈 캔버스에 사진을 베끼고, 마치 아이가 색칠 공부하듯 선 사이에 색을 칠하는 등 작품을 만드는 독특한 방식을 개발하는 데도 도움을 줬다. 그리고 이것이 그에게 전 세계적인 성공을 안겨주었다.

워홀은 심지어 자신이 대머리인 것조차 흥미로운 요소로 재규정했다. 사실 제멋대로 뻗친 다채로운 색의 가발을 쓰고 다닌 그는 어디에 가든 눈에 띌 수밖에 없었다. 평론가들은 워홀의 이러한 행위를 그저 쇼맨십 전략 정도로 생각했지만, 상상력을 통해 결점을 강점으로 바꾸는 것이야말로 앤디 워홀이 가진 천재성의 핵심이었다. 사랑에 있어 모진 외로움에 힘들어했기 때문에 그에게 행복이란 그저 간헐적으로 찾아오는 것이었지만, 그럼에도 불구하고 앤디 워홀은 대통령과 대화를 나누든, 현행범으로 체포되는 문신 가득한 사기꾼을 필름에 담든, 언제나 그 자신이었다. 메리 고모가 자신의 개성 넘치는 총명함을 감추지 못했듯, 앤디 워홀도 자신의 독창성을 숨길 수 없었다.

두 사람은 모두 에머슨이 "보상compensation"의 법칙이라고 명명했던 것의 산증인이었다. 우리 모두는 서로 상충되는 부분들과 변칙들로 구성된, 걸어 다니는 모순덩어리다. 에머슨은 이렇게 제각기 별나고 이질적인 부분을 통합된 하나로 결합하는 것은 오직 조정과 상상을 통해서만 가능하다고 말한다. "모든 달콤한 것에는 그만의 시큼한 부분이 있고, 모든 악함에는 그만의 선함이 있다." 모든 강점은 그에 상응하는 약점을 야기하고, 모든 상실은 어떤 면에서는 이익을 제공한다. 에머슨은 이 시소 같은 상태를 놀라울 정도로 청각이 정확해지는 시각장애인의 역설적인 이점과 모든 것을 잃었지만 물질적인 것에 속박되었던 자기 자신을 깨닫고 정신적인 것을 추구하는 것의 자유로움을 즐기게 되는 자본가에 비유했다.

이 보상의 법칙은 약점에는 반드시 이면이 있기 마련이며, 조랑말 똥이 여기에 있으니 어딘가에 분명 조랑말이 있으리라 믿고 찾는 인내와 투지만 있다면 결함은 긍정적인 변화를 위한 기폭제가 될 수 있다는 것을 우리에게 상기한다.

당신의 인생에서도 보상의 법칙이 작동할 수 있게 하려면 당신이 세상으로부터 숨기기 위해 갖은 애를 쓰고 있는 불안감, 상실, 약점, 실패가 무엇인지 밝히는 과정이 반드시 필요하다. 그리고 이러한 결함들을 다르게 볼 수 있다는 것을 숙고해야 한다. 만일 결함 속에 내재된 잠재력을 알아보지 못한다면, 당신은 다른 사람이 가진 장점을 모방하면서 내가 가진 한계를 피하려고만 하게 될 것이다. 그보다는 자신의 결함을 비판하는 것을 멈추고, 이 마이너스 요소들이 당신에게 가져다줄 플러스의 상금을 상상해보라. 당신의 약점을 이런 식으로 상상하는 것이 가능해진다면, 당신을 군중 속에 섞이지 못하게 만드는 이상한 특성들을 경멸하게 되는 것이 아니라 오히려 그것에 매료될 것이다. 에머슨은 다음과 같이 설명한다. "만일 인간이 일반적인 언어로 말하기를 멈추고 이상한 것이라면 모조리 숨기려는 그 일반적인 행태를 피한다면, 그리하여 자신만의 방식을 따라, 마음에 떠오른 생각 중에서 가장 중요한 것만을 발화한다면, 모든 인간들은 흥미로운 인간이 될 것이다."[5]

하지만 우리는 곧잘 우리의 독창성을 무시한다. 독창성이 다른 것도 아닌 우리의 것이란 이유로. 결국 자신에게 돌아오는 이 혐오는 우리의 내면을 오가는 영적 지능(spiritual intelligence, 양심의 계발 정도를 헤아리는 지수)을 우리가 완전히 불신하고 있음을 여실히 보여준다. 개인의 생각과는 비교할 수 없을 정도로 무한히 창조적인 힘의 원천이 우리의 개별적인 삶에 생기를 불어넣는다는 명약관화한 사실을 우리는 모르는 체한다. 에머슨은 늘 주장했다. "우주의 보편적 마음은 사람의 본성을 통해 개인에게 드러난다."[6] "내 의지에 따른 내 생각은 내가 신으로부터 직접 받은 계시다." 그는 "시인과 현인의 하늘에서 빛나는 빛"보다 당신의 "머릿속을 스쳐 지나가는 섬광"의 희미한 빛을 찾아 이 고유한 직관을 더 신뢰하라고 가르친다.

이 가르침을 따르기 위해서는 다수 앞에 고개 숙이지 않고, 우리 안의 독창성을 신뢰하며, 내면의 안내에 주의를 기울여야 한다. 내키지 않으면서도 동의하는 것은 진실한 나 자신이 되는 것의 적이라고 경고한다. 그러나 우리는 여전히 군중과 잘 어우러지는 훈련을 받고 있다. 한계를 극복하지도 말고, 착한 구성원, 이상적인 시민이 되기 위해 불복종일랑 거절하는 법을 배운다. 에머슨에 따르면, 이처럼 자신의 기능을 저하하는 교육은 "우리 안에 있는 개별적인 것, 개인적인 것을 수면 아래로 가라앉히는 것을 목표로 한다. 책, 대학, 예술학교, 어떤 종류의 교육기관이든 과거의 천재적인 발언으로 그친다. 그것들은 내 운신의 폭을 좁힌다. 그들은 뒤를 본다. 앞을 보지 않는다."

체계이론학자 버크민스터 풀러-그의 고모할머니가 에머슨의 정신적인 연인이었던 마거릿 풀러Margaret Fuller였다-는 다음과 같이 평했다. "모든 사람은 천재로 태어나지만 삶의 과정이 그 천재성을 잃게 한다."[7] 이 천재성의 상실은 어린 시절 교실에

서부터 시작되는데, 이곳에서 타인을 향한 존중과 스스로에 대한 위축을 강화하고 권장한다. 당신이 흥미로운 사람이라는 사실을 기억하기 위해서는 모방이라는 사이렌이 울릴 때 저항해야 한다. 사람들이 가장 많이 다니는 길을 따라나서기보다는 오히려 길이 없는 곳에 가서 다른 사람들을 위해 길을 내라.

기쁨을 따르다

내면의 목소리에 대한 인식이 커질수록 자신이 좋아하는 것을 신뢰할 수 있게 된다. **"자신만이 들을 수 있는 속삭임을 듣지 않는다면, 그 누구도 탁월하거나 뛰어난 일을 해낼 수 없을 것이다."**[8] 에머슨은 학습한 것보다는 직감을, 책을 통해 채운 박식함보다는 우리가 선천적으로 가진 지식을 더 따르라고 강조한다. 이것이 자기신뢰의 핵심이다. "직관을 통한 이해"로 마음을 열고 더 높은 차원의 지성이 전해주는 메시지를 듣는 것이다.

오직 창조주만이 우리의 최선이 무엇인지 가르쳐줄 수 있다. 우리가 자연스럽게 하는 행동이 바로 우리의 최선이다. 최선이라고 스스로 생각하는 신중한 결정과 주의집중도, 자연스러운 가벼운 행동 하나가 가져다줄 수 있는 것보다 더 많은 질문에 가닿게 해줄 수는 없다.

자연스러운 행동은 스스로 의심하는 마음을 피하게 해준다. 이 내면의 명령을 우리가 신뢰할 때, 우리는 번영할 것이다.

직관에 관한 연구는 에머슨의 가르침을 뒷받침해준다. '분석적인 추론 없이도 무언가를 아는 능력'이라 정의되는 직관은 우리의 정신에서 무의식과 의식의 가교 역할을 한다. 성취할 수 있는 능력과 독창성도 직관과 관련이 깊다. 사투 테리캉가스Satu Teerikangas 유니버시티칼리지런던 명예교수는 "우리가 알고 있는 곳에서 미지의 인지 지형으로 여행할 때" 직관이 생겨난다고 말한다. 그에 따르면 우리의 인지적 변화는 다른 사람이 이미 했던 생각, 추측을 거부할 때 초래되는데, 이 변화가 "매일 습관적으로 쓰던 가면을 벗어던지게 하고, 진정한 자기 자신이 드러날 수 있게 해준다."[9]

이러한 주장은 개인의 천재성에 관한 에머슨의 관점과 조응한다. 에머슨은 독창성이란 한 사람이 태어날 때부터 가진 타고난 권리라고 생각했다. 그는 우리에게 이렇게 말한다. "당신의 생각을 믿는 것, 당신의 사적인 마음속에서 당신에게 진리인 것을 그러하다고 믿는 것, 그것이 모든 사람에게 진실이다. 그것이 천재성이다." "마음속에 있는 여전히 작은 목소리"를 믿고 귀 기울이는 것이 우리의 창조적인 힘을 결정하고, 또한 그것을 강화한다. "다른 사람에게 개의치 않는 특이한 사람일수록 더욱 무한하다."[10]

직관에 관해 이야기하자면 확실히 여성들이 남성보다 유리하다. 뇌의 오른쪽 반구와 왼쪽 반구를 이어주는 하얀 물질을 뇌들보corpus callosum라 하는데, 여성의 뇌들보가 남성의 뇌들보보다 더 두껍다. 덕분에 여성들은 훨씬 월등한 능력으로 뇌의 양쪽 반구에 동시에 접속할 수 있다. 즉, 의사결정 과정에서 훨씬 더 쉽게 합리적인 이성과 감정, 직감을 통합시킬 수 있다. (에머슨은 일기에 다음과 같이 적었다. "여성의 타고난 선지자적 기질을 나는 늘 존경한다."[11]) 남성은 생각할 때 사고 간에 경계를 짓는 경향이 더 크고, 논리에서 직감으로, 즉 좀 더 통합된 형태의 지식으로 이동하는 데 여성보다 더 경직되어 있다.[12]

공감 능력이 뛰어난 사람들과 예민한 사람들을 치료해온 심리학자 주디스 올로프는 직감을 "여성들의 초능력"이라고 일컬으며, 억눌려 있던 자신의 직감을 찰나의 시간에 발견했던 예전 동료의 일화를 소개했다. 이 여성 CEO는 커리어 측면에서 어려운 의사결정을 내려야 하는 상황에 직면해 있었고, 논리적인 해결 방안을 찾기 위해 "문제를 철저히 분석하느라" 힘든 시간을 보내고 있었다. 그녀는 중대한 결정을 압박 속에서 내리지 않기 위해 올로프에게 조언을 구했다. 올로프는 스스로에게 조용히 물을 것을 권했다. "이 일에 참여하는 것이 당신에게 최선인가요?" 내면으로의 방향 전환은 깊이 고민하고 논리를 추구하는 마음을 가라앉혀주었고, 이 열성적인 과잉성취자가 기다렸던 답을 안겨주었다. 이 인내가 "불현듯 침몰하는 타이타닉의 이미지를 보여줬고" 그리하여 어떤 선택을 내려야 할지 결정하기 위해 그녀가 알아야 할 모든 것을 알려줬다고 올로프는 말한다. "이 이미지와 그녀의 직감에 따라 그녀는 참여하지 않기로 결정했어요. 실제로 그 사업은 실패했습니다."[13]

여성이 2등 시민이었던 사회에서 어떻게 자신의 길을 걸을 수 있었냐는 질문을 받았을 때, 메리 무디 에머슨은 다음과 같이 답했다. "나는 나만의 상상이라는 음악에 맞춰 춤을 췄다."[14] 앤디 워홀은 인터뷰에서 그만의 독창적인 창조 과정에 관한 질문을 받았을 때, 비밀스럽게 이야기했다. "내가 생각을 해야 한다면, 그 그림은 틀린 것이다. 결정하고 선택해야 하는 것이 많아질수록 점점 더 틀린 방향으로 가게 된다."[15] 에머슨은 "우리는 우리가 아는 것보다 더 잘 알고 있다"는 말을 정언처럼 받아들였고, 이런 특별한 재능이 논리적인 추론보다 더 믿음직스러운 것이라 믿었다.

우리는 그저 복종하기만 하면 된다. (…) 그리고 겸손하게 듣다 보면 옳은 말을 듣게 될 것이다. (…) 우리 내면에는 우리가 알지 못하는 곳으로부터 생각의 물줄기가 늘 흘러들어오고 있다. 무엇을 생각할지 결정하지 말라. 우리는 그저 감각을 열고, 진실을 가로막는 방해물들을 제거한다. 그리고 신이 우리를 통해 생각하게 하라.

신을 따르면 인간은 행복에 이른다. 에머슨이 수년간 이어진 자기 자신에 대한 의심을 끝내고 난 뒤 깨닫게 된 것처럼, 내 욕심대로 되게 하려다 지치는 고됨도 나아진다. 에머슨은 일기에 경이로움을 표했다. "믿을 수 있는가? 선택이라는 끝없는 당혹감으로부터 자유로워질 수 있다는 것을, 그리고 영혼에 귀를 가져다 대면, 늘 진정한 길을 깨닫게 된다는 것을."[16] 그러한 귀 기울임은 우리의 원초적인 지성을 일깨운다. 그리고 이것이 우리에게 전해주는 메시지는 종종 계시와 같다.

광야의 삶

과도하게 길들여진 현대인의 삶을 에머슨이 알았더라면 우리는 그의 꾸지람을 면치 못했을 것이다. 편의성과 효율성에 집착한 나머지, 우리는 야생의 본성을 잊은 채 풍요로움이라는 이상을 추구해왔다. 이처럼 진정성이 거세된 인위적이고 조각 난 경험으로 인해 숨이 막힐 지경이다. 심리학자 에리히 프롬은 이렇게 말한다. "자연 전체를 놓고 봤을 때, 인간 존재의 문제는 독특하다."[17] "인간은 자연에서 떨어져나왔으나, 이전에 그러했던 것처럼 여전히 자연 속에 있다. 인간은 어찌 보면 신성하기도 하고, 어찌 보면 짐승이기도 하며, 어찌 보면 무한하나, 어찌 보면 유한하다."[18]

에머슨은 인간이 지상의 삶이 주는 거친 고난과 결별할 운명은 아니라는 점을 상기한다. 기술적 진보를 이룩한 이 시대에, 과도하게 문명화되어 반짝반짝 빛나는 우리 존재에 다시금 생기를 불어넣기 위해 광택제를 바르지 않은 더 날것의 단순한 경험을 원하는 욕망이 점점 커지고 있다. 소비자들은 붉게 물든 이빨과 발톱으로 표현되는 자연과 정신적 교류를 나누기 위해 아웃워드바운드(Outward Bound, 야외에서의 도전적 모험을 통해 사회성·리더십·강인한 정신력을 가르치는 국제 기구) 같은 조직을 찾는다. 이러한 조직은 당연히 유용한 서비스를 제공하지만, 대중의 정신적 허기를 낚아채 가진 것이라곤 백팩과 따뜻한 차가 담긴 보온병 하나뿐인 고객들을 어딘지도 모르는 곳 한복판에 떨어뜨려놓는 대가로 큰돈을 청구한다.

에머슨은 자연을 길들이겠다는 인간의 염원은 (욕망을 완전히 초월하지 않는 한) 우리의 특성을 내어주는 것이며, 독창성을 상실하고, 냉혈한과 방관자, 투박한 가짜 관계만 양산하게 된다고 경고했다. 그는 시골 아이들이 가진 능력과 도시 아이들의 곱게 자란 유년 시절을 대비하며 "뉴햄프셔에 사는 튼튼한 청년이 유약한 도시 사람 수백 명보다 가치 있다"고 주장했다.

우리가 이 단순한 흑백논리를 받아들이든 받아들이지 않든, 에머슨은 아주 중요한 점을 지적하고 있다. 우리가 우리의 동물적 자아animal self를 무르게 만들고 야생의 부름을 무시한다면, 우리는 인간의 참된 의미를 구성하는 핵심적인 부분을 희생하는 것이다.

그러므로 우리는 부디 우리의 인생에서 야생이라는 방법을 되찾아 길들여진 우리 스스로를 해방할 방법을 찾아야 한다. 야외에서 요리를 하든, 삼림욕을 하든, 휴양을 하든, 아니면 기계에 속박되지 않는 삶이 어떤 느낌인지 기억하기 위해 하루 동안 각종 기기들을 사용하지 않는 간단한 방법이든, 이렇게 새로운 삶의 방식을 시도하는 것은 우리의 정신과 영혼의 건강에 심대한 영향을 끼친다. 효율성과 편안함이란 명목으로 우리가 지금껏 무엇을 포기해왔는지 살펴봐야 하며, 간편함이란 문화를 위해 우리가 잃어버린 모든 것들을 어떻게 되찾아올 수 있을지 고민해야 한다.

에머슨에 따르면 우리를 원초적인 나로 안내하던 것은 자연과는 결코 떼려야 뗄 수 없는 것으로, 우리가 통제하지 못하는 원류에서 떠오른다. 다른 곳에서는 결코 얻을 수 없는 지혜(이후의 장에서 이 내용을 더 자세히 다룰 예정이다)를 가르쳐주는 자연이 가장 위대한 스승이라 주장한 에머슨은 성서보다 자연의 복음을 더 상위에 두어 신성을 모독했다는 명성을 확고히 하며 실제로 우리에게 야생에 헌신하라고 부추긴다. 우리가 자연의 리듬에 몸을 맡기면 우리는 본능적으로 지금 이 순간에 연결되고, 차분한 마음과 정갈한 인식을 갖게 된다. 인간이 만든 세계 밖에서 시간을 보내는 것은 명상과 비슷한 효과를 주는데, 둘 다 지금 이 순간에 오롯이 몰두하게 하고, 우리의 순전한 의식을 순결한 집중이라는 자연스러운 빛으로 비춰준다. 이 두 가지는 육신을 복원할 기회이자 내면의 광야를 탐험하고 경험의 직관성을 탐구할 기회다.

흥미로운 실험 하나를 함께해보자. 사람들과 멀리 떨어진 조용한 장소에 가서 타이머를 5분에 맞춘다. 이제 눈을 감고, 손은 다리 위에 올려놓고, 당신의 팔, 다리, 몸통, 손, 발, 안구 뒤쪽, 뱃속, 정수리까지 순환하는 에너지의 흐름에 주의를 기울여보라. 몸에서 느껴지는 감각에 꼬리표를 붙이지 말고, 감각 그 자체로 바라본다. 그리고 이 언어로 환원되지 않은 인식으로 인해 몸 안에 존재하는 감각 경험이 선명해짐을 느낀다. 또한, 이렇게 내면을 바라봄으로써 뇌의 끊임없는 독백 아래 자리한 침묵의 영역에 닿은 당신을 느껴본다. 알람이 울리면 눈을 뜨고, 당신의 내적 경험이 어떻게 바뀌었는지 바라보라. 이 잠깐 동안 떠올랐던 생각이나 느낌을 적어본다. 이런 방법으로 당신의 본래적 존재와 접촉하는 것은 정신과 육체, 그리고 영혼에 놀라울 정도로 긍정적인 영향을 미친다.[19] 이러한 고요함 속에서 몸과 마음은 힘을 얻고, 스트레스는 완화되며, 생기를 되찾게 된다.

광야에 설 때, 인간이 초래한 문제들로부터 자유로워지고, 우리가 여전히 낙원에 있음을 아는 순수(혹은 즐거움)의 감각이 서서히 우리의 마음에 자리하게 된다. 에머슨은 이를 이렇게 설명한다. "자연의 품 안에서 인간은 그의 실제적 슬픔에도 불구하고 강렬한 기쁨을 느끼게 된다. 자연은 이렇게 말한다. 인간은 나의 창조물이며, 인간의 무의미한 슬픔에도 불구하고 나와 함께 기쁨에 이를 것이다." 광야는 누구의 손도 닿지 않은 곳, 오직 인간의 것인 비밀 정원이 우리에게 있음을 상기시키며, 영원을 배경으로 우리가 인간이기에 느끼는 슬픔들을 사소하게 만든다. 스티븐 던Stephen Dunn은 그의 시 '비밀의 삶A Secret Life'에서 이 경계 밖 영역을 내면의 공간에 비유하며 이렇게 적었다. "만약 절대자가 '너는 단 하나만 지킬 수 있고, 나머지는 모두 나의 것'이라고 말한다면, 나는 내면의 공간을 지킬 것이다."[20] 우리 내면의 광야는 누구도 방해할 수 없는 온전한 자기만의 공간이며, 길들여짐에 저항하는 곳이다. 이것을 계속 박동하게 할 방법은 자연 속에서 자신의 내면으로 침잠하는 것이다. 청년 시절의 에머슨은 보스턴 주변의 숲속을 배회하며, 그것이 그의 소외감을 치유해줄 유일한 치료제라는 사실을 깨달았다. 성 아우구스티누스는 배회하는 것이 요동치는 마음에 위안을 주는 이유를 서술하기 위해 'solvitur ambulando(걸으면 해결된다)'라는 문장을 지었다. 에머슨은 자연을 걸으며 지식의 철갑을 내려놓고 나무가 들려주는 설교를 들으며 그가 가진 재능의 연원에 닿을 수 있었다.

에머슨은 광야로 들어가기 위해서는 혼자일 수 있는 능력을 반드시 길러야 한다고 말한다. 우리가 고독을 부인하면, 내면 세계와 만날 수 없을 것이다.

세상이 성가신 것들로 당신을 귀찮게 할 음모를 꾸미는 것처럼 여겨질 때, (…) 친구, 고객, 자녀, 질병, 두려움, 결핍, 관용, 이 모든 것들이 한꺼번에 당신의 벽장문을 두드리며 말한다. "나와서 우리에게로 오라." 그러나 그들의 혼란 속으로 들어가지 말고, 당신의 자리를 지켜라. 인간이 나를 성가시게 하는 힘은 내가 연약한 호기심 때문에 그들에게 준 것이다.

그러나 고독보다 산만함을 선호하는 우리는 혼자임을 곧잘 거부한다. 애착, 소속감, 협력, 사회적 유대감을 향한 생물학적 끌림과 오직 자기 자신만이 들을 수 있는 속삭임에 귀 기울이기 위해 꼭 필요한 고독, 이 두 가지의 서로 반대되는 힘 사이에서 우리는 끌려다닌다. 바이런은 그의 시에서 고독을 (훈련을 한다면) "우리가 가장 덜 외로운 곳"이라고 표현했다.[21] 상상력은 텅 빈 공간, 혼자 있는 시간에 자극된다. 삶에 종종 찾아오는 고독의 시간은 가진 기질을 강화하며, 탈바꿈metamorphosis(에머슨은 '변화transformation'라는 말보다 이 단어를 즐겨 썼다)을 받아들이는 데 긍정적인 역할을 한다. 고독은 혼자서 깊이 생각할 시간이 필요하고, 혼란을 딛고 앞으로 나아가야 하며, 눈앞의 미래를 그려야 하는 청년들에게 특별히 더 중요하다. 한 조사에 따르면, 혼자 있는 시간을 견디지 못하는 청소년은 혼자 있는 시간을 즐기는 청소년에 비해 창의적인 재능을 발전시키지 못한다고 한다. 창조적 영감에는 필수적으로 고독이 따르는 것이다.[22] 다른 연구들 또한 청년들이 고독을 견디지 못하고 눈에 띄게 공감 능력이 저하된 것이 온라인에서의 연결성 때문이라고 지적한다.[23] 한 실험에서 청년들에게 15분 동안 아무것도 하지 않기와 미약한 전기 충격 견디기 중 하나를 선택하라고 요청했는데, 절반에 가까운 피실험자들이 무료함보다는 고통을 선택했다.[24]

고독은 자기 자신과 타인 사이의 거리를 견디는 법을 가르쳐주고, 그에 따라 역설적이게도 친밀한 관계에 대한 수용 능력을 높인다. 심리학자 D. W. 위니컷은 이렇게 말한다. "혼자 있는 능력을 기른 사람은 결코 외롭지 않다."[25] 이것은 고독과 자기신뢰가, 야생과 통찰이 연결되어 있음을 확인해준다. 통찰이란 자기대면self-confrontation을 반드시 필요로 하고, 이 자기대면은 늘 자신의 그림자를 완벽하게 아는 지식을 포함한다.

그림자의 선물

마음속에는 그 누구도 들어오지 못할 그림자가 있다. 다른 사람들로부터 사랑받지 못하게 하고, 인정받지 못하게 하는 나의 어떤 측면들, 내가 속한 집단이 날 거부할 것 같은 이유가 내 안에 있을 때, 우리는 이러한 것들을 그림자 속에 숨겨두고 봉해버린다. 심리적인 그림자 속에는 죄책감, 수치심, 공포 같은 것들만 있는 것이 아니다. 독창성과 특별한 재능처럼 우리를 다른 사람들과는 다르게, 돋보이게 만들어주는 특징들도 곧잘 그림자 속에 가둬져 있다.

에머슨은 내면의 숨겨진 부분을 들여다볼 수 있는 용기를 고통스러울 만큼 잘 아는 사람이었다. 그리고 그 어느 때보다도 큰 두려움과 혼란을 안겨다 줄 이러한 특질을 발견하기 전까지는 결코 자기신뢰를 실현할 수 없다는 것도 알고 있었다. 다시 말하지만, 우리는 모순되는 것들의 집합체다. 인간은 대립되는 개념으로 연결된 존재다. 평범한 인간은 언제나 약하면서 강하고, 너그러우면서 인색하며, 미래를 향해 내달리면서도 지쳐 있으며, 사랑으로 가득 차 있지만 도덕적으로 질타를 받을 만하기도 하고, 용감하지만 두려워한다. 우리는 우리의 그림자 속에 들어 있는 것들을 회피함으로써, 우리의 인생에서 깊이와 관점을 제거해버림으로써, 우리가 가진 복잡한 풍성함을 부정해버린다. 그림자가 없는 그림이 얕고 불완전한 것처럼, 어두운 부분이 없는 인간의 성격 또한 힘과 심오함을 찾아볼 수 없을 것이다.

예를 들어보자. 나는 자신만의 독창성을 발견하기까지 꽤 고생을 했던 예술가를 알고 있다. 그녀의 그림은 다른 사람들의 그림에 비해 뛰어났고, 표현력도 훌륭했으며, 깊은 인상을 남겼다. 다만, 자신만의 고유한 특색이 없었다. 이 성격 좋고 유연하며 친절한 사람은 자신이 무엇을 놓치고 있는지 이해하느라 힘든 시기를 겪고 있었다.

어느 날, 수업 도중 그녀의 스승이 다가와 그녀가 그리던 그림을 비평했다. 고개를 갸웃하던 스승은 별다른 이유 없이 작품에서 검정색을 더 많이 사용해보라는 초보적인 실험을 제안했고, 그녀는 의아했지만 한번 시도해보기로 했다. 검정색 물감을 묻혀 캔버스에 첫 붓질을 하자마자, 그녀의 작품은 발전하기 시작했다. 그녀의 그림은 더 대담해지고, 더 확고해졌으며, 개성은 더 강해졌다. 보는 사람에게 더 큰 파문을 일으켰고, 더 강한 심상을 불러일으켰다. 검은색은 그녀의 상징이 되었고, 이젤 앞에서 점점 더 대담해진 그녀는 인간으로서도 질문하기 시작했다. 왜 이렇게 인생을 안전하게만 살아왔을까? 왜 다른 사람들의 기쁨을 만족시키려 노력하며 살았을까? 왜 이토록 명랑한 사람의 가면을 쓰고 어두운 것들, 갈등들, 분노들, 갈망들… 그런 이해되지 않는 것들은 숨겨버렸을까? 캔버스 위에서 자신의 그림자에 닿은 그녀는 이제 그것을 원동력 삼아 인생의 그림자에 더 가까이 가게 되었다. 시간이 흐르며 감정은 더 깊어졌고, 더욱 진실해졌다. 그녀가 숨겨왔던 것들, 두려움과 수치심의 그림자 안에 은폐했던 것들이 무엇인지 예기치 않게 깨닫게 되면서, 그것은 곧 창의력의 원천이 되었다.

칼 융이 그림자 개념을 널리 알리기 수백 년 전, 에머슨은 자기 자신을 과도하게 검열하는 것에 일침을 가했다. 사람들과 함께 있을 때는 평범한 한 사람이라 스스로를 보호하더라도, 혼자 있을 때만큼은 자신의 방어벽과 착각을 내려놓아야 한다. 그렇지 않으면 자기 자신을 낯선 사람으로 여기게 되고, 자신만이 가진 고유하고 진실한 특성을 몰라보게 된다. 에머슨은 이렇게 적었다. "그림자가 있어야 빛을 알아볼 수 있듯, (그림자 없이) 우리는 더 많이 가질 수도, 선을 구할 수도 없다. 천성을 거스르는 것은 포크로 물을 뜨는 것과 같다."

그림자 안에 자리한 것들은 예측 불가능하고, 무탈하게 유지되는 현 상황에 중대한 위협이 된다. 바로 이러한 이유로 사회는 시민들이 자신의 극단적인 모습들은 내면에 감추고 야성과 고유성을 억압하게끔 조장한다.

너무 많은 자유와 너무 많은 진실이 범람할 때, 사회는 개인을 통제하기 어려워진다. 통제를 최우선으로 하는 권력 구조에서 넘쳐나는 독창성이란 명백하고도 현실적인 위험이다. 안타깝게도, 그림자를 억압하는 것이 집단에게는 선이지만, 자기표현을 열망하는 개인에게는 재앙이 되는 것이다. 남과 다르고 싶어 하는 우리 내면의 감춰진 부분, 그리고 충만하고 통합된 느낌에서 오는 건강한 행복이 우리에게서 점점 멀어지고 있다. 칼 융은 이렇게 말했다. "깨달음은 빛의 모양을 상상하는 데서 오지 않는다. 어둠을 인식하는 데서 온다."[26] 에머슨은 이 말에 진심으로 공감할 것이다.

내면의 그림자를 더 잘 알기 위한 첫걸음으로 우리는 스스로에게 다음과 같은 일련의 질문을 던질 수 있다. 자신의 성격 중 어떤 면을 그림자 속에 가둬놓았는가? 집단에 소속되고 다른 사람들에게 받아들여지기 위해 감춰놓은 자신의 소질, 취향, 재능, 힘은 무엇인가? 드러나지 않아야 생존할 수 있을 때, 그러한 환경에 맞추기 위해 자발적으로 위축되는가? 이렇게 스스로 외면한 것들을 되찾아 성격의 일부로 받아들인다면, 우리의 삶은 어떤 점에서 더 좋아질 수 있을까? 에머슨은 우리가 지하 창고의 문을 열고, 그곳에 묻어놓은 것이 무엇인지 자세히 들여다보기를 원한다. 숨지 말고, 어둠을 찬찬히 살펴보면서, 그림자가 우리에게 가르쳐주고자 하는 바를 쓸모 있게 사용하기를 원한다.

그러한 통합은 스스로를 믿는 힘을 길러준다. 좋은 것이든 나쁜 것이든 여러 가지 다양한 면이 있는 자신의 성격을 받아들이다 보면, 훨씬 더 거리낌 없이 인류라는 집단과 함께할 수 있다. 자기 자신을 부정하는 마음의 벽을 무너뜨리면 다른 사람들로부터 외따로이 있다는 느낌을 더 이상 받지 않게 된다. 스스로에게 진실하고자 하는 우리의 노력을 방해하는 것들을 없애고 내면의 그림자에 불을 밝히면 자연스레 나아갈 길이 보인다. 에머슨은 이렇게 썼다.

인간은 흐르는 강 위의 배와 같아서, 사방의 방해를 뚫고 달려가면 어느새 모든 장애물이 사라지고 깊어지는 물길을 따라 무한의 바다로 평온하게 나아간다.

우리는 자신과 가까운 것을 끌어당기는 각자만의 선택 원칙을 가지고 있다. 신학자 하워드 서먼Howard Thurman의 말을 빌려 이야기하면 "나의 것은 내 얼굴을 알 것이다."[27] 이 필연적인 천성이 주는 미덕에 따라 에머슨은 이렇게 썼다. "개인의 의지는 압도당한다. (…) 우리의 노력, 혹은 우리의 불완전함에도 불구하고 당신의 재능은 당신으로부터 나오며, 나의 재능은 나로부터 나온다. 그것이 우리다. 우리는 가르칠 것이다. 의도적으로 가르치는 것이 아니라, 생각지도 못하게." 그러므로 우리는 우리의 타고난 너그러움을 의지해 우리의 마음을 열어야 한다. "생각이 들어오는 길은 우리가 연 것이 아니요, 생각이 나가는 길도 결코 우리가 자진해서 연 적이 없는 길이다." 우리의 개별적인 마음은 '신의 마음'과 뗄 수 없음을, 그리고 신비로운 광채는 우리 각자의 관점이라는 렌즈에 굴절된 빛임을 우리는 안다. 이러한 시각이 우리를 고유하게 한다. 우리가 어떻게 보는지는 우리가 누구인지와 같으며, 우리가 세상에 공헌해야 하는 그 무언가와 같다.

요약

자기를 아는 지식은 자기신뢰의 첫걸음이다. 자신의 진정한 천성을 알면 알수록, 내면이 안내하는 바를 따르면 따를수록, 당신은 자기 자신이 되어가는 과정이 주는 기쁨에 참여하고 있는 것이다. 당신에게만 들리는 속삭임에 귀 기울이면, 당신이 흥미로운 사람이라는 것, 당신의 모순되는 면들이 당신의 깊이를 형성한다는 것을 깨닫게 될 것이다. 특이함, 친밀감, 기벽, 상실은 한 사람의 성장과 독창성을 형성한다. 자신의 고유한 특성을 편하게 받아들일수록 축복의 길에 더 가까이 가게 된다. 당신은 당신의 광야에 이끌린다. 그곳은 자연적이고 자유로운, 신이 부여한 공간이다. 그곳에서 당신은 자양분을, 영감을, 그리고 피난처를 찾을 수 있다. 당신의 그림자가 바로 이 광야에 있는데, 심리적으로 당신의 발목을 잡고 있는 이 공간에 당신은 수치와 상처, 공포뿐만 아니라 당신의 타고난 재능까지도 숨기고 있다. 당신은 당신의 그림자 없이는 온전해질 수 없다. 자아의 본질을 완전히 실현하기 위해, 당신은 부디 당신이 묻어버린 것을 되찾아야 한다.

관점
당신이 보는 방식이 당신이다

+++

사람들은 세상에 대한 그들의 견해가
자신의 성격에 대한 고백이기도 하다는 걸 잘 모르는 것 같다.

경험의 실험실

1825년 봄, 하버드 신학대학에 입학한 지 한 달이 지났을 무렵, 에머슨은 시력을 잃는 질병으로 고생하게 된다. 아마도 결핵과 관련이 있을 이 병 때문에 그는 학업을 중단하고 몇 달 동안 읽기와 쓰기를 멈춰야 했다. 그리고 두 번의 백내장 수술을 받았다. 목회자를 꿈꾸던 스물두 살의 청년에게 이 일은 큰 깨달음을 얻는 계기가 되었다. 책에 파묻혀 지낼 수 없게 되자 에머슨은 오롯이 자신을 마주할 수밖에 없었고, 그에게는 이것이 불편하고 생경한 일이었다. 거의 멀다시피한 눈으로 고독 속에 처한 그는 질투, 우울, 무력함, 분노, 양성애의 환영(그는 이것을 지적 활동으로 억눌렀었다) 등, 보고 싶지 않은 내면을 마주하게 되었다. 스물두 살에게 주어진 이 강제적인 요양이 자아성찰과 극단적인 유약함의 시작이 되었다.

시력을 잃은 에머슨은 사람의 관점이 변화하는 상황과 경험의 영향을 쉽게 받는다는 깊은 인식에 다다랐다. 우리의 시각은 쉽게 바꿔 끼울 수 있는 카메라 렌즈의 필터처럼 늘 바뀌고 있고, 인생은 그 무엇보다도 감각이라는 실험실에서 수행되는 실험임을 깨닫게 되었다. 우리는 주관이라는 색으로 현실을 채색한다. 그리고 우리의 주관은 편견과 판단, 공포와 욕망으로 물들어 있다. 우리가 우리의 생각이 그리는 만화경 속에 갇힌 구경꾼에 지나지 않는다고 생각한다면, 그것은 오해다. 우리는 오히려 인생이라는 영화의 감독으로서 카메라를 직접 조정한다. 지각하는 대상을 선택할 수 있는 능력은 우리에게 없지만, 그것을 보는 시각에는 꽤나 큰 영향력을 미칠 수 있다. 에머슨은 이렇게 적었다. "우리는 우리가 무엇을 생각할지 결정하지 않는다. 우리는 그저 우리의 감각을 열고, 진실을 가로막는 모든 장애물을 치우고, 신이 우리를 통해 생각하게 할 수 있을 뿐이다." 이로써 우리는 인상과 해석을 분리해 사건 그 자체를 바라보게 되고, 더욱 올바른 판단력을 가질 수 있게 된다. 그는 이렇게 설명했다.

인생은 구슬이 꿰어진 실처럼, 기분이 나란히 이어지는 기차다. 우리가 이 기차에 오르면, 그것이 다채롭게 채색된 렌즈임을 알게 될 것이다. 형형색색의 렌즈는 자신의 틀 안에서 자신의 색으로 덧칠한 세상을 보여준다.

다시 말하면 주관적인 눈은 믿을 수 없는 변덕쟁이이며, 이 눈이 자행하는 왜곡은 반드시 면밀한 검토를 거쳐야만 한다는 것이다.

그런데 이 환각의 효과는 우리가 우리 스스로를 볼 때 더욱 교묘해진다. 우리는 우리 자신을 평가할 때 그 어느 때보다도 판단력이 흐려진다. 우리가 우리 자신의 '기분의 기차'를 잘 이해하고 우리가 어떻게 우리의 경험에 색을 입히는지를 알게 된다면, 이 여러 색의 필터가 어떤 특징은 두드러지게 강조하고 다른 것들을 흐릿하게 하면서 우리의 자아상을 바꾸고 있음을 깨닫게 될 것이다. 우리의 시야가 흐려지는 부분들이 스스로에 대한 인식을 방해한다는 것과 주변 환경으로부터 우리가 분리되어 있다는 감각을 강화한다는 것을 인지할 수 있다. 에머슨은 이렇게 말했다. "우리가 만나는 모든 사람들이 시각적으로 왜곡되게 인식한다."[1] 이러한 착시는 재중심화recentering와 재인식reperceiving이라고 알려진 과정을 통해 도움을 받을 수 있는데, 이것은 자신만의 관점을 포함해 우리의 시야를 (어떤 제한도 없이) 확장한다. 또한 우리의 생각, 감정, 반응이 정신 활동의 일시적인 패턴일 뿐, 현실의 완벽한 묘사는 아님을 가르쳐준다. "사람들은 자신들이 볼 준비가 되어 있는 것만 볼 뿐이다." 에머슨은 말했다. 기대와 예상은 우리의 인식을 확장하기도 하고 제약하기도 하는데, 그것은 "건강한 시각을 위해서는 지평선이 필요"하기 때문이다.

내 지평선이 가진 한계를 안다면 그것을 확장할 수도 있는 법이다. 예를 들어 나의 학생 중에 누구도 범접할 수 없을 만큼 지적이고 커리어 면에서도 50대 초반에 굉장한 성공을 이룬 여성이 있었는데, 그녀는 자제력을 잃는 것을 극도로 두려워했다. 계획이 흔들리거나 사람들이 마음이 바뀌면 그녀는 산산이 부서졌다. 마치 그녀의 세상은 혼란스러운 정글이 되고 자신은 뜻하지 않게 그 정글 속 먹잇감이 된 것처럼. 자신만만해 보이던 그녀는 불확실성을 마주하면 자기 자신을 포함해 자신의 중심을 잃는 것처럼 보였다. 유년 시절 버림받은 기억에서 비롯된 과도한 반응이라는 것을 그녀 스스로도 인지하고 있지만, 우리 모두가 알고 있는 것처럼 감정이라는 것이 이성에 대체로 면역(이 어려운 문제는 나중에 다시 다룰 것이다)이 잘 되어 있다 보니 이런 합리적인 지식은 별 소용이 없다. 이 학생의 경우에는 대화를 통한 치료가 큰 도움이 되지 않았다. 대신 종이에 생각과 감정을 표현함으로써 불안을 가라앉힐 수 있음을 깨달았다. "무너진 상황"의 한가운데서 자아성찰을 하는 것이 그녀에게는 마음의 평정을 되찾는 방법이었다. 그녀는 지금 상황을 보는 시각을 바꾸고, 자신이 떠올리는 편집증적 내러티브에 의문을 제기하고, 상황을 격렬하게 거부하는 무조건적인 반응을 평온한 의식 속에서 좋은 실례로 바꾸는 법을 배우고 있다.

"관점을 빼고 어떻게 인생을 논할 수 있는가?" 에머슨은 질문했다. "인생은 그가 하루 동안 생각하는 것으로 구성되어 있다." **우리의 세상은 우리가 대상을 보는 시각에 의해 제한되고, 이 시각은 우리가 무엇을 현실로 받아들일지 결정한다.** 우리를 사로잡은 것들이 우리를 결정하게 된다. 앞서 언급한 불안해하는 학생의 경우, 버림받는 것에 사로잡혀 있다 보니 불확실성을 느끼는 상황이 되면 그녀의 시각은 두려움을 느끼는 아이의 관점으로 축소된다. 그녀에게는 글로 서술하기가 한 발짝 물러서서 자신의 관점을 관찰하고 파괴적인 감정의 영향을 줄이는 데 도움이 되었다. 어떻게 보는지에 따라 "같은 세상이 지옥일 수도, 천국일 수도 있다"고 했던 에머슨의 주장처럼, 그녀는 자신의 시각을 날카롭게 가다듬어 상황에 대한 오해를 극복하는 법을 배우고 있는 것이다.

우리가 해야 할 일은 우리가 어떻게 "잘못 봄"으로 인해 우리의 고통을 양산해내고 있는지 살피는 것이며, 우리가 다른 것들을 어떤 식으로 보고 있는지에 대해 의문을 갖는 것이다. 이를테면, 당신은 애정이 담긴 눈으로 세상을 인지하는가, 아니면 의심스러운 눈초리로 세상을 인지하는가? 가정에서 겪었던 트라우마를 현재 주변 사람들에게 되풀이하고 있지는 않은가? 당신은 적대적인가, 다정한가? 당신은 새로운 정보에 방어적인가, 개방적인가? 당신은 사람들의 좋은 점을 보는가, 나쁜 점을 보는가? 그리고 당신의 그 의견을 바꿀 의향이 있는가? 마지막으로, 당신은 내면의 안내를 신뢰하는가, 아니면 다른 사람들의 의견을 더 신뢰하는가?

에머슨은 다른 사람을 따라 하려고 노력했던 것이 자신의 실수였음을 깨달았다. 에머슨은 자신의 일기에 적었다. "내가 저지른 모든 실수는 나의 자리에서 벗어나 다른 이의 시각으로 대상을 보려고 노력했던 것에서 비롯되었다."[2] 당연한 말이지만 이것은 다른 사람들에게 공감하지 말고, 다른 사람으로부터 배우지도 말라는 뜻이 아니다. 그보다는 주변의 중요하지 않은 관점들 때문에 자신이 가진 고유의 시각을 흐트러뜨리는 우를 범하지 말라는 뜻일 테다. 자신의 관점에 대한 책임을 회피하고, 자신의 실수를 다른 사람의 탓으로 돌린다면, 그저 자기기만 self-deception만 깊어질 뿐이다.

세상에 대한 당신의 시각은 객관적인 현실보다 당신 자신을 더 많이 반영하고 있다. 결국 "세계가 화합하지 못하고 망가진 채 스러져 있는 것은 인간이 자기 내면에서 화합하지 못하기 때문이다." 사회는 대부분 자신만의 환영에 눈이 가려진 개인들, 보고 생각하는 방법을 바꾸는 법을 배울 때까지 파괴적인 패턴을 되풀이할 불운한 운명의 개인들로 구성되어 있다. 다행히도 자연은 바로 이러한 가르침을 줄 도구를 우리에게 제공한다.

뇌를 빚다

앨라배마 시골에서 자란 트리샤 미셸은 관점을 바꾸는 것이 그녀의 인생을 구원해줄 것이라고는 생각지 않았다. 스물둘 미혼모의 여섯 자녀 중 막내딸이었던 트리샤는 유년 시절의 트라우마를 이겨낸 활발하고 쾌활한 파란 눈의 소녀였다. 열 살이 되기 전에 의붓아버지로부터 성적 학대를 당한 그녀는 발설하면 죽는다는 협박에 비밀을 약속했다. 아동학대 생존자들에게서 흔히 보이는 공포에 질린 과잉 각성 상태로 살았으며, 자신만의 상상 속 세상에 갇혔고, 그녀를 구해줄 사람이 아무도 없는 세계에서 무기력했다.

"오랜 세월, 저는 다른 삶의 방식이 있다는 걸 몰랐어요." 플로리다에 있는 오렌지히비스커스 덩굴이 둘러싼 그녀의 소박한 집 테라스에서 트리샤는 그렇게 이야기했다. 청록빛 눈과 보조개가 보이는 미소, 행복해 보이는 예순여덟의 노인이 된 트리샤에게서 학대당한 소녀의 모습은 찾아보기 어려웠다. 그녀가 자신의 이야기를 들려주는 동안 나는 레드와인을 조금씩 마시는 이 침착하고도 세련된 여성과 그녀를 생사의 기로에 서게 만들었던 황폐한 어린 시절 사이에서 발생하는 존재론적 차이를 지워보려 애쓰고 있었다. 다행히도 트리샤는 앨라배마를 탈출할 수 있었고 이후 패션모델, 화가, 인테리어 디자이너로 성공한 삶을 살게 되었다. 내가 알고 싶었던 것은 그런 파괴적인 유년을 뒤로 하고 몸과 마음과 정신이 다치지 않은 채로 살아남을 수 있었던 비결이었다. 내 질문을 진지하게 숙고하던 트리샤는 나의 눈을 들여다보며 말했다. "아름다운 것에 주의를 기울였습니다."

"좀 더 말씀해주실 수 있을까요?"

"나는 세상을 달리 보는 법을 배웠어요. 그림을 그리기 시작하면서 스스로를 들여다보는 렌즈가 바뀌었지요. 저는 더 이상 성폭행을 당한 피해자 혹은 작은 소녀가 아니었어요. 대신 손에 붓을 들고, 변화할 힘을 가진 여성이었습니다. 붓질을 할 때마다 저는 제 자신에게 진실을 말했어요. 이 색채가 나의 시각적 언어다. 작품을 하나씩 만들 때마다 정서적으로 조금씩 더 나아지고 있어요."

트리샤는 캔버스에 쪽빛, 진홍빛, 연초록빛 물감을 뿌릴 때, 그 과정이 무엇인지 말로 설명하기는 어렵지만, 현실이 변화하고 자신이 서서히 나아지고 있음을 느낄 수 있었다고 한다. 원하지도 않는 장밋빛 안경을 일부러 쓰는 것이 아니라, 스스로에게 "어떤 형식 혹은 다른 색채 안에 있는 빛은 늘 가장 어두운 순간에 드러난다"는 것을 상기함으로써 이전과는 달라진 거름망에 자신의 이야기를 여과시켜 더 나은 이야기로 만들었다. 그리고 좋은 상담사의 도움으로 그녀는 피해자의 이야기가 자신의 정체성이 아니며 앞으로 살아갈 인생을 결정하는 것도 아님을 알게 되면서 흑과 백으로 이루어진 트라우마 내러티브에서 빠져나올 수 있었다. 트라우마 전문가 베셀 반 데어 콜크는 트라우마에서 벗어날 수 있는 사람들과 벗어날 수 없는 사람들의 차이는 자신의 이야기를 바꿀 수 있는 능력의 유무라고 밝힌 바 있다.[3] 트리샤는 이 능력이 있었음을 자신의 삶으로 보여줬다. 동정과 애석함에 잠식된 채 희생자 내러티브에 갇혀 있기를 거부했기 때문에 그녀가 세상을 보는 방법을 바꿀 수 있었다. 트리샤는 나에게 이렇게 말했다. "그 조그만 소녀를 생각하면 안타까운 마음이 들어요. 그래도 전 더 이상 그 소녀가 아닙니다. 그 이야기가 소녀를 괴롭혔을지 몰라도, 저를 괴롭힐 수는 없어요."

우리의 뇌에는 훈련을 통해 자기 자신을 다시 쓰는 능력이 있다. 신경가소성이라고 알려진 이 능력은 수천 년 전 철학자들과 현자들이 주장한 "진화란 진행 중인 과정이며, 뇌는 의도적으로 다시 형성할 수 있다"는 말이 사실이었음을 입증한다. 습관적인 생각과 행동을 바꾸면 신경가소성으로 인한 변화는 더욱 활발해진다. 인간은 태어날 때 고정된 수의 뇌세포를 가지고 태어나며, 이 세포는 시간이 지날수록 오로지 감소할 뿐이라고 했던 오류와는 정반대로, 실제로 인간의 몸은 죽는 날까지 10만 개의 뇌세포를 매일 새로이 생성해낸다. 인간의 신체 조직에는 변화라는 프로그램이 장착되어 있다. 명상이나 표현적 글쓰기ex-pressive writing 같은 반추 훈련은 특별히 더 효과적으로 긍정적인 변화를 이끌어낸다. 오랜 기간 명상을 했을 때 집중, 연민, 평정, 행복과 관련된 뇌의 영역 간 연결성이 눈에 띄게 향상된다는 것을 여러 광범위한 연구의 결과가 보여주고 있다.[4]

긍정적인 생각이 인지적 유연함, 집중력 향상, 더 신속한 처리 능력, '나'에서 '우리'로의 사고 전환을 불러온다는 사실은 크게 놀랍지 않다. 부정적인 사고가 통합과 균형, 다른 사람들과 협력할 수 있는 능력을 저해한다는 사실도 놀라운 일은 아니다. 에머슨은 거짓된 긍정성을 경계하면서도(이것은 차후에 자세히 다루겠다) 긍정적인 사고가 성장을 위한 최고의 동력임은 부정하지 않았다. 부정적인 생각에 집중하면 집중할수록, 뇌는 부정적인 생각의 과정을 강화하는 더 많은 뉴런과 시냅스를 만들어낸다.[5] 이것이 바로, 개인의 성장이라는 측면에서 봤을 때, 나쁜 생각이 곧잘 최악의 생각으로 치닫는 이유다.

에머슨은 "박쥐의 본성을 가진 사람들이 있다. 그들은 불이 켜진 초에 모조리 날아들어 그 불을 꺼버린다"고 적나라하게 지적한다. 불행을 기다리고, 불완전한 부분을 들춰내며, 실수와 불만족스러움에 집중하면 음울한 렌즈를 통해 대상을 보게 되고, 긍정성은 놓쳐버리고 만다.

자신에게 이러한 경향이 있다는 것을 서서히 인식하게 되면 부정적인 생각으로부터 더 쉽게 빠져나올 수 있다. 또한 인지에서 행동, 자신이 창조한 현실에 이르기까지의 단계를 따르는 법을 배우게 된다. 그리고 자신의 마음을 돌아보는 습관을 들이면 제멋대로의 독재자 같은 정신 활동에 덜 반응하게 되고, 더 객관적으로 생각할 수 있게 된다. 에머슨이 탐독했던 《법구경》에서 부처는 이것을 인과관계의 법칙으로 설명했다.

생각은 모든 것의 시작이다.
누군가 순수하지 않은 마음으로 말하거나 행동하면
마치 황소의 발을 따라가는 바퀴처럼,
고통이 뒤따른다.

생각은 모든 것의 시작이다.
누군가 순수한 마음으로 말하거나 행동하면
마치 결코 떠나는 법이 없는 그림자처럼,
행복이 따를 것이다.[6]

자기인식self-awareness 능력의 결여는 우리를 길들여진 반응만 반복하면서, 자신만의 믿음에 세뇌당한 채, 우리의 사고를 자유롭게 해줄 더 너른 시야를 가진 내면의 주시자注視子를 알아보지 못하게 한다.

우리를 자기신뢰로 이끄는 핵심은 내면의 주시자를 인식하는 것이다. 이 주시하는 능력은 우리의 생각과 감정을 관리하는 뇌의 능력이자 외부에서 우리 스스로를 관찰하는 능력인 메타인지와 관계가 있다. 내면의 주시자는 우리가 창조해낸 허구를 없앨 수 있고, 내면의 안내에 우리를 맞추는 활동(에머슨의 말로 설명하자면 "낮게 듣는lowly listening" 행위)에 관여한다. 만일 우리가 우리의 습관적인 생각 패턴을 방해하면, 우리의 뇌는 자동적으로 변화한다. 사실 인지 활동에서 벌어지는 모든 변화는 뇌가 기능하는 방식을 바꾼다.[7] 에머슨은 누군가의 말을 인용해 다음과 같이 말했다. "새로운 생각으로 뻗어나간 정신은 결코 예전의 관점으로 돌아가지 않는다." 스토아 학파는 신경가소성과 내면의 주시자의 활동을 우리에게 이미 알려주었다. 마르쿠스 아우렐리우스에 따르면 "당신이 생각하는 것들이 당신 정신의 높고 낮음을 결정한다. 당신의 영혼은 당신의 생각이 가진 색깔을 입는다."[8]

내면을 주시하는 것은 당신을 다시금 진실한 질문의 중재자 자리에 앉게 한다. 진실이란 각자의 마음속에 이미 존재하며, 그저 의식적인 인식 안쪽으로 그것을 들여야 될 뿐이라고 에머슨은 암시했다. 그렇게 하기 위해 글쓰기만큼 좋은 도구는 없다. 두서없는 생각과 감정을 종이 위에 적어내려가는 것이 당신의 뇌를 바꾸고, 또한 어떻게 살아야 할지 당신에게 가르쳐줄 것이다.

글을 써라

에머슨이 열네 살일 적부터 일기장은 그의 가장 친한 친구였다. 자신의 '비망록'을 "드넓은 세계The Wide World"라고 불렀던 에머슨에게 이 노트는 자신의 내면 지형을 탐색하고 존재의 신비함을 탐구하는 개인적인 공간이 되어주었다. 에머슨이 이러한 습관을 어찌나 가치 있게 여겼는지, 헨리 데이비드 소로를 처음 만났을 때 그에게 던진 첫 질문 중 하나가 "일기를 쓰는가?"였다. 에머슨은 평생토록 그가 사랑한 몽테뉴에게서 영감을 받았다. 몽테뉴가 자유롭게 쓴 일기장에 적힌 깊은 생각은 《수상록》의 핵심이 되었다. 비록 에머슨의 일기장에서는 몽테뉴 특유의 수치심을 모르는 서술까지는 찾아볼 수 없지만(발기부전이나 화장실 습관 같은 주제는 결코 에머슨의 문학적인 전문 분야가 아니었다), 자신만의 비밀을 그에 못지않게 진실하고 투명하게 기술하고 싶어 했다. 가능한 한 다양한 각도에서 자신의 특성을 관찰하고, 그가 관찰한 것을 진실하게 서술함으로써 에머슨은 '드넓은 세계'에 자신의 마음과 생각의 얽힌 실타래를 풀고자 했다.

일기 쓰기는 자아 발견으로 향하는 여정에서 손쉽게 사용할 수 있는 방법이자 기폭제 역할을 하는 도구다. 사실 표현적 글쓰기의 이점은 대단히 다양하다. 하루에 15분 정도의 짧은 시간이라도 시간을 내서 스스로를 향한 글을 쓰면 스트레스 레벨이 눈에 띄게 감소하고, 면역력이 높아지며, 만성적인 통증이 줄어들 뿐만 아니라, 정서지능이 향상되며, 상처 회복이 빨라지고, 불안이나 우울의 발현 가능성도 낮아지는 것으로 나타났다.[9] 글쓰기와 건강의 관계를 연구해온 심리학자 제임스 페니베이커는 실제로 "내면의 경험을 글자로 시각화하면 더 큰 행복감을 느낄 수 있다. 평균적인 성과를 높여주고, 운동 능력을 향상시키며, 사회성을 높이며, 심지어 잦았던 결근 횟수도 줄어든다"고 말하기도 했다.[10] 시간을 들여 내면을 들여다보고, 그곳에 숨겨져 있는 것을 스스로에게 드러내 보임으로써 우리는 긍정적인 변화의 길로 들어서게 된다. 기분이 좋지 않을 때 믿을 수 있는 친구에게 털어놓고 공감을 받으면 기분이 좋아지듯, 내면의 복잡한 심경을 외부화하면 갈등을 해소하고 통찰력을 얻는 데 필요한 정서적 거리를 확보할 수 있다.

나는 힘들었던 유년 시절에 일기 쓰기의 힘을 발견했다. 폭력과 상실이 끊이지 않았던 가정에서 자란 나는 내 주변에서 구할 수 없는 평안과 가르침을 찾기 위해 아주 어린 시절부터 내면으로 침잠했다. 3학년이 되고부터 나의 혼란과 슬픔, 상처를 일기에 쏟아붓기 시작했고, (외부적인 조건은 아무래도 바뀌지 않았지만 그럼에도) 일기를 쓰고 나면 기분이 한결 나아지는 것을 느꼈다. 혼란이 약간이나마 명료해졌다. 내 감정의 숨은 이유를 발견한 후, 그것이 내 생각을 어떤 색으로 덧칠했는지 알게 되었다. 이 비밀 일기장은 나의 실험실이자 피난처, 말할 수 없는 것들을 말할 수 있는 유일한 장소가 되었다. 그곳에서 나는 객관화되고, 인과의 점을 잇고, 갈등을 해결하며, 심지어 실수로부터 교훈을 찾아내기도 했다. 일기를 쓰는 것은 주시자를 불러내어, 그가 길잃은 당신이 다시 집으로 돌아갈 수 있게 돕도록 하는 활동이다.

글쓰기는 또한 아무것도 존재하지 않는 것처럼 보이는 곳에서 의미를 발견하게 도와준다. 인간은 의미를 찾는 동물이다. 목적이라는 감각이 없으면 인간은 방향을 잃고, 에너지를 잃고,

견뎌낼 의지를 잃는다. 인생에서 의미를 찾고자 하는 인간의 욕구는 거의 섹스에 대한 욕구에 필적한다.[11] 우리는 우리의 삶이 의미하는 바가 담긴 내러티브를 포함해 여러 가지 이야기를 만들고, 그렇게 의미를 찾아낸다. 우리의 삶을 들여 더 깊은 가치를 추구함으로써 우리는 스스로에게 더욱 흥미로운 존재가 된다. 펜(혹은 키보드)은 마치 동굴을 탐험하는 모험가의 손전등처럼 마음이라는 동굴 속으로 우리를 인도하고 우리가 발견하지 못한 것들을 비춰준다. 일기를 쓰다 보면 기민한 사람들은 곧 알아챌 것이다. 주의를 기울여보라. 일기를 쓰는 사람이 자신이라고 부르는 그 사람은 누구인지 규정하기 어려운 여러 명의 환영이다. 우리는 마음의 장막 뒤에서 삶을 조율하는 오즈의 마법사가 아니라, 우리의 기억과 기대를 교활하게 조작하는 자주적(으로 가장한) '나'를 만나게 된다. 글을 쓰다 보면 이런 내러티브의 허울을 꿰뚫고 그 뒤에 선 더 큰 '자아'를 발견하게 된다.

'이야기로서의 나'를 넘어서

에머슨은 "인격personality의 한계 너머에는 영적 현존인 자아가 존재하며, 그것은 시간, 공간, 그리고 살아온 인생의 이야기를 초월한다"고 말한다. 이러한 형이상학적 지성은 한 개인의 의식적인 인지의 한계를 뛰어넘는다. 자기신뢰로 향하기 위해서는 이것이 내 자아라고 스스로 선택했던 성격이 실은 정체성의 일부일 뿐이라는 사실을 깨닫는 과정이 반드시 필요하다.

에머슨은 우리가 내러티브의 장막을 젖히고 이 내면의 "거인"과 친밀해질 것을 권유한다. 우리는 자기 자신을 제약하는 이야기들, "한 인간의 무한함"을 잊게 하는 이야기들에 속아서는 안 된다. 물질주의적 삶이 보여주는 전리품들을 나라는 인간의 모든 것이라고 오해한 채, 우리는 우리의 핵심적인 천성, 우리를 품고 있는 거대한 의식을 잊는다. 누구나 저지르는 이 실수가 우리가 가진 문제의 핵심이다. 우리는 세상이 보여주는 피상적인 것들에 사로잡혀 조악한 장식물들을 자기이해self-knowledge의 보물이라고 오인한다. 이러한 혼란은 우리를 거짓말쟁이로 만들고, (우리의 무지를 먹고 자란) 허상에 헌신하게 만든다. 스스로를 가짜라 여기고 수치심에 괴로워하는 '가면증후군'이 만연하다는 사실이 이 혼란을 증명한다. 우리에게 영적 정체성이 존재한다는 사실을 부정하는 사회에서 우리는 이 세뇌로부터 벗어나기 위해 지속적으로 노력해야 한다.

이야기의 자기화self-story가 견고해지는 방식을 이해하면 도움이 될 것이다. 아기는 18개월 즈음부터 스스로를 독립된 개체로 인식하기 시작한다. 어렴풋한 기준으로 주변의 주체들을 '자신을 양육하는 사람'과 (자신을 해할 수 있는) '적'으로 분리하고, 아장아장 걷기 시작하면 기준은 조금 더 구체화된다. 그리고 비로소, 알버트 아인슈타인이 말했던 "의식의 시각적 착각optical delusion of consciousness"에 이르게 된다.

> 이 착각은 우리를 개인적인 욕망과 가장 가까운 소수의 사람들을 위한 애정으로 제한하는, 그러니까 우리에게는 일종의 감옥이다. (…) 아이는 그 자신과 자신의 생각, 감정을 다른 모든 것들로부터 분리된 무언가로 경험하게 된다.[12]

언어 능력이 발달하면서 아이는 자신이 진정한 자기 자신의 모습이라고 결정한 객관화된 '나'를 설명하고 구체화하기 위해 이야기를 짓는다. 이 과정은 아이가 '나는 이것이고 저것은 내가 아니야'라고 고집을 부릴 때마다 강화된다. 그리고 이렇게 부정할 때마다 자신과 자신이 아닌 것 사이에 상상의 경계선이 깊어진다. 아이는 점점 더 고립되고, 그렇게 거짓 자아를 향해 비틀거리며 더욱 가까이 다가간다. 이 이야기는 아이가 자신의 존재를 이해할 수 있게 해주는 역할을 하지만, 동시에 아이의 정체성을 좋은 것과 나쁜 것, 해도 되는 것과 하면 안 되는 것, 이것 아니면 저것, 우리 아니면 타자라는 서로 반대되는 파벌 속으로 분열시킨다. 그리고 본래의 총체성을 감춰버린다. 이런 이야기 만들기, 꼬리표 붙이기, 양자택일의 과정은 사랑과 승낙을 받을 가능성이 높고 무리로부터 축출되지 않는 (그러므로 심리적 그림자 또한 형성되기 쉬운) 버전의 자기 자신을 형성하는 데 도움을 준다. 아이가 성인이 되어가는 동안 이러한 이야기들은 갑각류의 껍질처럼 정체성으로 고착된다. 겉으로 보기에는 견고하지만 속은 텅 비어 있는 종이죽으로 만든 인형처럼 실제도 없이 결핍된 상태에서 가면증후군의 씨앗이 싹튼다.

에머슨은 우리 스스로에게 하는 이야기들이 (만일 그 이야기에 어떠한 의문도 제기하지 않는다면) 독선의 감옥을 더욱 견고하게 만든다는 것을 알고 있었다. 또한 이야기 너머에 있는 진정한 자기 자신을 드러내기 위해 이 개인적인 망상의 장막을 찢는 것에 관심을 기울이는 사람이 거의 없다는 것도 알고 있었다. 우리가 사는 현대 사회가 〈매트릭스〉와 같다면, 더 많은 이가 진실을 드러내는 빨간 알약보다는 현재에 머무르는 파란 알약을 선택할 것이다. 그리고 바로 이러한 이유 때문에 인생에서 예상치 못한 변화가 생기면, 특히나 그것이 고통스러운 위기일 경우에는 더욱이, 자기신뢰에 조금 더 가까이 가게 된다. 재앙catastrophe이라는 단어는 '돌아서다'라는 뜻을 가진 그리스어(katastrophē)에서 탄생했다. 위기는 진실에서 눈을 돌리기 어렵게 만들고, 그렇기 때문에 위기 속에서 사람은 급속도로 성장한다. 소중히 갈고 닦은 허상을 잃을 때, 스스로 표준이라고 믿었던 '이야기로서의 나me-story'를 뛰어넘어 새로운 시각과 가능성을 보게 되고, 망상이 걷힌 또렷한 눈으로 세상을 이해하게 된다. **올바르게만 대처한다면 고난은 자기 자신의 진정한 모습을 더욱 선명하게 볼 수 있는 기회다.** 바로 내 눈앞에서 나의 내러티브가 산산조각

나는 모습을 확인하면, 내가 만든 나의 허구가 얼마나 엉터리였는지 알게 될 것이다. 스스로를 기술하려는 충동이 편안한 상황에서 더 또렷하다는 사실은 우리의 마음이, 마치 새가 노래를 하고 사과가 사과나무에서 자라는 것처럼, 자동반사적으로 이야기를 창조해낸다는 것을 보여준다. 이 허구들이 허구임을 깨닫는다면, 우리는 그것을 변화시킬 자유 또한 얻게 된다.

우리가 우리의 영적인 정체성을 우리가 세상 속에서 연기하는 캐릭터에 통합시킨다면, 우리는 스스로를 개인적인 존재, 그리고 초월적인 존재로 인식할 것이다. 우리는 고유하지만 동시에 이 행성에 사는 모든 지각 있는 존재들과 연결되어 있고, 그 관계는 떼려야 뗄 수 없다. 다시 말해서 우리는 혼종의 생명체로서 내러티브에 한정된 존재로 결코 머무를 수 없는 것이다. 이것을 깨닫고 나면, 우리의 진정한 정체성에 관한 말로 설명할 수 없는 신비로움mystery에 마음을 열게 된다. 에머슨은 이렇게 설명했다.

물질주의자는 자신의 인생이 견고하며, 자신이 어디에 서 있고, 무엇을 하는지 안다고 믿는다. 그러나 그도 다른 유령들과 함께 걷고 일하는 또 다른 유령일 뿐이라는 것을 보여주는 건 얼마나 쉬운 일인지. 그리고 점점 흐릿해져가고, 그의 감각으로는 이해하기 어려운 자신의 견고한 자아를 찾기 위해 그가 할 일이란 그저 그의 일상적인 질문 말고, 그

것을 넘어선 질문을 하나 혹은 두 개 던지는 것뿐임을 알려
주는 건, 또한 얼마나 쉬운 일인지.

스스로 고정해놓은 자아감이라는 천장을 부수면, 우리는
더 큰 시야를 확보하게 된다. 우리가 만들어낸 이야기를 기준 삼
아 엄격하게 자신을 규정하는 것을 멈춘다면, 우리는 우리를 구
성하는 여러 '나'가 곧 나를 규정하는 것이 아님을 알게 되고, 더
위대한 도약과 상상력으로 이 세상에 다른 성격을 드러내 보일
수 있다. 우리의 체면을, 혼신을 다해 얻은 명성을 잃을까 전전
긍긍하지 않아도 된다.

스스로의 허구를 넘어서면 자기 자신을 과정 속에 있는 존
재로 바라볼 수 있게 된다. 명사가 아닌 동사로, 고집스런 이야
기들을 겹겹이 겹쳐 만든 종이 인형 같은 성격이 아닌, 늘 형태
가 변화하는 개인으로 바라볼 수 있게 된다. 의지라는 힘이 생
긴 것과는 별개로, 우리는 우리가 보편적인 법칙의 영향을 받는
다는 사실을 깨닫고, 자신의 이해를 무한대로 넓히기 위해 부단
히 애쓴다. 사람이란 일견 변화하지 않는 군건한 존재처럼 보일
지 몰라도, 가까이에서 찬찬히 관찰하면 유동적이고 늘 변화하
는 존재다. 이러한 유동적인 특징이 자아상을 변화시키고, 스스
로의 생각과 관계 맺는 방식을 바꾼다. 물론 자아탐구는 정신적
으로 매우 혼란스러울 때 군건하게 해주는 힘이 되지만, 나의 생
각은 내가 제어하는 것이 아니라는 사실은 점점 더 확실해진다.

30년 전, 나는 처음으로 침묵 속에 명상하는 피정에 참여했다. 거의 한 주 내내 내 생각과 전투를 치렀다. 들숨과 날숨에 집중하고 마음을 제어하라는 가르침을 따르기 힘들었다. 격렬한 두려움, 꼼짝없이 갇혔다는 기분, 낙담, 분노를 느낀 나는 그저 이 끔찍한 명상원에서 탈출해 명상의 '명'자도 기억하고 싶지 않은 심정이었다. 그러던 어느 날 아침, 나는 새벽 명상에 가지 않고 아무도 나를 보지 못할 숲속으로 도망쳤다. 개울에 갈 길이 막힌 나는 이끼 낀 암석을 미끄러지는 물길을, 개울가를 따라 회오리 속으로 소용돌이치는 물길을 바라보았다. 그곳에서 그렇게 고요함 속에 앉아 분노를 누그러뜨렸다. 마치 나를 내 의식 너머 어딘가에 남겨두고 떠나온 것 같았다. 머릿속 어딘가에서 온갖 잡생각들이 계속해서 흐르고 있었지만 나는 더 이상 의식의 물살 깊숙한 곳에 서 있지 않았다. 생각과 존재 사이의 간극을 인식할 수 있었고, 그러므로 이러한 생각들을 생성해내는 것은 내가 아님을, 어딘가 다른 곳에서 강렬히 솟구치는 것임을 알았다. 이 경험을 통해 나는 두 가지 사실을 명백히 깨달았다. 첫째, 생각하는 마음은 그만의 마음을 가지고 있다. 둘째, 인지적 홍수에 휩쓸릴 필요가 없다. 이 짧은 휴식을 통해 생각을 통제하려는 시도는 부질없는 것임이 증명되었다. 그러나 우리는 생각의 물줄기에서 온전히 빠져나와 이 소동을 고요히 지켜볼 수 있다. 내 생각을 내가 만드는 게 아님을 깨달을 때, 이 생각들을 지나치게 개인적으로 받아들이지 않을 수 있다. 이야기로서의 나에 대한 집착, 소중히 갈고 닦은 견해들에 대한 집착도 내려놓을 수 있다. 그리고 새로운 사고와 기회들이 찾아왔을 때, 그것을 더욱 선뜻 받아들이게 될 것이다.

비합리성과
예측 불가능성

내가 내 생각을 통제할 수 없다는 것은 아무래도 선뜻 받아들이기 어렵다. 왜냐하면 인간은 이성적 사고를 할 수 있는 동물 animal rationis capax이고, 때때로 이성을 통해 스스로를 이끌 수도 있기 때문이다. 우리는 우리의 사고를 관찰할 수 있는 고유의 능력을 가졌지만(심지어 때로는 합리적인 결정을 내리기도 한다) 동시에 우리의 타고난 비합리성과 예측 불가능성 앞에 한심할 정도로 무력한 모습을 보이기도 한다. 우리 행동의 배후인 '충동'에 관해서라면, 우리는 결코 이 충동이라는 자동차의 운전자가 아니다. 심리학자 조너선 하이트는 이러한 딜레마를 고집 센 코끼리(감정) 위에 앉지 못해 애먹는 조련사(이성)에 빗대어 이야기했다.[13] 코끼리 조련사는 제아무리 발로 차보고 소리를 질러도 이 가죽 두꺼운 거대한 동물을 자신이 원하는 곳으로 가게 할 수 없다. 자아는 이러한 상황에서 풀이 죽을 테지만, 사실 이 이성의 한계는 신이 주신 선물이다. 만일 이성이 전지전능하다면,

방어적이고 두려움이라는 충동에 따라 움직이는 자아가 얼마나 빠르게 생각을 독단적으로 억압할지 상상해보라. 얼마나 빠르게 우리의 내면 세계가 독재자에게 힘을 다 내어주고, 전복적인 생각을 포기하고, 모순과 역설을, 그리고 인간 심리의 미묘함을 지워버릴지 상상해보라. 이 편집증적 자아에게 선택권이 주어진다면 자신의 지배와 현상 유지를 위협하는 것은 그게 무엇이든 지워버리려 할 것이다. 그리고 그 결과로 우리는 발전할 기회, 믿음을 의심할 기회, 맞닥뜨린 갈등을 해결할 기회, 고리타분한 사고의 패턴을 바꿀 기회, 새로운 아이디어로 즐거워 할 기회를 잃게 될 것이다.

이성의 한계를 알고 있었던 에머슨은 말 안 듣는 아이를 대하듯 우리의 마음을 보살피라고 권했다. 지침과 넘지 말아야 할 선, 상식을 알려주되 영혼을 짓밟지는 말라. 이성으로 우리 스스로를 괴롭히려는 시도는 우리의 감수성을 망가뜨리고, 더 높은 지성과의 관계를 방해한다. 생각과 감정을 통제하지는 않더라도, 대신 날것의 감정이 우리와 나란히 걷게 된다면 우리의 반응을 제어할 수 있을 것이다. 개방적이고, 차분하며, 자기 자신을 인지하는 정서적 기반을 우리는 만들어낼 수 있다. 쉽지는 않겠지만, 이것은 절호의 기회가 왔을 때 낼 수 있는 비장의 카드다. 에머슨은 이렇게 말했다. "위대함은 문제를 해결하는 것이 아니라 마음의 상태를 바꾸는 데서 비롯된다." 그는 정신의 평정, 새로운 관점, 변화가 일어나기 위해 꼭 필요한 유연함에 높은 가치를 두었다. "지금 이 순간, 내 마음이 보내온 특별한 목소리가 어쩌면 나를 이 우주에서 새로운 삶을 살 수 있게 할지도 모른다는 즐거움을 준다."[14]

디지털 시대에는 이러한 스토아 철학의 지혜를 실천하기가 점점 더 어려워진다. 스스로를 위해 생각하고, 이성을 훈련하고, 정보와 기술의 폭주에도 흔들림 없이 우리의 관점을 지켜내는 능력은 성취하기 어려워졌다. 그러나 이러한 능력은 그 어느 때보다도 반드시 필요하다. 급속도로 추락하고 있는 우리의 집중력을 생각해보자. 아이폰 애플리케이션을 사용하는 25만 명을 대상으로 한 하버드대학의 한 연구 결과에 따르면 사용자의 평균 주의집중 시간이 충격적일 정도로 떨어졌다고 한다. 참가자들은 깨어 있는 시간 중 46.9퍼센트에 달하는 시간을 자신이 하고 있는 일이 아닌 다른 어떤 것을 생각하는 데 보낸다고 답했다.[15] 생각의 되새김질이 삶의 질을 저해한다는 사실을 고려한다면, 불행하다고 느끼는 사람들이 많아진 현실은 집중력 결여와 모종의 인과관계가 있음이 분명하다. 연구를 이끌었던 한 연구자는 이렇게 말했다. "인간의 마음은 배회한다. 그리고 배회하는 마음은 불행한 마음이다."[16]

뇌는 1초에 약 1,100만 비트의 정보를 수신하고, 이들 정보의 대부분은 그 순간과는 거의 상관없는 반복적인 생각이다. 우리가 현재 살고 있는 기술 중심의 시대에 바이트와 밈, 메타데이터가 풍기는 악취를 끊임없이 들이마시는 것은 우리의 집중력을 완전히 망가뜨리는, 너무도 끔찍한 행동이다. 화면 속 인플루언서들은 우리의 감정을 교묘하게 조종하고, 하찮은 것들로 우리의 주의를 혼란하게 함으로써 수익을 얻는다. 스냅챗과 틱톡, 그리고 추구할 만한 가치가 있는 새로운 무언가가 존재한다는 믿음이 초래한 산만한 상태를 이르는 말인 "반짝이는 물체 증후군shiny object syndrome"이 있기 훨씬 전에, 에머슨은 하찮은 일에 우리의 주의집중을 허비하지 말라고 경고했다. 그는 우리의 집중력을 다시 끌어모으고, 우리가 아는 것보다 더 많은 것을 알고 있는 주시자의 의식에 집중하기 위해 "하루에 알차게 쓰는 1시간"을 확보하라고 권했다. 광란의 군중 속에서 발길을 돌려, 집중과 통합을 통해, 세상과는 정반대의 길로 향하는 우리의 저항하는 자유로운 자아를 위해 공간을 만들어줘야 한다.

요약

관점이 당신의 현실을 만든다. 지성의 목소리는 상황을 있는 그대로 받아들일 수 없게 방해한다. 이야기를 지어내는 이 목소리는 '나는 남과 다르며, 독특하다'는 허상을 창조하는데, 현재에 온전히 존재하기 위해서는 이 허상을 반드시 꿰뚫어 보아야 한다. 투명한 시야를 확보할 방법은 다양하다. 일기 쓰기, 명상, 상담, 기도, 자아탐구 등 주시자의 인식과 관련된 활동이다. 자아탐구는 신경가소성(뇌가 훈련을 통해 스스로 새롭게 하는 능력)을 촉발하며, 이야기 속에 갇혀 있던 당신을 그곳에서 빠져나올 수 있게 도와준다. 통찰력을 얻기에는 표현적 글쓰기만큼 강력한 방법이 없다. 종이 위에 생각과 감정을 적어내려가면 아직 형태를 갖추지 못한 경험을 표면화할 수 있고, 객관성을 높일 수 있으며, 편협하지 않은 주시자의 관점이 작동할 수 있도록 길을 내어준다. 중립적이고 관찰자적 시각의 주시자는 모순으로 갈등하지 않는다. 주시자는 당신이 (예상대로) 비합리적인 모순덩어리에 양가적이고 일관성이 없다는 것을 이미 알고 있다. 그러나 당신을 평가하지는 않는다. 당신이 서로 반대되는 것들을 모아 만든 스스로의 정체성은 실은 그저 당신의 일부에 지나지 않는다.

비순응
자신만의 세계를 건설하라

+++

당신을 당신이 아닌 다른 것으로 만들기 위해
부단히 노력하는 세계 속에서
자기 자신이 되는 일은 가장 위대한 성취다.

사회는
당신의 편이 아니다

에머슨은 대부분의 권위를 몹시 불쾌히 여겼고, 사회는 신뢰할
만한 것이 못 된다고 확신했다. 사회는 독립성을 약화시키고, 도
덕적 타락을 부추기고, "겉만 번지르르한 평범함, 추잡한 만족
감"을 부추김으로써 시민의 안녕을 저해할 음모를 꾸민다. 시민
이 자신의 주권과 스스로에 관한 자결권을 거부한다면, 그들은
자신의 운명의 주인이 아니라 노리개가 된다. 에머슨은 정복당
하는 것을 거부하라고 우리에게 강력히 충고했다.

70

관습, 직업… 우리가 마주한 모든 역사 속 위대한 사상가와 실천가에 맞서라. 가장 위대한 도덕적 행위는, 그러므로 비순응자가 되는 것이다.

이 사상가-실천가(즉, 우리 내면의 주시자)는 스스로 결정을 내릴 수 있고, 우리 삶의 조건들을 제어할 수 있다. 마르쿠스 아우렐리우스도 이러한 생각과 궤를 같이했다. 그는 이렇게 적었다. "우리에게 일어난 모든 일에 대해 논리적이고 정확한 분석을 할 수 있는 능력만이 우리의 영적 성장을 확실히 담보할 수 있다."[1] 무엇을 하라고 지시받는 것을 더 좋아하는 사람들에게는 이것이 무척이나 무거운 짐이 될 수 있다는 사실을 에머슨은 알고 있었다. "유사 이래 대부분의 사람들이, 그리고 어떤 유명한 순간에는 영웅들조차, 엄숙함과 관습과 두려움의 멍청한 희생자였다." 지배적인 문화, 그 문화가 얼마나 부패했는지와는 상관없이 순응한다면, 우리는 그것의 먹잇감이 되고 만다. 에머슨은 "인간을 생각의 걱정에서 구원하기 위해 고안된" 사회적 집단, 파벌, 종파의 "품격 있는 가면"[2]을 피하라고 가르친다. 그는 무엇에도 구속되지 않은 인간성은 결국 '진실'과 '선'에 다가갈 것이라는 견해를 고수했고, 오랜 청교도들의 회의주의를 거부했다. **자유롭게 사고하는 사람은 비순응을 통해 타고난 천재성을 발휘할 수 있게 된다.**

에머슨의 친구 헨리 데이비드 소로가 바로 이 명제의 산증인이다. 에머슨에게 소로는 자유롭고 자립적인 개인의 원형이었다. 14년 동안 에머슨의 제자로 있었던 소로는 고상한 사회의 관습에는 완전히 무관심한 사람으로 깡마른 몸에 우울해 보이는 회색빛 눈, 새의 부리 같은 코를 지녔고, 밤나무색의 머리칼은 헝클어진 채 엉망이었다. 매력 없는 외모의 보완책으로 냉담하고 퉁명스러운 태도를 취했던 이 독신주의자는 고상한 사회의 예의와 관습을 자신이 업신여긴다는 것을 구태여 감추지 않았다. 에머슨과 다르게, 그는 다른 사람들의 시선을 의식하지 않았고 자신에 대해 다른 사람들이 무어라 떠들어대든 괘념치 않았다. 에머슨은 소로에 대해 "누군가의 견해, 혹은 어떤 집단의 견해는 손톱만큼도 존중하지 않았고, 오직 진실 그 자체만을 존경했다"고 자신의 일기에 적었다.[3] "소로는 나의 윤리를 몸소 체현한 사람이다. 그가 훨씬 더 실제적이며, 매일같이 현실적으로 그 윤리에 복종한다. 나보다 더."[4] 내면의 목소리를 신뢰한 소로의 굳건함, 다른 사람들에게 맞추지 않고 그들을 따라 하지 않겠다는 그의 의지를 에머슨은 경이로워했고 부러워했다. 에머슨은 자신의 친구에 관해 이렇게 적었다. "그의 날들과 발을 맞추며 걸었다. 그래서 부끄럽지 않았다. 자신의 인생을 미루지 않고, 이미 살고 있기 때문에."[5]

'이미 사는 것live already'은 늘 침상에서 방금 일어난 것 같은 머리칼을 가진 친구에게서 영감을 받은, 에머슨 자신의 모토이기도 했다. "당신 자신의 근원을 알라. 그것을 들쑤시고, 땅에 묻어라. 다시 파헤쳐 들쑤셔내라." 소로는 월든호수의 오두막에서 쓴 편지에 이렇게 적었다. 도무지 종잡을 수 없었고, 불쾌했고, 곧잘 무례했지만, 소로의 성격이나 진실함을 의심하는 사람은 아무도 없었다. 에머슨은 이렇게 적었다. "거친 껍질이 열매를 보호하듯, 천국은 흔치 않은 성격을 가진 사람 주위에 거북한 외모와 미움받음으로 울타리를 친다."[6] 소로는 겉으로 보이는 모습과 실제 그가 같았고, 에머슨은 사실 그렇지 않을 때도 많았다. 그는 종종 한 번에 여러 인간의 모습을 보여줬는데, 에머슨은 그런 자신의 모습들 대부분을 좋아하지 않았다.

소로는 에머슨에게 소박함을 가르쳐줬다. 거의 샤머니즘에 가까운 자연과의 유대감, 동물과 식물에 대한 그의 광범위한 지식은 이 연로한 남자에게 계시처럼 다가왔다.

나의 좋은 친구 헨리 소로는 자신의 소박함과 명확한 인식으로, 고독할 뻔했던 오후를 빛나게 만들어줬다. 앞뒤 다른 인간들이 빽빽 소리나 질러대는 세상에서 소박함이라니, 이 얼마나 희극적인 일인지.[7]

소로는 또한 장차 미래에 펼쳐질 문화, 즉 답을 찾기 위해 내면을 들여다보기보다는 다른 이들의 인정과 허락에 의존하는 문화, 내면보다 외면을 중시하는 미디어 중독 문화에 대한 선견지명도 갖고 있었다. "내면의 삶이 무너질수록 더 끊임없이, 그리고 더 절실하게 우리는 우체국에 간다. 엄청난 수의 편지들을 끌어안고 우체국을 나서며 이렇게나 많은 답장을 받았다는 것에 긍지를 갖겠지만, 가엽게도 자기 자신에게서는 오랫동안 답장을 받지 못했다."[8]

답을 찾기 위해 내면을 들여다보는 것은 영혼을 단단하게 만든다. 자기신뢰는 사과도 양해도 없이 "아니"라고 할 수 있는 능력에 달려 있다. 이 비순응과 자아실현의 관계는 행동과학에서도 확인된다. 비순응자들은 부화뇌동하는 사람들과 비교했을 때 대체로 더 행복하고, 더 강인하며, 수행력도 더 높다. 다수의 사람에게 부정의 말을 해야 하는 개인적 위협에 대해 사람들이 생물학적으로 어떻게 반응하는지 측정한 연구를 살펴보자. 피실험자들은 그들에게 동의하지 않을 가능성이 높은 사람들 속에서 개인으로 존재할 때 혈류량이 증가하고, 심장의 기능성이 개선되고, 옥시토신 분비가 증가하는 등 도전할 때와 같은 심혈관 반응을 보였다. 다시 말하면, 잘 사는 것은 수용받지 못하는 것에 대한 두려움을 따를 것인지, 아니면 자신의 신념을 지지하고픈 열망을 따를 것인지에 달려 있다는 것이다. 연구에 참여한 이들은 이렇게 말했다. "도전의 경험은 압도되는 느낌이 아니다. 그보다는 활기와 생기가 도는 느낌이다. 내가 잃을지도 모르는 것에 집중하는 것이 아니라, 얻게 될 것을 보는 것과 같다."[9]

그러나 비순응에는 그만한 결과가 따른다. 물살을 거슬러 헤엄치는 것은 그렇게 하는 것이 엄청난 이득을 가져다준다고 해도 어려운 일이다. 집단이 주는 압박감을 중점적으로 다룬 또 다른 실험에 따르면 다수에 의해 틀린 답, 그릇된 정보에 동의 하라는 독촉을 받은 피실험자의 32퍼센트가 그 압력에 굴복했 다. 되도록 갈등을 피하려는 인간의 바람은 집단 압력의 영향력 을 더 크게 만든다. 우리는 우리가 보는 대로 믿는다고 생각하고 싶지만, 연구가 밝혀낸 바에 따르면 "보는 대로 보고, 집단이 믿 으라고 하는 것을 믿는다."[10] 우리는 우리가 건강하고 부유하게 살고 있는 것처럼 보이고 싶은, 도무지 바뀌지 않는 충동에 사로 잡혀 있고, 다른 사람들이 우리를 선하게 봐주기를 바란다. 악하 게 행동하는 것이 더 선할 때가 많음에도 그러하다. 에머슨은 우 리에게 경고했다. "좋은 사람은 법에 지나치게 복종하지 말아야 한다." 이것은 시민권 운동가이자 국회의원으로서 사회활동가 들에게 "좋은 문제good trouble"를 많이 일으키라고 했던 존 루이 스John Lewis를 떠오르게 한다. 복종하지 않는 것은 정의롭지 않 은 시대에 결정적인 역할을 한다. 불평등, 경제적 부정의, 지도 층에서 비롯된 무수한 사회악에 둘러싸인 우리는 우리의 진실 함을 지키기 위해서는 순응하지 않는 것이 반드시 필요함을 배 운다. 그러나 진실함은 다른 이들에게 보여주는 수행이 아니다. 이것은 내면의 일이다.

너무 착하게 굴지 말 것

턱수염을 기른 30대 남자 조는 이 사실을 몸소 체험함으로써 깨달았다. 조는 엔지니어로 성공가도를 달리던 중 자신이 인생을 잘못 선택했다는 느낌을 받았다. 그는 당시를 이렇게 표현한다. "갇힌 기분이었고, 그 기분은 점점 더 심해졌어요."[11] 조는 2014년, 미래가 창창한 커리어와 전형적인 중산층 라이프스타일을 버리고 떠돌이 유목민이 되기로 결심했던 이유를 자신의 차에 앉아 설명하고 있었다. 직장에서 1주일에 60시간을 일했지만 그마저도 생활비를 채 충당하지 못하면서 그는 지금 자신이 선한 곤경에 빠졌으며, 더 늦기 전에 자신의 행복을 따라 살아야 한다는 것을 깨달았다고 한다.

"멕시코에서 캐나다로 이어지는 퍼시픽 크레스트 트레일을 걷는 도보 여행이 시작이었어요. 오래전부터 해보고 싶었던 일이었습니다." 이 경험이 조의 인생을 바꿨고, 이후 조는 아파트를 팔고, 사서함을 만들고, 계획했던 일을 시작했다. 이듬해 그는 차를 몰고 미국을 횡단하고 종단하며 탁 트인 넓은 곳과 회사 밖에 있는 새로운 사람들을 찾아다녔다. 규칙을 어기고 자신의 충동에 따라 살면서 조는 완전히 다른 사람이 되었다. "이곳에는 이런 말이 있어요. 도보 여행이야말로 인생을 망치는 지름길이다. 그게 바로 제 이야기라는 걸 확실히 깨달았어요."

실수하는 거라고 경고하는 주변 사람들 앞에서 자신을 변호하던 조는 동시에 "더 독립적이고 더 연결된 느낌"을 받기 시작했다고 말한다. 성공을 이야기할 때 자주 회자되는 "일 먼저, 인생은 그다음에"라는 말에 의문을 제기하면서, 그는 그가 그동안 계속 자유로웠다는 사실을 깨닫고는 깜짝 놀랐다. "이렇게 지내고 보니 사람이 사는 방식에는 정해진 규칙 같은 것이 없더라고요. 저는 돈보다도 시간을 훨씬 더 원했던 거예요." 그는 이 말이 받아들여질 때까지 잠시 기다렸다. "믿을지 모르겠지만, 잠잘 곳을 마련하기 위해 돈을 지불할 필요가 없습니다." 조는 이제 캠핑, 하우스시팅(housesitting, 집 주인이 휴가나 출장 등으로 집을 비우는 동안 여행자가 집과 반려동물을 관리하는 대가로 무료로 그 집에 숙박하는 것)을 하거나 차 안에서 생활하면서 이곳 아치스국립공원 근처의 캠핑장 같은 대자연이 장관을 이루는 곳에서 시간을 보낸다.

그렇게 지내면서 그는 자신을 더 잘 알게 되었다. "제가 생각했던 것보다 더 쉬웠고, 더 단순했어요. 더 다양했고요." 방랑자적인 삶의 방식을 따르다 보니 조는 더욱 "현실적"이 될 수밖에 없었고, 필요한 것은 점차 줄었으며, 대지와 더 가까이, 더 정직하게 살게 되었다. "이런 삶을 생각하고 있는 이들에게 제가 자주 하는 말은, 길 위에서도 원래 살던 대로 살 수 있을 거라는 생각을 버리라는 거예요. 아파트를 미니밴에 욱여넣을 수는 없는 일이에요. 모든 게 새로워지는 것을 받아들이세요. 그것만의 색다름을 발견하게 될 거예요. 그걸 믿으세요. 이렇게 사는 편이 훨씬 더 좋다는 걸 알게 될 겁니다."

　비순응자가 된다는 것은 좋은 사람처럼 "보이게" 하는 우리의 고정된 양식을 버리는 것이다. 사람은 태어날 때부터 죄인이라는 신화가 맹위를 떨치는 곳에서는 특히 무리한 요구다. 인간은 짐승의 몸을 입고 태어났으므로 타락한 존재라는 독약 같은 교리를 이유식을 떼자마자 듣기 시작하는 환경에서 자란 나로서는 스스로를 의심하며 살아갈 수밖에 없다. 에머슨은 경고한다. "불멸의 종려나무 가지를 모으려는 자는 선하다고 명명된 것들에 방해받지 말고, 오직 이것이 선한지 아닌지를 탐구해야 한다." 오늘날 알려진 바와 같이, 에머슨은 자신의 도덕성과 선행을 과시하는 것을 무척 불쾌히 여겼고, 시민들의 양심을 조종하려는 사회의 (거의 반사적일 정도로 즉각적인) 시도들을 극히 경계했다. 캔슬컬처(cancel culture, 불매운동의 한 형태로, 공인이나 기업이 잘못을 저질렀을 경우 그들에 대한 지원을 철회하는 것)는 이런 악순환 위에서 더욱 만연하게 된다. 캔슬컬처는 타인의 최악을 상정하고, 두 번의 기회조차 주지 않으며, 타인이 저지른 최악의 실수로 그 사람을 판단한다. 또한 옹호할 수도 없으며 해악을 끼칠 뿐인 이상적인 미덕을 양산해낸다. 의인의 얼굴을 하고서 문제를 제기하는 우리의 버릇, 마치 나에게는 죄가 없다는 양 서로에게 수치심이란 수류탄들을 높이 쏘아올리는 모습이라니, 에머슨이 봤다면 터무니없는 위선이라고 말했을 것이다. 단하나의 흠집도 없이 사회적 이미지를 살균처리하라는 압박은 자기신뢰에는 독약과도 같다. "당신의 선량함에는 날카로움이 있어야 한다. 그렇지 않다면 그것은 아무것도 아니다." 에머슨은 다시 한번 강조한다. "작은 악의는 선의를 단련한다."

사회적 적절성을 전시한다고 해서 당신이 도덕적인 인간이 되는 것은 아니다. 당신이 가진 성격의 진실은 당신의 평범한 일상 속에서 드러난다. 에머슨은 거룩한 척하는 사람들을 가장 경멸했다. 사람들이 있는 곳에서는 정의의 가면을 썼다가 닫힌 문 뒤에서는 악하게 구는 "선한" 사람들의 거룩한 척보다 그가 더 경멸하는 것은 없었다. 사회적 죄책감에 휩쓸려 행한 친절함은 우리의 진실함에 해가 된다. 에머슨은 공개적으로 자선을 요구하는 자선 단체들이 갑자기 폭증한 것을 두고 (마음에서 우러나온 자선 행위가 아니라면) 도덕적 뇌물이라고 경고했다. "부끄럽지만 고백하건대 나는 때로 굴복하고 돈을 낸다. 하나같이 성숙함이라곤 찾아볼 수 없는 돈이다." 에머슨의 고백은 관용을 비판한 것이 결코 아니다. 기만적인 태도를 강조한 것이다. 순응하는 자들이 이기적인 이유로 선한 일을 할 때 위선은 계속 되풀이된다. "사람이 속죄를 위해 벌금을 지불하듯, 용기나 자선의 일환으로 선한 행동이라고 여겨지는 행위를 할" 때, 우리는 우리의 진실함을 배신하고 있는 것이다. 에머슨은 속죄의 필요성을 부정하며 이렇게 말했다. "나는 속죄하고 싶지 않다. 그저 살고 싶다. 내 삶은 속죄가 아니라 삶 그 자체를 위한 것이다."

내가 내린 선택에 대해, 그리고 내 삶에 대해 얼마나 자주 우리가 속죄하고 있는지 스스로에게 물어보는 것은 그럴 만한 의미가 있는 일이다. 얼마나 많은 시간과 에너지를 다른 사람들의 의견을 신경 쓰고 우려하는 일에 허비하는가? 실제 자신의 모습보다 더 나은 사람인 척하면서, 동시에 스스로에게 죄인이라는 꼬리표를 붙이고 있지 않은가? 이 질문들은 내가 선에 대해 어떻게 생각하고 있는지를 고민할 때 던져보면 좋을 질문들이다. 에머슨은 과도한 양심은 좋지 않은 징후라고 믿었다. 그 누구도 착해 빠진 사람을 좋아하지 않는다. 무의미한 규칙을 준수하고 공공의 미덕을 확장하는 것이 곧 의로움이 되는 것은 아니다. 에머슨은 선한 행동을 전시하는 이 허위는 더 나쁜 행위들을 감추고 있다는 신호가 된다고 주장했다. 진실한 양심은 도덕성을 내면에 둔 결과다.

당신의 권능은 어디에 있는가? 나의 권위는 어디에 놓여 있는가? 그것은 나의 비순응에 있다. 나는 당신네들의 법을 결코 듣지 않았고, 그들이 복음이라 부르는 것을 듣지 않아 나의 시간을 허비하지 않았다. 나는 나만의 소박하고 가난한 시골, 즉 이 달콤함에 만족한다.

평등과 정의에 관한 우리의 타고난 감각보다 대다수 규칙을 우선해서는 안 된다. 특히 합의된 현실이 이렇게나 쉽게 제멋대로 바뀔 수 있고, 시간과 장소, 문화에 따라 달라질 수 있다면 더욱 그러하다. 우리가 옳다고 생각하는 것과 사회가 충돌한 다면, 비순응자가 되는 것은 개인이 선택할 문제다. 다시 말하 면, 당신의 경험을 최우선으로 신뢰하라는 것이다. 에머슨은 이 렇게 설명한다. "나에게 있어 내 천성보다 더 신성한 법은 없다. 나의 법과 합하는 것만이 옳은 것이다. 이것에 반하는 것은 모두 그르다."

에머슨은 우리 스스로가 내린 결정을 전적으로 수용할 것 을, 그리고 우리 내면에서 벌어지는 모순이라면 드넓은 마음으 로 받아들일 것을 권한다. 모순은 미덕이지 부적절한 흠결이 아 니다. "어리석은 일관성은 소인의 우둔한 고집"일 뿐이다. 결국 자연에는 직선이 없지 않은가. 삶은, 신비한 방식으로, 점진적으 로 나아간다. 에머슨은 우리에게 다시금 상기한다. "가장 빼어난 선박의 항해로는 갈지자로, 수백 번 방향을 튼다." 자연의 리듬 은 복합적이고 불규칙하다. 타고난 대로 더욱 번성하는 활기찬 과정 속에서 자연은 시작하고, 또한 멈춘다. 현실을 마치 엑셀 시트처럼 작은 셀로 세분화하는 것은 불가능한 일이다. 인간의 방정식에서 모순됨은 영원불멸의 상수常數다.

반드시 기억하라. 만일 우리가 충동적으로 행동하는 것보다 우리 행동의 일관성에만 초점을 맞춘다면, 변화하는 삶의 요구 에 현명하게 대응하지 못할 것이다. 매우 중요한 이유로 우리의 행동은 "예상대로 비합리적(비순응과 비합리성은 깊이 연관되어 있다)"이다.[12] 한 철학자는 이렇게 말했다. "어느 상황에서든 바나나를 숭배하는 원숭이는 상황에 따라 바나나의 중요성을 판단할 수 있는 생명체에 비해 언제나 열세에 몰릴 것이다."[13] 인간의 비일관성에 관한 진실도 이와 같다. **예측 불가능한 세상에서 너무나도 예측 가능하게 행동하는 것은 치명적인 약점이다.** 습관은 실재적인 세계에서 결정적인 변화가 일어났을 때 사람의 눈을 쉽게 가린다. 에머슨은 따라야 할 행동 양식이 있고, 어울려야 하고, 일관되게 행동해야 하는 눈먼 군중 속에서 균형을 맞출 방법으로 저항을 권한다. 저항은 우리 안에 있는 젊음이며, 억누를 수 없는 영혼의 후손이다.

충동적으로 행동하라.
어린아이처럼

에머슨은 충동적이고 유연하며 호기심이 많고 진취적이면서 새로운 시작을 열망하는 젊음의 진귀한 미덕은 반드시 보호받아야 한다고 가르쳤다. 그들은 거절을 거절할 것이다. 그들을 위한다는 기존의 원칙은 누군가가, 어딘가에서, 타당하면서 타당하지 않은 이유로 만들어진 것이기 때문이다.

자기 자신이 되는 기술을 포함해, 모든 창조성은 미지의 세계로부터 멀어지는 것이 아니라 그것을 향해 기꺼이 나아가려는 의지를 요구한다. 한계를 확장하고, 충동적으로 행동하고, 위험 부담을 감수하지 않은 채로는 잠재력을 발휘할 수 없으며, 자신만의 독창적인 생각을 열매로 맺을 수 없다. 에머슨은 영적 전통 곳곳에서 가장 이상적이라고 여겨지는 어린이들의 풍부한 상상력을 예찬했다. 어린아이의 불가사의함은 시대를 막론하고 자유와 예술적 창조의 전형으로 소중히 여김을 받았다. 윌리엄 워즈워스가 "어린이는 어른의 아버지"[14]라고 썼듯, 우리가 우리의 아직 교육되지 않은 부분을 신뢰할 때, 우리의 영혼은 성장한다. 이 어린 자아는 습관에 의해 호기심이 무뎌지고 복종에 의해 진정성이 지워지기 전까지 점진적으로 성장하고 순수한 진실함을 구현한다. 젊음은 개방성, 생기, 새로운 경험에 대한 열망으로 가득할 뿐만 아니라, 신비로운 것과 신의 계시도 쉽게 받아들인다. 예수는 제자들에게 이렇게 말했다. "진실로 너희에게 이르노니 너희가 돌이켜 어린아이들과 같이 되지 아니하면 결단코 천국에 들어가지 못하리라."(마태복음 18장 3절) 우리가 순수함을 잃는다면, 선불교에서 말하는 '초심'을 가꾸지 않는다면, 우리는 더 높은 지성과의 관계를 잃고, 우리가 누구인지에 관한 본연의 진실을 잃게 될 것이다. 우리는 (다 자랐고, 다 안다는 오만한 얼굴을 한) 가면을 벗기 전까지 결코 생의 충만함을 만끽할 수 없다.

어떤 측면에서 에머슨이 이토록 어린아이의 영적 가치에 집착한 것은 자신의 유년 시절에 이러한 것을 전혀 경험해보지 못했기 때문이기도 하다. 너무 일찍 나이 들어버린 어린 시절의 에머슨은 그 아쉬움을 그의 글에서 여실히 드러낸다. 충동적인 성격에 대한 그의 열망은 또한 자신과는 전혀 어울리지 않는 소로에게 느꼈던 끌림에도 영향을 끼쳤다. 에머슨은 형제들이나 또래 친구들이 가졌던 외향성을 간절히 바랐고, 규칙보다 우위에 서고 말겠다는 그들의 열정적인 의지를 열망했다. "들끓는 분노의 뇌, 찬미할 수밖에 없는 혁명가들, 이 비사회적인 숭배자들, 해와 달을 이야기하는 수다쟁이들"을 그는 부러워했다. 그는 어른이 된 우리가 자신을 실현하기 위해서는 어린아이의 천진난만함이 반드시 필요하다고 믿었다. "낮은 부름의 소리가 들려 '너는 반드시'라고 한다면 어린이는 대답할 것이다. '할 수 있습니다.'" 결국, "어린이들에게만 봄이 봄일 수 있을 것이다." 그는 또한 이렇게 썼다. "열정은 어린이를 위한 세계를 다시 건설한다. 그리고 그 세계에서는 모든 것에 생기와 의미가 넘쳐날 것이다."

자연은 우리에게 어린아이와 같아지기를, 유연해지기를, 과거에 매이지 않기를 가르친다.

뱀이 허물을 벗듯 지난날을 벗는 사람. 그는 삶의 어느 순간에서든, 늘 숲속의 어린아이다. 언제고 젊음이다.

아이와 같은 열정enthusiasm-이 단어는 '신theos으로 가득한 en'이라는 뜻의 그리스어에서 유래했다-은 우리에게 전율과 (힐

데가르트 폰 빙엔Hildegard von Bingen이 비옥함veriditas으로 이름 붙인) 파룻파룻한 관능을 선사한다. 결코 시들지 않는 우주의 힘과 조우하는 것은 인간에게 새로운 힘을 주고, 번영하게 하며, 나이가 듦에 따라 변화에 무감각해지는 타성에 젖은 마음도 걷어낸다. 굴복 대신 진화를 택한 우리는 펼쳐지는 미래의 흐름 속으로 뛰어들게 되고, 그것은 옛시대의 흐름을 거스르는 것과 맞닿아 있다. 에머슨은 "과거를 퇴색시키고, 모든 부유함을 가난함으로 바꾸기 때문에, 세상은 영혼이 되는 이 사실을 싫어한다"고 썼다. 자연은 진화를 멈추기를 강렬히 거부함으로써 사회가 정한 일관성에 반기를 든다. 간단하게 말해, 자연은 한곳에 얼어붙어 있지 않을 것이다. 생의 푸르름은 언제나 미래에 호소한다. 자기 신뢰(그리고 빼어남)를 원하는 사람이라면 반드시 이미 죽은 것, 이미 떠난 것에서 등을 돌리고 과거에 머무르고픈 마음에 저항해야 한다. 우리는 어린아이와 같은 마음과 스스로 움직일 수 있는 힘을 기르고, 살아 있음의 기쁨과 즐거움을 누리는 법을 배운다. 커밍스E. E. Cummings는 이러한 정서를 시적으로 아름답게 표현했다.

그대 그 무엇보다 즐거워하라, 젊음을 잃지 말라.
젊음을 잃지 않는 그대가 어떤 생을 입든
그 생은 그대가 될 것이며, 그대가 즐거워한다면
그게 어떤 삶이든, 당신은 그 삶이 될 것이다.[15]

이러한 기쁨은 젊음의 원천을 마르지 않게 채워주고, "착해야 한다"는 요구에서 우리를 구원해주며, 우리가 짊어진 수치심의 무게를 내려놓게 해준다. 많은 사람들로부터 사랑받아야 한다는, 혹은 다른 사람들에게 빼어난 매력을 어필해야 한다는 필요를 내려놓는다.

인기는
인형에게나 필요한 것이다

요즘처럼 경쟁적으로 인기를 얻으려고 하는 시대에 (오늘 당신의 인스타그램은 몇 개의 좋아요를 받았는가?) 팔로우를 늘리고 사람들에게 영향력을 펼치라는 구호에 깃든 세이렌의 호소를 못 들은 체하기란 여간 어려운 일이 아니다. 소셜미디어라는 이 거대한 제국은 클릭과 알림, 하트 이모티콘에 굶주린 우리의 욕망을 채우는 데 딱 맞는 알고리즘을 제공해주면서 관심받고 싶어 하는, 이 결코 채울 수 없는 욕망을 이용해 수익을 낸다. 오늘날 수많은 사람들은 오늘 내가 무리에 속했는지 배제됐는지, 누군가로부터 칭송을 받는지 잊히는지를 알아보기 위해 숨죽인 채 키보드 앞에 눌러앉아 기다리는 청소년을 닮아 있다.

이 거대 제국은 콜린 윌슨Colin Wilson이 70년 전에 경고한 "무의미의 오류fallacy of insignificance"를 더욱 악화시킨다. 콜린은 이렇게 말했다. "평범한 이들은 현실적인 가치가 있는 무언가를 성취할 능력이 자신에게 없다고 믿게끔 (사회적으로) 길들여졌다."[16] 이렇게 길들여진 사람은 자신이 무가치하다는 느낌에서 벗어나기 위해 자신의 여러 측면 중에서 다른 사람들의 눈 밖에 날만한 것들은 숨기려 노력하고, 성공을 위해 다른 이들의 전략을 모방한다. 에머슨이 봤다면, 애석하게도 자기 존재의 유의미함을 믿지 못한 채로, 다른 사람의 경험을 훔쳐 자신의 경험인 양 느끼는 사람들의 시대로 우리를 이끈 이 흉내쟁이 문화에 경악을 금치 못했을 것이다. 에머슨은 그가 살았던 당시에도 이런 위험한 낌새를 알아채기는 했으나("대부분의 인간들은 사회의 구린내에 각다귀처럼 들러붙는다"라고 그는 어딘가에 적었다), 소셜 미디어 시대가 끼칠 파괴적인 영향력은 그도 예상하지 못했다.

애플이 그들의 기적 같은 제품의 최신 버전을 출시할 때마다 소비자들은 그것을 결코 놓칠 수 없다는 듯 길거리에서 밤을 새운다. 이러한 지위상징(status symbol, 이것을 갖고 있으면 다른 사람들이 우러러봐줄 것 같기 때문에 소유하고 싶은 어떤 것) 제품은 구매자의 자부심을 고취시키지만, 전보다 더 큰 경제적 어려움을 느끼고, 오히려 자신감을 잃는 소비자를 양산하기도 한다. 이 부정한 속임수에 대한 작가 앤드루 하비Andrew Harvey의 설명은 명쾌하다. "현대 문화는 불안과 우울을 먹고 자란다. 이 불안과 우울은 소비 기계consumer machine를 통해 치밀하게 양성되는데, 이 기계는 자신의 생존을 위해 우리를 늘 탐욕스럽고 불안한 상태에 둔다." 하비는 소비주의의 희생자를 "목마름에 죽어가며 끝없는 사막을 기어가는 사람들"에 비유하며 이렇게 덧붙였다. "이 문화가 우리에게 건네주는 모든 것은 우리를 더 목마르게 만들도록 고안된 소금물이다."[17]

이러한 기만에 대항할 강력한 무기가 바로 비순응이다. 에머슨은 《자기신뢰》에서 "부러움은 무지이며 모방은 자살"이라고 썼다. 또한 이렇게도 썼다. "인기는 인형에게나 필요한 것이다." 스스로를 한껏 낮춰 가장 낮은 공통 분모에 맞추려고 하는 것은 나쁜 생각이다. "만일 당신이 당신 아닌 무언가가 되려고 노력한다면 (…) 결국 비참한 아마추어밖에는 되지 못할 것이다." 에픽테토스Epictetus는 이미 1세기 아테네에서 이 사실을 발견했다.[18] 영적인 삶에서는 종종 평가절하되는 미덕이긴 하지만, 자기신뢰로 향하기 위해 관습을 거부하려면 뻔뻔함이 필요하다. 타인의 시선에 대한 의식, 경쟁 의식을 벗어던지면, 우리는 매력적으로 보이느라 애쓰는 자아를 내놓고 대신 영적인 삶이란 진귀함을 얻게 된다. 인기는 떨어질 수 있겠지만, 우리는 다른 사람에게 좋은 인상을 줘야 한다는 압박에서 벗어날 수 있다.

우리는 역사 속 영적 모델들, 즉 자신의 자유를 지키기 위해 사회의 도덕망을 탈피한 (곧잘 기만자 혹은 멍청이로 묘사되곤 하는) 뻔뻔한 남성과 여성을 통해 많은 것을 배웠다. 에픽테토스보다 수 세기 앞선 시노페의 디오게네스Diogenes of Sinope는 사람들이 지나다니는 길 위에 욕조통을 두고 거기에서 생활하면서 자신의 벗은 몸을 가리기를 거부하고, 사람들과 신 앞에서 보란 듯이 뻔뻔하게 자기 일을 했다. 디오게네스는 냉소주의 철학의 시조로 뻔뻔함avaioeia을 사회의 노모스nomos, 다시 말해서 시민들이 당연한 것으로 받아들이지만 사실 제멋대로 독단적일 뿐인 법, 관습, 사회적 관례에 대항할 방법이라 여겼다.

에머슨의 뻔뻔함은 소로의 그것과는 달리, 따스함을 찾아볼 수 없는 근엄한 가면 아래에 숨겨져 있었다. 그러나 모두에게 감춰둔 그의 마음속에서 에머슨은 위반과 위험을 즐겼다. 그는 자신의 일기장에 이렇게 고백했다. "모든 교도소 죄수들을 탈옥시키고픈 마음이다. 하지만 나는 내 집 하나조차도 아직 정복하지 못했다."[19] 세상은 "불쾌해하며 비순응자에게 채찍질을 해댄다"지만, 다른 사람들의 기분을 맞춰줘야 할 것 같은 마음에는 반드시 반대해야 한다. 에머슨이 자신의 인생에서 직접적으로 이러한 예시를 보여준 것은 하버드 신학대학에서 한 선동적인 연설이었다. (이것에 대해서는 이후에 자세히 이야기하겠다.) 그는 자신이 그렇게 큰 소동을 일으킨 것에 대해 후회하지 않았을 뿐만 아니라 오히려 흡족해했다. "내 주변 사람들은 충격적인 일들을 더 많이 원하고, 어쩌면 지금보다도 더 받아들이기 힘든 일들을 기대할 것이 분명하다는 게 확실해 보인다." 그가 만족스러워하며 말했다. 에머슨에게 "친애하는 교회의 오래된 교리를 들먹이며, 부디 죄를 깊이 뉘우치고 영원히 살게 될 영혼을 구하라고 애원하는" 믿을 만한 사람들의 말을 거절한 에머슨은 꿋꿋이 자신의 의견을 고수했다. "전통의 신성함에 대해 내가 더 이상 무엇을 어떻게 해야 한다는 말인가? 나의 삶이 온전히 그 안에 있는데?"[20] 이후 수십 년 동안 모교 캠퍼스에 발도 붙이지 못하게 한 그의 선동적인 연설은 에머슨의 영적 독립 선언문이었다. 그는 우리에게, 외부 세계가 끼치는 영향과는 상관없이, 우리는 우리 자신이 될 수 있다고 말한다.

세상 속에 살면서 세상의 견해를 따라 사는 것은 쉽다. 고독 속에 살면서 나만의 견해를 따라 사는 것도 쉽다. 하지만 위대한 사람은 무리 한가운데에 있으면서 완벽한 다정함과 자신의 고독한 독립을 동시에 고수하는 사람이다.[21]

이렇게 사회적 적절성에 한 톨의 관심도 주기를 거부하는 뻔뻔한 성품을 프랑스어로 "주멍푸티즘(je m'en foutisme, 무관심)"이라고 부른다. 이러한 성격은 다행히도 교육을 통해 얻을 수 있다. 한사코 다른 사람들의 눈만 신경 쓰던 사람도 관습에 저항하는 법과 자신의 마음이 요구하는 바를 따르는 법을 배울 수 있다. 조가 집을 내놓고 주변 사람들의 충고를 무시했을 때, 그는 이 무관심의 근육을 단련했던 것이다.

소로가 곧잘 사회적 적절성을 무시하고, 때로는 그런 그를 보며 주변 사람들이 두려움에 떨었더라도, 그는 자신의 뻔뻔함이 의사를 표현할 수 있게 허락해주었다. 뻔뻔해지기 위해서는 먼저 우리가 부끄럽게 여기는 것이 무엇인지 의식할 수 있어야 하고, 이것을 의식하기 위해서는 인내와 용기, 강인함이 필요하다. 스스로를 파괴하는 수치심은 (잘못된 행동이나 손해를 끼침으로써 발생하지만 사회적으로 긍정적인 목적을 갖는 건강한 수치심과는 반대로) 우리의 삶에 백해무익하다. 이러한 건강하지 않은 수치심을 치유하고 타인의 시선과 판단을 지나치게 신경 쓰는 과잉된 자의식에서 우리를 해방하기 위해서는 스스로를 용서하는 과정이 필요하다.

소로는 죽는 날까지 '인기가 없어서 행복한 사람'으로 살았고, 에머슨은 그런 그를 언제나 롤모델로 삼았다. 소로가 44세의 나이에 결핵으로 사망한 후, 에머슨은 그를 위한 추도사에서 단 한 단어도 윤색하지 않았다. 그는 소로의 미덕이 "종종 극단적으로 치달았다"는 점을 인정했고, 그의 "위험할 정도의 지나친 솔직함" 때문에 "끔찍한 소로"라는 별명으로 불렸다는 점도 인정했다. 에머슨은 소로의 죽음을 슬퍼하는 사람들에게 그의 친구가 어떠했는지 상기시켜주었다.

(소로는) 아무런 직업이 없었다. 그는 결혼도 하지 않았고, 혼자 살았다. 단 한 번도 교회에 가지 않았으며, 투표도 하지 않았다. 정부에 세금을 내는 것도 거부했다. 고기를 먹지 않았고 와인을 마시지 않았으며 담배가 뭐하는 물건인지도 모르고 죽었다. 맞서 싸울 생각이 전혀 없었고, 식욕도, 열

정도, 고급스러운 소품에 관한 취향도 없었다.[22]

소로는 일관되게 비일관적이었기 때문에 늘 솔직하고 정직할 수 있었다. 그의 성격은 대하기 힘든 점도 있었겠지만, 동시에 투박함에서 나오는 자연스러움이 있었다. 자연은 복잡하며 다면적이고 서로 모순되는 극단이 동시에 존재한다. 그리고 우리 인간이 바로 그러하다. 우리가 사는 세상에 역설은 어디에나 존재한다. 에머슨의 가르침에서 모순이 지배적인 위치를 차지하는 것은 바로 그 때문이다.

요약

자유로워지기 위해 당신은 반드시 비순응자가 되어야 한다. 비순응자는 결코 자신의 힘을 다른 사람에게 넘겨주지 않는다. 다른 사람들로부터 사랑과 수용을 받기 위해 자기 자신을 희생하는 것을 받아들이지 않는다. 사회의 목적은 사회 그 자체의 존재를 보호하는 것이므로, 사회는 당신의 편이 아니다. 사회는 비순응자들의 적이다. 당신이 언제, 왜 굴복하는지를 살펴 아는 것은 매우 중요하며, 언제, 왜 당신의 양심을 시대의 방식에 맞게 조정하지 않는지 살펴 알아야 한다. 너무 착한 사람이 되려 노력하지 말라. 그것은 실수다. 거짓된 선행(여기에는 자신의 도덕성을 과시하려는 선행도 포함된다)은 누구에게도 도움이 되지 않는다. 타인을 대할 때 자연스럽게 관용을 발휘하는 당신의 타고난 선함을 신뢰하라. 스스로를 의인이라 여기며 자기가 남들보다 낫다고 생각하는 사람만큼 더 나쁜 것은 없다. 순수, 충동, 호기심, 고집스러움. 이러한 어린아이 같은 면을 지우지 말라. 이것이 당신을 당신 자신일 수 있게 지켜준다. 다른 사람들의 인정을 받기 위해 무언가를 하려는 마음은 자기신뢰로 나아가는 데 방해가 되며, 우리가 사는 숏폼의 시대에 더 강한 중독성만 양산할 뿐이다.

모순
모든 것은 양면적이다

+++

신이 만든 모든 것에는 갈라진 틈이 있다.

모순으로 해결하기

에머슨은 아이작 뉴턴의 운동법칙 중 세 번째 법칙(자연계의 모든 작용에는 크기는 같고 방향은 반대인 반작용이 존재한다)을 심리학에 적용했다. 우리가 가진 모든 성품에는 크기는 같으나 방향은 반대인 특성이 존재하며, 그렇기 때문에 두 가지를 모두 받아들이는 것은 꼭 필요하다. 그에 따르면, "우리의 강함은 약한 데서 자라"기 때문에 현명한 사람이라면 자신의 약점과 공생하는 법을 배워야 한다. "사람이 스스로 자랑스러워하는 특질에는 그 자신에게 해를 끼칠 수 있는 측면이 없지 않고, 그와 마찬가지

94

로 사람이 가진 모든 약점에는 어딘가 그에게 유용한 점이 분명히 있다." 여러 가지 면을 가진 것은 부끄러워할 일이 아니며 "위대한 사람은 언제나 기꺼이 중요하지 않은 인물이 되고자 한다."

우리가 내면에서 받아들이기를 거부하는 특징들은 우리가 완전해지기 위해 반드시 필요한 것이다. **모순은 우리로 하여금 복잡한 현실과 갈등하게 만들고, 동시에 개인적인 성장의 자양분이 되어준다.** 일반적인 사람들에 대해 에머슨은 다음과 같이 말한다. "좋은 것들이 가득한 쿠션 위에 앉아 있는 사람은 잠에 빠진다. 공격을 당하고, 고난을 겪고, 패배의 쓰라린 맛을 볼 때, 사람은 무언가를 배울 기회를 얻게 된다." 이 역설을 기억하고, "신이 만든 모든 것에는 갈라진 틈이 있다"는 것을 받아들이면 이음새 하나 없는 완전체가 되려는 시도를 멈추고 우리의 찢긴 천성과 화해할 수 있다. 반대가 주는 긴장감이 우리의 근간을 이루며, 우리가 가진 흠과 비일관성에 불평하며 칭얼대는 것은 두 번 생각해볼 것 없는 시간 낭비다. 우월한 사람인 양하는 태도를 멈추고, 우리에게 주어진 조건을 받아들이는 편이 훨씬 더 좋다.

성장기에 서로 다른 다리 길이 때문에 치료를 받았던 성공회 신부 안드레아는 그 시절 하루 중 가장 고통스러웠던 때는 잠들 때였다고 고백한다. "아침이 올 때까지 거기에 누워서 고통에 몸을 웅크리고 있었어요." 그녀가 부목사로 있는 코네티컷의 목사관에서 나에게 말했다. 호쾌한 성격에 자신을 낮춰 말하지만, 그 누구보다 똑똑한 (그녀는 예일 신학대학 졸업생이다) 안드레아는 단발머리를 한 작고 귀여운 여성으로 성장기에는 눈에 띄게 절뚝거렸고, 열다섯 번의 큰 수술을 견뎌냈으며, 매년 6개월은 몸에 깁스를 하고 그 안에 갇혀 지냈다. 그녀는 너무나도 고통스러운 다리 연장 수술을 셀 수 없이 받았고, 스물한 살이 될 때까지 쭉 고문 같은 치료를 견뎠다.

"신체적인 고통보다 정서적인 고통이 더 컸어요." 안드레아의 말이다. "어머니는 이렇게 말씀하시곤 했죠. '안드레아, 네가 지금 겪는 고통은 누가 봐도 너무 힘들잖니. 하지만 모두 다 힘든 일을 겪고 상처를 받고 고생을 해. 그런데 그게 늘 겉으로 드러나지는 않지.'" 그리고 이 지혜로운 말씀이 마침내 그녀를 신부라는 소명으로 이끌었다. "사람들은 만반의 준비를 해야 한다는 엄청난 중압감을 갖고 살아요. 그렇지 않으면 최소한 그런 척이라도 해야 하는 거예요. 내면에서는 허물어지고 있는데." 안드레아가 계속해서 이야기했다. "겉으로 보이는 것과 내면은 많이 다를 수 있다는 것을 알고, 누군가의 겉모습 너머의 마음과 영혼을 보는 것이 제가 하는 일입니다."

그녀가 하는 사목의 대부분은 교구민들이 내면의 어긋난 부분들을 받아들이고, 자신들의 약함, 두려움, 실수가 어떻게 완전하고 단독적인 한 인격을 형성하는지 깨달을 수 있게 도와주는 일이다. 치유의 과정에서 핵심적인 역할을 하는 것은 상상력이라고 설명하며 안드레아는 자신의 의사 친구를 예로 들었다. 그는 진료를 하지 않는 시간에는 자신이 일하는 병원에서 쓰레

기로 버리는 오래된 엑스레이 필름, 수액 튜브, 거즈, 깨진 깁스 등을 가져와 그것으로 세상에 하나뿐인 조각품을 만들어, 사람들이 얼마나 그것을 무가치하고 쓸모없다고 판단하는지에 상관없이, 이 불완전한 삶에서 버려져야 하는 것은 아무것도 없다는 것을 증명해 보인다. "희망에 대한 멋진 은유죠. 그리고 신이 어떻게 우리를 대신해서 활동하고 있는지를 보여줘요." 안드레아가 설명했다. "현대미술 같은 거예요. 고통, 수치심, 분노, 열망 같은 부정적인 것을 모두 가져다가, 거기에 놀라운 은혜의 순간을 더해 독창적이면서 개성 넘치는 것을 만드는 거죠. 그리고 그것이 당신의 삶이 되는 겁니다." 나의 망가진 부분들을 내 것으로 받아들이고 "구원을 일으키는 창조적인 영혼과 협력한다면, 멋진 일이 일어날 수 있습니다." 자신의 고통스러운 경험을 통해 진실을 깨닫게 된 안드레아의 말이다.

불가능한 기준을 정해놓고 우리가 그 기준에 맞추도록 부추기는 이 완벽주의가 문화적 취미인 곳에서 역설과 모순이 관대하게 받아들여지는 경우는 거의 없다. 모순되는 것을 쉽게 참지 못하는 특징은 강한 문화적 편향과 관련이 있다. 복잡한 것에 대한 미국인과 중국인의 태도를 비교한 연구에 따르면, 양립할 수 없는 것처럼 보이는 두 관점을 조화하는 능력이 동아시아인들에게서 더 뛰어난 것으로 나타나며, 이것은 현실에 대한 동아시아인들의 시각이 본래적으로 역설적이기 때문이라고 한다.[1] 이 연구를 실시한 연구자는 또한 미국인들은 이분법적 사고로 치우치는 경향이 강하고 모호함을 잘 참지 못한다고 밝히며, "그들(미국인)은" 옳고 그름이 문화에 따라 달라지는 상대적 가치임을 받아들이지 못하고 "어느 쪽이 '옳은'지 알아내길 원한다"고 이야기했다. 이와 달리 동아시아의 편향은 변증법적이기 때문에 중도를 지키면서도 반대되는 관점의 토대가 되는 요소들을 받아들이려고 노력하는 미묘한 접근 방식을 취한다. 미국인들은 논리 측면에서 오류를 범하고 있는 것이다. 자세히 말하면, 사회과학에서 분화differentiation 모델이라고 부르는 것인데, 미국인들은 모순된 관점을 양극화해 어느 쪽이 더 옳은지 판단하려는 성향이 강하다. 미국의 정치 상황만 봐도, 옳아야 한다는 의무와 대중에게 봉사해야 한다는 시민의 의무가 대치하는 양극단의 사고방식은 국가에 장애가 되고 있다.

날이 갈수록 더 다양해지는 지금의 세계에서는 상황이 언제나 변화하고 반대되는 의견 또한 언제나 존재하기 때문에 아시아적 편향이 더 현명하고, 더 효과적이다. 에머슨은 "모든 사람은 살면서 자신이 저지른 잘못에 감사해야 할 필요가 있다"며, 진실한 자아를 위해 우리의 변증법적 자아를 개인적인 차원에서 받아들이라고 촉구한다. 당연한 말이지만, 그렇게 말하는 것이 행동하는 것보다 쉽다. 스스로 생각하기에 못마땅하거나 수치스러운 특징, 이것 때문에 주변인이 되는 것 같아 슬픈 특징을 어떻게 감사하게 여길 수 있다는 말인가? 나의 결함을 나의 편으로 바꾸는 것이, 우리의 모순들을 긍정적으로 활용하는 것이, 그리고 나의 제빵사 친구의 표현처럼 "레몬을 레몬 쉬폰 케이크로 만드는 것"이 어떻게 가능할 수 있을까?

이 어려운 문제에 직접 당면해본 적이 있다. 나는 외로운 아이였고, 누군가와의 유대감을 간절히 원했지만 사람들의 관심을 끌만한 기본적인 자질이 전무했다. 수줍었고, 열악한 여건에 있었으며, 타인을 의심했다. 그러던 내가 깨달은 것은 사람들에게 질문을 함으로써, 사람들에게 관심을 표현함으로써 그런 것이 아니라면 나를 무시했을 사람들의 관심을 나에게로 돌릴 수 있고, 내가 원했던 그 느낌을 느낄 수 있음을 깨닫게 되었다. 들어주려는 사람이 없을 뿐, 사람들은 너무나도 자신의 이야기를 하고 싶어한다는 것을 배운 나는 꼬마 기자 역할을 자처해 이웃과 지인들을 설득했고, 그들이 자신의 이야기를 털어놓게끔 부추겼다. 얼굴 정도만 아는 사람들도 사적으로 나에게 비밀을 털어놓게 했다. 이 전략은 놀랍도록 효과가 좋았다. 나는 사람들의 행위의 동기에 관한 질문과 관심이 마르지 않았다. 혼자였기 때문에 생겼던 호기심들이 훗날 어려운 분야를 전문적으로 인터뷰하는 기자가 될 진정한 자산이었고, 더 먼 훗날 이러한 재능을 이용해 나 자신을 더 깊이 알아보기로 결정한 작가가 될 진정한 자산이었다. 결국 질문을 하고 싶은 마음, 사회적 가면 뒤에 있는 진실을 밝혀내고 싶은 마음 때문에 나는 글쓰기 방법을 고안하게 되었고, 그렇게 다른 사람들이 자신의 비밀스런 이야기들을 살펴볼 수 있게, 자신이 누구인지 진실을 이야기할 수 있게 도와줄 수 있었다.

다시 말하면, 신경증적이고 강박적인 성격이 나를 1년에 반이상은 술에 절어 술집에서 모르는 사람한테 주절주절 이야기를 늘어놓는 사람으로 만들 수도 있었는데, 그것이 내 인생에서 가치 있는 무엇인가가 되었다는 것이다. 나는 고통스러운 개인적인 약점도 자산이 될 수 있음을 배웠다. 에머슨이 전하는 가르침도 이와 같다.

모든 과잉은 결함을 낳고, 모든 결함은 과잉을 낳는다. 모든 달콤한 것에는 시큼한 면이 있고, 모든 악함에는 선한 면이 있다. 기쁨을 받아들이는 모든 능력은 이 능력을 남용할 때 똑같은 불이익을 당하게 된다.

에머슨 또한 "마치 고슴도치처럼 접촉이 불가능한" 그의 극단적인 내향성을 작가의 소명으로 이끌었고, 그 내향성으로 인해 무리로부터 떨어져나온 철학자의 눈과 놀라울 정도로 뛰어난 명확함으로 사람의 본성을 관찰하기 위해 반드시 필요한 정서적 거리감을 지켰다. 에머슨은 평생에 걸쳐 약점으로부터 강점을 발전시켰다. 심지어 아내 엘렌이 죽은 뒤에 겪은 슬픔과 외로움의 깊은 수렁에서조차 그는 "홀가분함과 자유"를 발견하고 그것으로 즐거웠다고 메리 고모에게 썼다. 보상의 힘을 이용할 때, 역설을 통한 변화는 가능하다.

당신도 타자다

모순은 우리의 극단화된 세계 속에서 우리 대 그들이라는 이분법을 넘어, 서로 화해할 수 없는 양극단의 충돌을 무력화할 수 있는 제3의 가능성(자기초월self-transcendence)이 있음을 보여준다. 에머슨은 속한 집단과 집단의 견해에 자신의 정체성을 과도하게 일체화할 때 맞이할 수 있는 결말은 오로지 무지와 계속되는 갈등임을 경고한 바 있다. 내가 속해 있는 집단이 형성되면 자연히 내가 속하지 않은 집단이 생기게 되고, 그렇게 종족 간 전쟁을 알리는 북이 울리기 시작하고, 그 어느 누구도 피 흘리지 않고서는 그 전장에서 빠져나올 수 없다. 이 딜레마에 대해 유대인 철학자 마르틴 부버Martin Buber는 다음과 같이 설명했다. "우리us와 그들them이라는 언어가 있는 세계는 둘로 나뉘게 된다. 빛의 자녀와 어둠의 자녀, 양과 염소, 그리고 선택된 자들과 버림받은 자들."**2**

인류 역사 대부분의 시기에는 낯선 사람, 외부 집단 사람들은 가장 극악무도할 것이라고 상정하는 것이 최선의 방법이었다. 사회적 "타자화"는 우리 종족의 생존에 도움이 되었고, 그런 이유로 종족주의가 이토록 뿌리 깊게 자리 잡고 있는 것이다. 그러나 집단적 나르시시즘과 내內집단 편애는 이들이 유용할 수 있었던 시기를 이미 훌쩍 넘었는데도 여전히 존재하고 있다. '우리 대 그들'이라는 개념은 핵무기의 시대에 가장 치명적인 윤리적 골칫덩이다. 단순히 그들은 우리가 아니라는 이유로 모든 면에서 우리가 그들보다 더 많은 것을 누려야 한다고 생각하는 것은 사람이 만들어낸 개념이며, 우리는 이것을 반드시 제거해야한다. 단, '타자'에 대한 우리의 성향에는 역설적이게도 긍정적인 면이 없는 것은 아니다. 만일 인류가 종족 단위로 생존해야한다면, 적을 상정함으로써 집단 내 협력을 의무화할 수 있다. 우리의 호전적인 태도로 사회적 지능과 윤리와 도덕의 발명이반드시 필요해졌다. 영장류 동물학자인 프란스 드 발Frans de Waal은 이렇게 말했다. "인류의 가장 고귀한 성취인 도덕은 인류의토대가 되는 행동, 즉 전쟁과 진화적으로 얽혀 있다. 도덕이 존재하기 위해서는 반드시 공동체라는 감각이 필요한데, 이 감각은 전쟁을 통해 형성된다."[3]

어느 상황에서든 집단 충성은 양날의 검이라는 사실을 에머슨은 알고 있었고, 시민 불복종에 대한 에머슨의 관점도 바로이 인식에서 비롯되었다. 앞에서 이야기했듯이 부정한 사회 시스템에 충성을 맹세하는 것은 부정이며, 사회적 요구에 반기를들고 그 요구보다 개인적 가치를 더 중요하게 여기는 일은 반드시 필요하다. 시민의 의무와 개인적인 가치, 공공의 예의와 개인의 양심 사이에서 균형을 잡아야 자기신뢰로 나아갈 수 있다. 사회적 역할은 우리에게 때로 서로 상충되어 보이는 것들 사이에서 균형을 잡으라는 어려운 요구를 한다. 이 '이중 의식double consciousness'은 에머슨이 설명한 대로 다양한 상황에서 그 상황이 선사하는 특정 순간이 요구하는 것에 맞춰 여러 가지 역할을 수행하는 것인데, 매우 만족시키기 어렵고 복잡하다. 사회적 동물인 우리는 실시간으로 변화하는 환경에 맞춰 태도와 스타일, 어투를 바꾸라는 요청을 받는다.

인간은 마치 서커스에서 말 타는 곡예사들이 이 말에서 저 말로 날렵하게 갈아타고, 한쪽 다리는 이쪽 말에, 다른 쪽 다리는 저쪽 말에 올려놓고 말을 타듯, 개인적인 성격과 공개적인 성격이라는 말을 번갈아가며 탈 수 있어야 한다.

모습을 바꾸는 것은 반드시 필요한 일이지 문제가 되는 일이 아니다. 단, 우리가 모습을 바꾸고 있다는 사실을 스스로 인지한다는 조건 하에서만. 우리 스스로 그 행위가 곡예인지 아닌지 헷갈려 하지 않는 이상 위험할 것은 없다. 우리가 의도적으로, 그리고 변화하는 의무에 맞게 다양한 역할을 잠시 맡고 있음을 인식하면서 그것을 수행한다면 이 곡예는 스스로에게 혼란을 줄 가능성이 적다. 그러나 집단 충성은 자아상을 왜곡시키기 때문에 우리는 그 사실을 반드시 기억하고 스스로 바로잡을 수 있어야 한다. 집단이나 그에 준하는 어떤 것의 휘장 아래에 보호받을 때, 속한 집단의 위상에 맞춰 나의 정체성을 실제보다 더 거창하게 부풀리기가 쉽다. 속한 집단이 멋지다면, 당신 또한 그 집단의 일원이니 멋진 것이 분명하다고 집단적 나르시시즘은 우리에게 속삭인다. 우리 중에 '내가 가장 위대하다'고 편히 주장할 수 있는 사람은 몇 되지 않지만, 내가 속한 세계가 가장 우월하고 가장 위대하다고 소리쳐 외치는 것은 아무런 문제가 되지 않는다. 이렇게 외치면 당신은 애국자가 되는 것이지 소시오패스가 되는 것은 아니다.

히틀러의 제3제국 시기에 유대인 망명자로서 누구보다 소시오패스에 통달한 심리학자 에리히 프롬은 이렇게 설명한다. "정신적으로 매우 아픈 사람이 아닌 이상, 대부분의 사람들은 자신의 나르시시즘적인 이미지에 최소한의 의구심을 품게 되어 있다. 그런데 집단의 일원으로서는 전혀 의구심을 품지 못한다. 왜냐하면, 나르시시즘을 다수의 사람들과 공유하기 때문이다."[4] 이쪽과 저쪽 진영으로 나뉘어지면 '타자'는 더 이상 전인적 인격으로 보이지 않는다. 그러한 정형화stereotyping가 폭력을 정당화하고, 타자를 적으로 돌리는 것을 결코 피할 수 없는 일로 만든다. 911 테러가 발생하고 몇 주 후 나는 에크하르트 톨레와 그가 살던 뉴욕주 북부의 오두막에서 인터뷰를 진행했는데, 에크하르트는 이 과정을 예리하게 설명했다. "일군의 사람이 개념이 되어버리면, 그들을 그저 우리가 원하는 대로 취급하는 것이 가능해집니다. 이름표와 개념. 이것이 원인입니다." 그는 잠시 우리를 둘러싼 우듬지를 바라보며 말을 멈췄다. "이것이 바로 사람 사이에 그토록 잔혹한 일들이 벌어질 수 있는 이유입니다."

에머슨의 시대에는 노예제라는 가증스러운 것이 충격적인

규모로 이러한 비인간성의 전형적인 예를 보여주고 있었다. 에머슨은 노예제를 오로지 경멸했다.

나는 어떻게 이렇게 야만스러운 공동체가 미국을 구성하고 있는지 알 수가 없다. 내 생각에 우리는 노예 제도를 없애거나, 아니면 자유를 없애야 할 것이다.

역사학자이자 시민운동가인 두 보이스W. E. B. Du Bois는 에머슨의 이중 의식 개념을 차용해 아프리카계 미국인의 경험을 설명한다. "이중 의식이라는 것은 아주 묘한 감각입니다. 이 감각은 자기 자아를 볼 때 항상 타자의 시선을 유지합니다. 그저 먼 발치에서 희희낙락하면서 멸시나 부러움의 눈으로 쳐다만 볼 뿐인 세상의 잣대로 자신의 영혼을 측정하는 것이죠."5 자유인으로 태어난 사람의 소외감을 노예였던 사람들의 그것과 비교하는 것이 비록 정확하지는 않을지언정, 심리적으로 유사한 점이 있다는 것은 부정할 수 없다. 우리 중 나와 맞지 않는 역할이나 페르소나 때문에 덫에 걸린 기분, 갇힌 기분을 느껴보지 않은 사람이 누가 있을까? 우리를 열등한 사람으로 여기거나, 우리의 진정한 모습을 보지 못하고 우리가 마땅히 받아야 할 몫을 주지 않는 사람들 앞에서 어쩔 수 없이 고개를 숙여야 했던 사람이 과연 없을까? 직장에서, 연인 관계에서, 지적으로, 경제적으로, 인종적으로, 성적으로, 그리고 종교적으로, 그 어떤 사회적 맥락에서든 이런 2등 시민의 느낌, 혹은 다수의 바람을 따라야 한다는 중압감을 느껴보지 못한 사람은 거의 없을 것이다. 대부분의 사람들은 타자가 되는 것, 나 자신을 거부당하는 것, 사회가 열어주는 조그만 틈에 맞춰 스스로를 욱여넣어야 하는 압박감, 농담이라는 허울에 담겨 던져지는 미묘한 차별과 공격이 주는 느낌이 무엇인지 알고 있다. 폴란드인 연구가가 한 농담이 이 모든 것을 아우를 수 있을 것 같다. "플랑드르 사람들은 왈롱 사람들을 놀리고. 영국 사람은 아일랜드 사람들을 놀린다. 후투족은 투치족을 놀리고, 도쿄의 사람들은 오사카 사람들을 놀린다."[6] 당신이 누구이고, 무엇을 가졌고, 얼마나 많은 권력을 갖고 있든지에 상관없이, 언젠가 그 타자가 당신이 될 날이 올 것이다. 그때 당신은 연민을 배우고, 위기를 기회로 바꾸는 스토아 철학자들의 기술을 배우게 될 것이다.

위기를 기회로

마르쿠스 아우렐리우스는 "자연은 모든 장애물과 장벽을 받아들이고 그것을 활용한다. 그것을 자신의 목적으로 바꾸고, 자신의 일부로 받아들인다"고 말했다. 자연의 일부인 우리에게도 이 과정을 모방할 수 있는 능력이 있으며, 나아감을 위해 문제를 기회로 바꿀 수 있다.

내면을 향하는 우리의 힘이 자연에 복종할 때, 장애물은 연료가 된다. 큰불이 나면 거기에 무엇을 던져도 흡수되고, 휩싸이며, 그렇게 불길은 더욱 높아진다. 행동을 방해하는 장애물은 행동을 더욱 부추길 뿐이다. 당신의 앞길에 놓여 있는 것은 당신의 길이 된다.[7]

이러한 전환이 일어나기 위해서는 통렬한 사고뿐만 아니라 상상력이 필요하다. 추상적인 생각을 할 수 있는 능력이 있으면 불리한 조건을 맞닥뜨린 순간에도 예상과는 다른 결과나 전략들을 상상할 수 있다. **누군가에게는 역경이 적으로 보이고 누군가에게는 그것이 잠재적인 협력자로 보이는 것은 기꺼이 관점을 바꿔보려는 의지에 달려 있다.** 어려움이 교훈을 줄 수 있는 순간으로 인식될 때, 고난에 대한 우리의 반사적인 저항에 물음표를 던질 때, 우리는 더 이상 상황의 피해자가 되지 않는다. 오히려 어둠의 물질을 순금과 같은 통찰로 변화시키는 능력을 가진 감정의 연금술사가 된다.

흔하게 있을 수 있는 일을 예로 들어보자. 명절날 저녁 식사 자리에서 그다지 좋아하지 않는 삼촌이 자신의 정치적 견해를 쏟아내기 시작한다. 그 부담스러운 의견들은 특별히 (언제 바뀔지 모를 진보적 성향을 가진) 당신을 향하고 있다. 터무니없는 '가짜 뉴스'를 인용할 때마다 말도 안 되는 음모론을 제기할 때마다, 당신의 혈압이 조금씩 오른다. 만일 이 무식한 사람과 독대를 하고 있었다면 사실이라고는 하나도 없이 그저 편향적일 뿐인 허튼소리에 하나하나 반박해줬겠지만, 지금은 식사 자리에 앉은 모두가 당신을 쳐다보고 있다. 만일 이 미끼를 물고 보복을 위해 전투에 참전한다면, 물론 이렇게 하고 싶은 마음이 굴뚝같지만, 오늘의 가족 식사는 엉망진창이 될 가능성이 크다. 분노가 빛을 발하고, 기분 좋은 유머는 허물어질 것이다. 그리하여 당신은 이 사소한 언쟁을 조심스럽게 헤쳐나가기 위해 삼촌의 말에 되받아치기보다는 스토아 철학의 교훈을 기억하고 장애물을 거꾸로 뒤집기 시작한다. 스스로에게 묻는다. 삼촌에게 그레이비 소스가 담긴 그릇을 던지지 않고 이 일촉즉발의 순간을 무력화시킬 수 있을까? 답은 더 좋은 것에 집중하는 것이다. 사랑하는 가족들과 한자리에 둘러앉은 당신은 가족을 향한 사랑이 이 문제를 일으키기 좋아하는 멍청이를 향한 혐오감보다 더 크다는 것을 숙고한다. 이 사랑을 표현하는 가장 좋은 방법은 정치적 갈등이라는 전쟁을 알리는 북소리를 무시하고, 인내와 자기 절제를 발휘하는 것임을 당신은 깨닫게 된다. 그렇게 당신이 한 수 위인 사람임을 보여주는 것이다. 당신의 삼촌이 그의 정신 나간 견해를 길게 늘어놓는 동안 당신은 눈 마주치기를 조심스레 피하고, 천천히 디저트 단계로 넘어간다. 당신이 분노를 보여주지 않으면 않을수록, 그의 공격적인 언사들은 이내 사그라든다. 명절 대참사를 피했다. 당신은 가족들이 고마워하고 있고, 존경하고 있다는 것을 느낀다. 내면의 지침을 따르고 나니 전보다 더 강해지고 침착해진 느낌이다.

에머슨은 이렇게 충고한다. "인생은 스스로에게 불가피한 조건을 준다. 그리고 현명하지 못한 사람들은 이것을 어떻게든 피하려고 애쓴다. 부지불식간에 덮쳐와서 사람을 쉽게 놔주지 않는 이러한 상황은 언제나 있다." 다행히도 상황에 대한 반응은 나의 선택임을 아는 우리는 이러한 반작용 앞에서 무력하지 않다. 이와 관련해 11세기 부르고뉴공국, 클레르보의 성자였던 성 베르나르는 이렇게 말했다. "나 자신 외에 나에게 해를 입힐 수 있는 것은 아무것도 없다. 내가 지키고 있는 해악, 내가 늘 지니고 다니는 해악. 그리고 나 자신의 잘못으로 인한 일을 제외하고는 나는 단 한 번도 진정 고통받은 적이 없다."[8] 다시 말하지만, 결과를 결정하는 것은 나의 선택이며, 극도의 분노를 자아내는 상황이더라도 놀라운 통찰력과 지혜를 떠올릴 수 있다.

이렇게 깨어 있는 의식 속에서 선택하기 위해서는 반드시 잠시 멈추고, 당신의 감정에서 한발 물러선 다음, 상황을 명확하게 판단하고, 이것이 당신에게 어떤 의미인지 확인하고, 당신이 가정하고 있는 것들을 면밀히 검토해 어떤 생각이 신뢰할 만하며 어떤 생각은 아닌지 분별하고, 앞으로 나아가기 위한 최적의 방법을 생각해야 한다. 눈앞에 닥친 문제를 어떻게 하면 객관성과 겸손과 지식과 유머를 겸비해 해결할 수 있을까? 어떻게 이 문제를 완벽하게 뒤집어 예상하지 못했고 상상하지 못했던 해결책을 찾아낼 수 있을까? 반응하는 당신보다 더 큰 힘이 있다는 것을 기억하면 거세게 반응하지 않을 수 있다. 상황 앞에 무릎을 꿇어버리는 반응을 조절하는 방법을 배우고, 그 문제가 일으킬 수 있는 악영향을 피해야 한다.

우리의 육체와 영혼

우리의 생물학적 충동, 정서적 충동, 영적 충동을 해결하는 것보다 더 모순되는 어려움은 없다. 마음이 열망하면 대개 머리에서 거절하고, 양심은 충동을 격렬히 혐오한다. 인간은 서로 합치되지 않는 부분들과 양립할 수 없는 여러 가지 다름을 가진 살아 있는 수수께끼로, 윤리적 카멜레온이라 할 수 있다. 지혜로움은 우리의 이질적인 특징들이 가진 각각의 가치를 전적으로 존중하며 다룰 때, 황금률을 이루는 중도中道에서 발견될 것이다. 하지만 서로 불협화음을 이루는 우리의 여러 음표들로 조화로운 화성을 만들어내는 것이 과연 가능할까? 우리를 진실하게 반영하는 독창적인 음악을 만들 수 있을까? 아니면 끊이지 않는 갈등에 매여 권력을 쥐기 위해 다투는 적대적 욕망들 사이에서 찢겨야 할 운명인가? 지금의 우리만큼이나 에머슨도 이 영혼과 육체 사이의 복잡한 무도舞蹈 앞에 멈칫거렸다.

　육신의 자유라는 문제에 관해서라면 에머슨도 자신의 사생활 속에서 답을 내리지 못하고 고민했다. 육체를 부정하는 당대의 기독교 교리는 거절했지만, 육체는 모든 악의 근원이라고 경고하는 매리 고모의 칼뱅주의적 외침을 자신의 머릿속에서 끝끝내 지우지는 못했다. 성경에 따르면 육체의 죄를 떠올린 사람은 이미 그 죄를 지은 것이라 했다. 열여덟 살의 에머슨이 자신의 일기장에 "내가 결코 채워주지 않을 끔찍한 욕구"라고 고백한 것을 보면 그는 자위행위가 가서는 안 될 곳으로 향하는, 사탄의 손아귀에 있는 것이라 믿었음이 분명하다.[9] 그러나 그는 여성의 매력에 관해 열광적으로 글을 쓰든, 학교에 있는 남학생에 대해 하염없이 생각하든, 그의 로맨틱하고 열정적인 천성에 관해서는 부정하지 못했다. 일견, 마틴 게이Martin Gay라는 이름의 하버드 동급생이 에머슨에게 특별한 인상을 남겼던 것 같다. 그는 일기에 이렇게 적었다. "나는 시각적 매혹이라는 인도의 신조를 믿기 시작했다."

냉철한 파란 눈을 본 순간, 나의 생각과 나의 눈이 하루에도 수없이, 주로 밤에, 그를 떠올린다. 하루 종일 그의 성격과 그의 성향을 가늠하는 데 모든 신경을 다 쏟고 있다. 우리는 이미 서로를 향한 길고 강렬한 응시를 두 번, 혹은 세 번 나눈 적이 있다. 지혜롭든, 약하든, 미신을 믿든, 나는 그를 반드시 알아야만 한다.[10]

에머슨과 마틴 사이에 무엇이 오고 갔었는지 우리로서는

알 수 없다. 하지만 우리가 확실히 알 수 있는 것은 에머슨이 (성
적으로 억압된 사람들이 흔히 그러하듯) 순백의 성적 욕구를 총천
연색의 이상들로 전이시키는, 평생토록 지속될 그의 습관을 발
전시켰다는 점이다. 그는 육욕을 육욕이라는 이유로 그에 저항
했고, 별다른 문제 없이 재미난 일에도 찬물을 끼얹곤 하는 스토
아 학파가 에로틱한 문제들에 관해 가졌던 의심 가득한 눈초리
를 그대로 답습했다. 관능적인 쾌락에 빠지지 말라던 마르쿠스
아우렐리우스의 독특한 충고를 어떻게 잊을 수 있을까?

구운 고기가 있다니 이 얼마나 좋은가. 당신의 눈앞에, 당신
의 마음에 들기 위해서, 이것은 물고기의 죽은 몸이다. 새
나 돼지, 그리고 가장자리가 보라색으로 장식된 당신의 예
복은 그저 갑각류의 피를 흠뻑 적신 양의 털에 지나지 않는
다! 그리고 성적인 행위, 그것은 세포막의 기능에 지나지 않
으며, 터져나오는 이끼의 분출, 그 이상 그 이하도 아니다.[11]

월트 휘트먼Walt Whitman이 아직 무명 시인이었을 때, 그는
에머슨에게 출간 후 뜨뜻미지근한 반응밖에는 받지 못했던 그
의 첫 시집《풀잎Leaves of Grass》을 어떻게 하면 상업적으로 성공
한 시집으로 바꿀 수 있을지 조언을 구했다. 에머슨은 만일 평론
가들에게 좋은 인상을 주고 싶다면 동성애적이고 불쾌한 것들
이 세세하게 묘사되어 있는 '아담의 아이들Children of Adam' 부분

을 모두 삭제하라고 강권했다. (다행히 월트 휘트먼은 그의 충고를 받아들이지 않았다.) 침대 위에서 펼쳤던 제약 없는 상상의 나래와는 다르게, 실제 생활에서 에머슨은 단추를 꼭꼭 여미는 사람이었다. 낭만적인 이상주의를 따랐던 에머슨은 영혼 없는 섹스는 텅 빈 슬픔이라고 믿었고, 성행위를 위한 성행위는 추구할 만한 것이 못 된다고 생각했다. 사랑이 결합된 에로스만이 신성한 목적을 이룰 수 있다고 믿었다. 즐거움을 추구하는 육체를 제멋대로 굴도록 혼자 내버려두면 결과는 엄청난 불행일 뿐이라고 믿었다. 그러나 섹스가 영혼의 통로가 되면, 풍성한 의미가 깃든다. 우리의 "더 높은" 능력이 개입될 때, 짐승의 행위는 합일이라는 아련한 상징이 되는 것이다.

그러나 성 구분과 성 역할이란 주제에 관해서만큼은 에머슨은 시대를 훨씬 앞서 나갔다. 그는 이렇게 썼다. "자웅동체her-maphrodite는 완성된 영혼의 상징이다."[12] 에머슨은 해부학 하나만으로 개인의 정체성을 결정할 수 없음을 알았고, 모든 사람들에게서 여성성과 남성성이 공존하고 있음을 알았다. 자신의 여성적인 면을 인지하지 못하는 남성, 자신의 남성적 특징을 낯설게 여기는 여성은 모두 완성된 사고에 이르지 못한 것이다. 그는 이렇게 썼다. "가장 뛰어난 인간의 인간성 안에서는 두 가지의 성별이 조화를 이루고 있다." 그리고 평생에 걸쳐 전통적인 성 역할에 반기를 드는 일에 점점 더 적극적으로 참여했다.[13] 특히 마거릿 풀러와의 열정적인 우정은 놀라움을 자아낸다. (자세한 내용은 추후에 이야기하도록 하겠다.) 마거릿 풀러는 전통적으로 남성만이 누리던 혜택을 딸에게도 똑같이 제공해준 아버지 밑에서 자랐다. 그녀는 (비록 학생으로 등록할 수는 없었지만) 하버드대학 도서관에 들어갈 수 있었던 최초의 여성이었다. "전적으로 남성적이기만 한 남성, 순전히 여성적이기만 한 여성은 없다"고 말한 마거릿 풀러는 에머슨과 같은 뜻을 가지고 있었다.[14] 그녀의 이러한 급진적인 페미니즘은 두 사람의 우정에도 영향을 미쳤다. 그녀의 뛰어남에 불안해질 때를 제외하고는, 에머슨은 그녀의 자유로움에 열광했다. 두 사람의 우정은 서로 반대되는 것의 만남이었고, 그것은 두 사람이 공통적으로 가지고 있었던 이중성을 보여주는 것이었다.

성전환증transsexualism이란 개념이 아직 없었던 시기임에도 불구하고, 아마 에머슨이었다면 스스로 자신의 성 정체성을 찾을 권리가 개인에게 있음을 옹호했을 것 같다. 그는 영혼과 육체 사이의 상호작용이 개인적인 것이며 모순적인 것임을 인식했고, 자연 속에서도 그러한 범주들이 서로 중첩됨을 알고 있었다. 사회활동가이자 《법이 지켜주지 않는 성Gender Outlaw》의 작가인 케이트 본스타인Kate Bornstein은 이를 이렇게 설명한다. "정의定義의 유용함은 도로 표지판이 운전을 쉽게 만들어주는 것과 똑같은 원리다. 바로 방향을 가르쳐주는 것. 그러나 그저 표지판 아래에 서서 당신이 무엇을 해야 할지 표지판이 알려주기를 기다리고 있다면, 당신은 당신이 가야 할 곳에 가지 못한다."[15] 우리의 이질적인 측면들이 드러날 수 있게 해주고 이중성을 온전히 받아들일 때, 우리는 통합적이고 다층적이며 모순에도 편안한, 온전하고도 확장된 감각을 누릴 수 있다. 개별자들을 꼬리표나 역할로 축소하려는 그 숱한 시도들에 의문을 제기한다. 불균형한 다리를 가진 성직자 안드레아가 내게 이야기했듯이 "영혼은 육체로 침투해 그의 이야기를 써내려간다." 이분법적 사고의 편향을 거절한 우리는 이러한 확장 속에서 자신감과 회복력을 얻을 수 있다.

요약

개별자로서 양면적이고 혼합적인 우리는 셀 수 없이 많은 측면과 다양하고 복잡한 열망을 가지고 있으며, 이것들의 대부분이 서로 상충된다. 모순은 우리의 천성에, 그리고 삶이라는 직물 자체에 얽혀 있다. 그러나 모순은 문제 될 것이 없다. 모순에 대한 우리의 저항 때문에 고통이 생긴다. 만일 당신이 당신의 모든 뒤틀린 부분을 포용할 여유를 갖고 (동양의 문화가 주로 그러하듯이) 변증법적 방식으로 대상을 보기 시작하면, 반대는 그저 반대, 즉 좋은 것도 아니고 나쁜 것도 아닌 그저 반대 그대로로 볼 수 있게 된다. 우리에게는 서로 싸우는 극단들과 달갑지만은 않은 변화들을 모두 품을 수 있는 공간들이 많아서 그만큼 널찍하다고(사실은 무한하다고) 에머슨은 이야기한다. 이렇게 비非이분법적인 영역으로 들어가면, 당신은 더 이상 당신 자신을 낯설게 여기는 두려움을 느끼지 않을 수 있고, 타자가 곧 당신임을 깨닫게 된다. 이러한 인식으로 당신은 더 커질 뿐 작아지지 않는다. 우리와 그들을 나누는 것에서 비롯되는 긴장감이 서서히 풀어질 것이다. 당신은 당신의 그늘을 다른 사람들에게 투영하지 않는 법을 배우며, 그 대신 당신의 모든 불완전함을 스스로 책임지는 법을 배우게 될 것이다. 모든 약점에는 또한 강점이 있음을 보게 될 것이며, 모든 어둠에는 빛이 있음을 보게 될 것이다. 그리고 당신이 맞닥뜨리는 모든 상황에는, 그것이 아주 힘든 상황이더라도, 성장할 수 있는 가능성이 존재한다는 사실 또한 알게 될 것이다. 당신의 상상력을 활용하고 새로운 선택을 내림으로써 대상을 보는 시각을 바꾸고 편향된 경향을 바꾸면 당신은 위기를 기회로 바꾸는 법을 알게 될 것이다. 이러한 전체론(全體論, 전체는 단순히 부분의 총합으로서는 설명할 수 없다는 철학 이론)은 영혼과 육체로 확장되며, 실제로 분리될 수 없으나 당신이 상상 속에서 분리한 당신 자신의 물리적인 부분과 형이상학적 부분 사이의 간극을 메운다. 경험의 일체성을 깨달으면 분리의 고통과 우리 자신의 모순됨에 대해 스스로 갖고 있는 비판적 태도로부터 오는 고통을 치유할 수 있다

회복력
자신감이 없으면
온 우주가 당신의 적이 된다

+++

일단 당신이 결단을 내리면,
그것의 실현을 위해 온 우주가 움직이기 시작할 것이다.

생의 대가

우리는 우리의 번영할 수 있는 능력에 끼치는 자신감의 영향력을 곧잘 과소평가한다. 자신감confidence의 라틴어 어원은 믿음faith의 그것과 같아 한 사람의 신뢰의 토대에 그 바탕을 두고 있으며, 우리 스스로가 내린 결정을 지지해줄 기꺼운 의지다. 자신감은 회복력의 핵심이기도 하다. 이것은 우리가 스스로 선택한 여정을 삶의 우여곡절에도 붙들 수 있게 하는 능력이다.

자신감은 또한 겸손함이라는 대가를 요구한다. 인생의 우회와 낙망, 퇴보를 평안히 받아들이기 전까지는 당신은 영적으로 굳건하게 설 수 없다. 진실은 그럴듯한 문장으로 기분 좋게 만드는 선언서보다 더 큰 힘을 발휘한다. 좋은 말은 잠깐 자존심을 지켜주지만, 동시에 당신의 추락을 모의한다. 힘든 시기에 우리를 붙잡아주는 것은 진실함이고, 실패 없는 발전이란 불가능하다고 에머슨은 가르쳤다. 성장이란 점진적인 것, 간간이 별안간의 도약이 점찍히는 눈에 잘 보이지도 않는 발전의 길, 이를테면 티끌이 모여 만들어지는 태산 같은 것이다. 겸손함이 없다면 우리는 회복력을 기르는 데 반드시 필요한 인내를 가질 수 없다. 거대자신감(grandiosity, 자신을 실제보다 위대하고 소중한 존재로 생각하는 것)이 동료들의 자신감을 어떻게 꺾는지 지켜본 에머슨은 자신의 기대를 낮추기로 결정했다.

"나는 작은 자비들에 감사하다. 우주의 모든 것을 받길 기대하는 사람은 무엇이든 최고가 아니면 실망하고" 그보다 현실적인 목표를 가진 사람은 언제나 "적당히 좋은 것에 완전한 감사"를 표한다. 점점 후회로 빠져드는 우리를 구하는 것은 우리가 받은 모든 것에 대한 감사다. 우리가 가지지 못한 것에 집중하거나 과거에 매달려서는 결코 건강한 자신감을 가질 수 없다. 오직 자신을 있는 그대로 받아들이고, 그것을 토대로 삼아야 더 큰 회복력과 자기확신self-assurance을 가질 수 있다. "순간을 완성하는 것, 길을 걷는 한 걸음 한 걸음을 여정의 끝이라 여기는 것, 좋은 시간을 수없이 여러 번 사는 것, 그것이 지혜다." 자기신뢰는 온전히 현재를 살아감으로써 배울 수 있다.

시카고에서 내가 만난 아디사 크루팔리자는 현재를 인식하며 사는 것의 모범 사례 같은 인물이다. 유고슬라비아 태생의 이민자인 아디사는 발칸전쟁이 발발하고 몇 주간 지하에 숨어 지내다가 가족과 함께 미국으로 도망쳐나왔다. 크루팔리자 가족은 미국 입국허가를 받기 전까지 파키스탄 난민 캠프에 있었다. 지금의 아디사는 변호사로서 성공적인 커리어를 쌓고 있고, 비록 고국을 떠나야 했지만 그럼에도 전쟁이 자신에게 준 것에 감사하다고 이야기한다. "어떻게 그럴 수 있나요?" 그녀에게 물었다.

아디사는 웃으며 잠시 에스프레소를 마시고 입을 뗐다. "나는 늘 독립적이었어요. 무슨 일이 벌어지든 주어진 상황에서 내가 배울 수 있는 것이 무엇인지에 집중하려고 노력했습니다. 난민 캠프에 있을 때조차 나는 이 과정을 통해 어떻게 내가 더 나은 사람이 될 수 있을지 생각했어요. 많은 사람들이 그들이 잃은 것을 돌아보며 실의에 빠져 있을 때, 제가 생각할 수 있었던 건 단 한 가지뿐이었어요. '와, 영어를 배울 수 있겠네!' '이제 내가 살던 작은 마을에서 벗어나 세상을 보게 되었구나.'"

나는 그녀에게서 자기기만의 징후를, 눈가림의 증거를 찾으려고 노력했지만 아디사는 진실을 말하고 있는 것 같았다. "사람이 이런 일을 겪으면, 마음속 어딘가는 영원히 바뀌어요."

"그 어딘가가 무엇일까요?"

"제 안에 있는 순응을 거부하는 마음이요. 그 마음은 절대

다른 사람 같아질 수 없어요. 그 마음은 언제나 저에게 달라지라고, 더 힘든 길을 가라고 뒤에서 부추깁니다. 더 강해지기 위해 고난을 겪는 것이죠."

"당신 같은 나이에 경험하기에는 너무 큰 부담이 아닐까요."

지치고 고될 수 있다는 것을 아디사는 인정했다. "하지만 결국에는 당신에게 좋은 영향을 끼칠 게 분명해요. 당신에게 끈기를 줄 거예요. 변화와 고난의 시기를 견딜 수 있는, 누구보다 강인한 인내심을 갖게 될 겁니다."

편안했던 곳에서 떠밀려나오게 된 그녀는 자신이 실제로 얼마나 쉽게 변할 수 있는지 깨달았다. 그리고 그러한 인생은 계속 돌고 돈다. 실패와 상실은 곧 새로운 시작들로 이어진다. 에머슨은 이렇게 썼다. "우리의 인생은 모든 원 주위에 또다른 원을 그리며 이어지는 진실을 향한 수습기간 같은 것이다. 자연에는 끝이라는 것이 없다. 모든 끝은 시작이다." 우리의 인생도 마찬가지로 원을 그리며 돈다. 인생의 특성은 계속 돌며 앞으로 나아간다는 것이다. 에머슨은 우리에게 말한다. "한낮에는 늘 또다른 새벽이 시작되고, 모든 깊은 곳 아래에는 그보다 더 깊은 곳이 있다." "이보다 더 깊은 곳이 있다"는 것, 그리고 변화는 결코 끝나지 않으며, 이 수수께끼 같은 일들이 우리를 앞날로 인도할 것임을 아는 것은 최악의 상황도 지금과 별반 다르지 않으리라는 자신감과 함께 미지에 대한 두려움으로부터 우리를 지켜준다. 심리학자들은 이를 자기효능감self-efficacy이라고 부르는데,

자존감self-esteem과는 다른 개념이다. 자존감은 우리의 외피 내에서, 기쁜 마음으로 있는 그대로의 내가 될 수 있는 능력을 말한다. 자기효능감은 우리가 하려는 일을 할 수 있는 능력, 그리고 이 세계에서 우리 자신을 실현할 수 있는 능력에 대한 믿음을 가리킨다. 자기효능감이 있으면 우리 자신의 인내력에 대한 믿음도 형성된다.

연구자인 앨버트 반두라Albert Bandura는 과거 1970년대에 이 차이를 설명해냈다. 사회적 인지를 연구하던 그는 인간의 발달에 중요한 역할을 하는 어떤 메커니즘이 대체로 간과되고 있음을 발견했다. 이 메커니즘은 자신의 인생에 벌어지는 사건에 그 자신이 영향을 끼칠 수 있다고 믿는 것으로, 개인마다 그 격차가 매우 다양하다. 반두라는 "통제력이 내부에 있는" 사람은 그들에게 일어난 사건이 대부분 자신의 능력, 행동, 실수에 영향을 받은 것이라 믿는 경향이 있고, 반대로 "통제력이 외부에 있는" 사람은 외부의 강제적인 힘, 무작위적인 기회, 환경적 요소, 다른 사람들의 행위가 그들의 인생에서 일어난 사건의 원인이라고 생각하는 경향이 있다고 했다.[1]

내부에 통제력을 지닌 사람들이 자신이 운명의 꼭두각시라고 믿는 사람들보다 훨씬 더 높은 자기효능감을 경험하는 것은 놀라운 일이 아니다. 스스로에 대한 믿음 하나로 성공을 보장하기는 어렵지만, "자기 자신을 불신하는 것은 반드시 실패를 낳는다"는 사실을 반두라는 발견했다.[2] 이해하기 어려운 것은, 자존감이 낮은 사람들 중에 자기효능감이 높은 사람들이 (드물기는 해도) 발견된다는 사실이다. 브리티시컬럼비아에 사는 시스템분석가 파트리샤 카레브가 그 이례적인 사례다. 61세의 파트리샤는 두 명의 중국계 딸을 입양한 싱글맘이다. 자기 분야에서 존경받는 성공한 여성으로 무인도에 갇혀야 한다면 꼭 우리 팀이길 바라게 되는 타입의 사람이다.

한편, 그녀는 낮은 자존감과 상처 입은 자아상 때문에 괴로워했고, 이 두 가지를 기르기 위해 상담을 받으며 최선의 노력을 다하고 있다. 사실 그녀는 서로 반대되는 것의 총체다. 겉으로 보기에는 자신감과 강인함의 완벽한 모델이다. 의협심이 넘치고 결단력이 있는 그녀는 필요한 순간 감정을 배제하고, 그 누구의 허튼소리에도 흔들리지 않으며, 단호한 결정을 내릴 수 있다. 동시에 누가 봐도 관용적이고 친절하며 다정다감한 사람이다. 그러나 내면을 들여다보면 그녀는 굉장히 자아비판적이고 자신에게 엄격하다. 자기 자신에 대해서는 조금도 자비가 없다. 그녀는 나에게 이렇게 이야기했다. "다른 사람들을 위해서라면 뭐든 할 수 있어요. 내가 사랑하는 사람들을 위해서라면 양팔을 걷어붙이고 나설 수 있어요. 나는 딸들에게 엄격한 엄마입니다. 저는 반드시 딸들이 누려야 마땅한 것들을 누릴 수 있게 해줄 거예요." 그러나 자기효능감과 자존감 간의 단절은 해결하기가 어렵다. "그런데 저 자신을 위해서 뭘 한다고 생각하면, 거의 불가능할 정도로 하기가 어려워요. 이걸 해결해보려고 최선을 다하고 있는데, 자존감이란 녀석이 진짜 짓궂네요."

자신감은 에머슨이 매우 높게 평가했던 또 다른 특징과 연관이 있다. 바로 열정이다. "신으로 가득하다"라는 뜻의 그리스어 어원을 갖는 열정은 우리의 목적과 일치하는 데서 오는 영적인 힘이다. 에머슨은 젊은 시절 자신이 충분히 열정적이지 못하다는 사실에 스스로를 매우 혹독하게 비난했다. 자신은 자존감도 낮고 자기효능감도 낮다는 사실에 매몰되어 있었다. 낙담한 그는 일기장에 이렇게 적었다. "내 주변의 모든 사람들은 부지런하고, 그러므로 사랑받을 것이다. 게으른 나는 무의미한 사람이 되겠지."[3] 그는 친구들의 활기찬 자유분방함을 부러워했다. "열정 없이 이뤄진 위대한 것은 없다." 에머슨은 이렇게 믿었다. "포기하고 또 포기하는 것이므로 삶의 방식이 아름다운 것이다."

에머슨은 회복력과 후회를 서로 반대되는 지표로 이해했다. 그는 딸들에게 이렇게 이야기했다. "하루하루를 끝내. 그리고 끝난 하루는 보내버려."[4] 부끄러움 없이 실수를 인정하고, 잘한 것에 대한 인정만큼이나 잘못한 것에 대한 비난도 받아들이면 진실된 자신감이 자라난다. 통제하는 장소를 내부에 두면 인생에 닥친 어려움을 동정이 아닌 열정으로 마주할 수 있게 된다. 반두라 또한 실패로부터 회복할 수 있는 능력은 균형과 평정심을 기름으로써 강화될 수 있다고 결론지었다. 인생에 성공이 찾아오면, 사람들은 이를 기쁘게 받아들인다. 인생이 늘 그러하듯, 고난이 펼쳐지면 그것을 자기연민self-compassion의 기회로 받아들이는 법을 배우게 된다. 이것이 불확실한 인생에 우리가 패배하지 않도록 안내해줄 것이다.

새로운 가능성은 자신감에서 시작된다. 에머슨은 확신했다. **"자신의 본능에 뿌리를 내리고 흔들림 없이 그것을 견지하는 사람이 있다면, 거대한 세상은 그에게 동조하며 그 주위를 둘러쌀 것이다."** 목적은 기회와 관계, 혁신을 끌어들인다. 스코틀랜드의 산악가 머레이W. H. Murray는 이렇게 설명했다.

마음을 굳히기 전까지는 망설이게 되고, 기회는 발을 내빼고, 그렇게 항상 볼품없게 되고 만다. 하지만 그가 완전히 결단을 내리는 그 순간, 신의 섭리Providence가 작동하기 시작한다. 그의 결단이 아니었다면 결코 벌어지지 않았을 일들을 벌이기 위해, 그를 돕기 위해 삼라만상이 움직인다. 그 결단 하나로 총체적인 일련의 사건들이 일어나 상상치도 못했던 사건, 만남, 물질적인 도움 같은 그에게 이로운 모든 일들이, 그 누구도 그에게 이런 일이 일어날 거라고는 예상치 못했던 일들이 벌어진다.[5]

되짚어 생각하고 또 생각하다 보면 불필요할 정도로 많은 생각들이 움트고, 여기서 '왜 이러한가'에 대한 끝없는 질문들이 생겨난다. 그리고 이것은 대개 시간 낭비, 그 이상 혹은 그 이하도 아니다.

자연을 따르지 않는 이유

결코 답을 찾을 수 없는 복잡한 질문에 관해 절대적인 해답을 찾으려 애쓰는 것은 전적으로 헛고생이다. 물론 우리는 행위의 동기를 이해하기 위해 애써야 한다. 하지만 궁극적인 원인은 결코 정의될 수 없다. 우리는 외부에 있는 수많은 변칙적인 것들의 영향 아래에서 살아간다. 우리의 확실성이란, 최고로 잘해봐야, 이론상의 추정일 뿐이다. 답해질 수 없는 질문에 답하려는 고군분투는 자연을 거스르는 것으로, 회복력을 잃게 된다. "왜?"라는 질문은 1 더하기 1이 2가 되며, 최종적인 결과가 예측되는 논리적인 세상을 상정하는 인간의 생각이다. 우리가 사는 현실 세계에서 이러저러한 일들이 일어나는 이유를 결과적으로 설명할 수 있는 것은 아무것도 없다. 현실은 논리와 이성 너머에서 작용하는 불가사의한 힘에 의해 결정되는 것이다.

결과는 결코 예측될 수 없는 것임을 설명하기 위해 스토아 철학자들은 활 쏘는 사람을 예로 들었다. 그 유명한 키케로의 관찰처럼, 물체를 정확히 맞추기 위해 궁수는 할 수 있는 모든 것을 다한다. 활시위를 팽팽하게 잘 묶고, 주의 깊게 화살을 고르고, 바람과 날씨를 예측한다. 그럼에도 궁수는 실패한다. 시야 너머에 있는 힘에 지배당해 화살은 손가락에서 미끄러지고, 곧 궁수가 제어할 수 없게 되어버린다.[6]

일련의 행위를 하겠다고 결정할 때, 현명한 스토아 철학자라면 최선을 다해 그 결정을 수행하되, 결과는 자신이 통제할 수 있는 것이 아님을 인지할 것이다. 즉, 자신의 통제 밖에 있는 "외부" 요소에 영향을 받지만, 그 행위의 성공에 관해서는 (스스로에 대한 믿음과 더불어) 자신이 얼마나 잘 준비했는지를 바탕으로 판단하는 것이다. 세네카는 이렇게 말했다.

> 현명한 사람은 모든 상황에서 결과보다는 의도를 중시한다. 시작은 우리의 지배 아래 있으나 결과는 행운이 결정한다. 그러므로 나에 대해 판결을 내릴 이유가 없다. 강도의 손에 죽은 것은 정죄의 대상이 아니다.[7]

우리의 한계를 받아들이면 수고를 덜 수 있다. 미지의 것 앞에 무릎을 꿇으면 그것은 우리에게 희생자가 되지 않는 법을 가르쳐준다. 우리는 변화의 주체이기는 하나, 가진 것이라고는 제한된 선택지뿐인 존재인 것이다. 왜 우리가 이곳에 있는지, 어디로부터 왔는지, 어디로 가는지 아는 바가 거의 없는 우리로서는 우리 스스로를 끝내 이해하기 어렵다. 에머슨은 이러한 존재론적 진퇴양난이 문득 자신이 계단 위에 서 있음을 발견했는데 그곳까지 어떻게 갔는지 전혀 기억나지 않는 것과 같다고 이야기했다. 그는 이렇게 썼다. "우리는 탄생의 순간에 정신이 들어 우리가 계단 위에 있음을 발견한다. 아래에도 계단이 있고, 그래서 우리가 여기까지 올라온 것 같기는 한데, 위에도 계단이 수없이 많아 시야가 닿지 않는 높은 곳까지 이어져 있다." 탄생은 일종의 기억상실을 동반한다고 그는 말한다. 에머슨은 오랜 그리스 신화를 언급하면서 우리 모두는 태어나기 전에 기억을 지우는 묘약을 너무 많이 삼킨다는 뜻의 이야기를 했다.

우리가 들어가려는 문 앞에 선 게니우스Genius는 우리에게 레테의 강물을 건네며 마시라 한다. 그것은 우리의 입을 닫게 하고, 너무도 강력하며, 무기력을 떨쳐내지 못하게 한다. 유령처럼 자연을 통해 미끄러져 들어가 다시는 우리의 자리를 기억하지 못한다.

왜라는 질문을 던져봐야 별 성과가 없는 것은 놀라운 일이 아니다. 자연은 자신이 손에 들고 있는 카드를 절대 전부 보여주는 법이 없고, 자신이 가진 생각이나 계획을 결코 다 드러내지 않는다. 자기신뢰에 관해서만큼은 '왜'보다는 '어떻게'를 묻는 것이 개인적인 성장에 있어 더 좋은 질문이다. 행동과학에서도 우리가 '어떻게'에 주안점을 둘 때 더 성공할 가능성이 크다고 이야기한다. '목표' 지향에 '실행' 지향이 더해질 때 성공의 가능성이 훨씬 더 높아지는 것이다. 재활클리닉에서 중독 치료를 받고 있는 사람들을 대상으로 한 연구를 살펴보자. 실험 대상자들은 두 개의 그룹으로 나뉘었다. 치료가 완료되기 전, 첫 번째 그룹에 속한 사람들에게 구직에 필요한 개인 이력서를 작성해보라고 요청했다. 두 번째 그룹에 속한 사람들에게도 똑같은 이력서를 요청했으나, 이들에게는 실행 계획서를 함께 제출하도록 했다. 성공한 사람의 비율을 측정해보니 두 그룹 사이에서 현격한 차이가 발생했다. 마지막 날에 이력서를 완성한 사람이 첫 번째 그룹에서는 단 한 명도 없었던 것에 반해 두 번째 그룹에서는 80퍼센트에 이르는 실험 대상자가 제 시간 안에 이력서를 제출했다.[8] '어떻게'를 묻는 질문에 답하는 것은 과업을 성공적으로 달성하기 위한 견인차이자 기술이다.

인생은 결국 무엇인가를 실천하는 것이다. 실행 지향은 머뭇거림과 자기 자신에 대한 의심을 극복할 수 있게 도와준다. 에머슨은 다음과 같이 지적한다.

우리는 유영할 수 없는 생각이라는 관념의 경계 위에 있다. 인간은 미래로 미루거나 옛일을 기억한다. 현재에 살지 않고, 뒤를 돌아보며 과거를 애통해하고, 그를 둘러싼 풍요로움에는 주의를 기울이지 않으며, 까치발로 미래를 보느라 애쓴다. 더 이상 시간의 구애를 받지 않고 지금 자연과 함께 살지 않는 이상 행복해질 수도 강해질 수도 없다.

통제력이 내면에 있으면 우리는 우리의 행동에 대한 책임을 외부 환경에 지우지 않게 된다. 우리는 더 이상 희생자도 아니고, 무기력한 관망자도 아니다. 우리 삶의 사건들은 우리에게 일어나는 것이 아니라 우리를 '통해' 일어난다는 것을 깨닫게 된다. 궁극적인 답을 찾겠다고 아우성치는 것은 헛된 노력에 불과하다. 어리석은 실수와 부조리함은 의심의 여지 없이 당신의 인생에 끼어들겠지만, 다가오는 내일은 의지로 충만한 영혼이 되어, 뒤를 돌아봄으로써 생겨나는 짐이나 장애물이 없는 새로운 날로써 맞이해야 한다.

그러므로 잠시 시간을 내어 스스로에게 물어보라. 나는 나에게 문제가 생겼을 때 세상을 탓하는 편인가? 그렇게 의무와 책임을 축소함으로써 자신의 힘을 빼앗고 있는 것은 아닌가? 이런저런 일들이 왜 일어나는지, 내가 왜 나인지, 그 이유를 알아낼 수만 있다면 끝내 인생의 통제권을 쥘 수 있으리라는 오해 속에서 힘겹게 노력하고 있는 것은 아닌가? 이러한 추측 속에서 우리 자신을 잃을 때, 우리는 환경의 장난감이 되고 만다.

힘과 환경

에머슨은 운명에 관한 전통적인 개념을 받아들이지 않았다. 그는 운명이 이미 정해놓은 인생의 청사진이 아니라 여러 가지 요소의 집합체라고 생각했다. 탄생의 시간과 장소, 사회적 위치, 지능, 열정, 카리스마, 그리고 그가 내리는 선택의 질 같은 것들이 운명을 구성하는데, 결국 운명이란 자신이 가진 조건에 어떻게 반응하느냐에 따라 발휘되는 양상이 달라지는 것이다. 에머슨은 이렇게 제안했다. "우리는 힘과 환경, 이 두 가지를 반드시 고려해야 한다." 여기에서 환경이란 한 인간에게 주어진 조건을 의미한다. "천성은 당신이 할만한 일이다. 세상에는 당신이 하지 않을 만한 일들이 굉장히 많다." 자기신뢰를 이루기 위해서는 사실을 인정하는 과정이 반드시 선결되어야 한다. 마술적 사고(magical thinking, 자신의 생각 또는 욕망이 외부 세계에 영향을 미칠 수 있다는 믿음)는 원하는 결과를 얻는 데 조금도 도움이 되지 않는다. 환상의 나래를 펼치거나 천운이 와서 인생이 뒤바뀌는 상상을 하는 것도 도움이 되지 않는다. "가벼운 사람"은 운을 믿고, "뚝심이 있는 사람은 원인과 결과의 관계를 믿는다"고 에머슨은 말했다. 그는 다시금 우리에게 상기한다. "투박하고 불친절한" 세상은 "우리를 소중히 여기지 않는다." 다른 동물들처럼 우리도 자연의 법칙에서 자유롭지 못하다. 다만 우리에게는 상상력과 적응력이라는 놀라운 힘이 있다. 에머슨은 이렇게 썼다. "바다는 마치 티끌을 털어내듯 배와 선원들을 집어삼킨다. 하지만 수영하는 법을 배우고, 배의 돛을 조정하면, 배를 침몰시켰던 그 파도가 둘로 갈라져 파도의 거품처럼, 물기둥처럼, 그리고 그가 가진 힘처럼 배를 나를 것이다." 자연이라는 압도적인 힘 앞에서 능숙하게 항해하기 위해서는 목적에 대한 집중력과 겸손함이 필요하다. 이러한 현명한 상호작용이 우리의 운명을 결정하는 것이다. "선택하고 행동하려는 영혼의 충동은 평생 서서히 차오른다. 운명이란 것의 일부에는 인간의 자유가 있다. 지성은 운명이 유효하지 않음을 선언한다. 인간이 사고하는 한, 그는 자유롭다."

우리는 또한 우리의 연약함을 받아들여야 한다. 에머슨은 자기신뢰에 관해 생각할 때, 연약함은 그 사람이 가진 강인함과 결코 분리할 수 없는 것이라고 여겼다. "우리의 힘은 우리의 연약함에서 성장한다. 우리가 획득한 강인함은, 우리가 극복한 것에서 오는 것이다." 불굴의 의지는 우리가 경험한 고난의 깊이만큼 깊어진다. 영웅적 행동은 보편적인 특징이지 소수의 엘리트만 가지고 있는 특징이 아니다. 에머슨은 영웅들이 꼭 평범한 사람들보다 더 용기가 있는 것은 아니라고 생각했다. 그들은 그저 "5분 더 오래" 용기를 낼 뿐이다. 이것은 우리가 익숙하게 떠올리는 강인함의 이미지를 전과는 매우 다르게 생각해볼 수 있는 단초를 제공한다. 우울증을 이겨낸 사람을 인터뷰하면서 이와 흡사한 이야기를 나눈 적이 있다. 작가 앤드루 솔로몬Andrew Solomon은 이렇게 이야기했다. "저는 용감함의 의미는 두 가지라고 생각해요. 하나는 앞으로 돌격해나가서 최전선에 서는 사람이 보여주는 용감함이에요. 이 사람은 두려움이 느껴지지 않는 거겠죠? 그리고 완전히 겁에 질렸지만 어떻게든 뭘 해보는 사람이 보여주는 용감함이 있어요. 첫 번째 사람만큼은 아니라고 해도, 그래도 어쩌면 그 사람이 갖고 있는 자신만의 두려움의 무게를 이겨낸 것이 아닐까요?" 역설을 이야기한다는 점에서 에머슨과 비슷한 점이 많은 브레네 브라운도 이 역설에 관해 자세히 설명한 바 있다. 그는 단호하게 말한다.

연약함은 약점이 아니다. 그리고 우리가 매일 맞닥뜨리는 불확실성, 위험 요인, 그리고 정서적 노출은 우리가 맞닥뜨릴지 말지 선택할 수 있는 사항이 아니다. 우리의 연약함을 받아들이고 그에 관여하려는 의지가 용기의 깊이와 목적의 명료함을 결정한다. 연약해지지 않으려 애쓰는 정도를 보면 얼마나 단절되어 있는지 알 수 있다.[9]

우리가 두려워하지 않는 것처럼 보이려고 노력하다가 허비하는 힘을 다시 찾아주는 것은 연약함이다. 자존심과 자아를 내려놓고, 에머슨의 표현처럼 "작은 견고함 속에 머무르기"를 멈추고 우리 주위를 넘치게 흐르고 있는 신성한 충만함에 우리의 마음을 열어젖힐 때, 그제야 우리는 이 힘을 사용할 수 있을 것이다.

요약

당신의 복잡다단한 면을 받아들여야 자신감이 커진다. 모순은 삶의 대가다. 인생의 변화를 겸손하게 받아들이면 능숙한 수단을 사용해 고난을 극복할 수 있는 능력이 자신에게 있다는 것을 인정하게 되고, 그로써 더 강해질 것이다. 환경의 피해자가 되지 말고 통제소재(locus of control, 자신의 행동이나 원인을 자신의 내부 또는 외부에 두는지 결정하는 경향)를 자기 내부에 두는 법을 배워야 한다. 그리고 여타의 조건들이 당신에게 얼마나 큰 영향을 끼치든 스스로의 선택이 가진 힘을 더 단련하는 법을 배워야 한다. 상황을 충분히 이해하고 나면, 당신이 가야 할 곳으로 안내해주지 않는 "왜?"라는 질문은 의미를 상실한다. 당신이 영감과 동기, 회복력을 찾고 있다면 이유를 묻는 것보다는 방법을 묻는 것이 훨씬 더 유익하다. 자연을 관찰하다 보면 이 원칙이 실제로 작동하는 것을 볼 수 있다. 자연은 영원히 그들이 가진 조건에 시시각각 반응할 뿐, 그들이 왜 그렇게 되었는지를 알아내기 위해 뒤를 곱씹지 않는다. 이와 마찬가지로 우리의 소중한 시간과 에너지를 얼마나 많이 뒤를 돌아보는 데 허비하고 있는지 깨닫는다면, 지금 현재에 주어진 것과 다음을 위해 꼭 해야 하는 일을 하는 데 집중하게 될 것이다. 당신보다 더 큰 힘에 당신을 맞추고, 당신이 바꿀 수 있는 것과 없는 것을 인지하고, 힘과 상황 모두를 반드시 고려해야 한다.

생명력
힘의 물줄기는 당신을 통해 흐른다

+++

인간은 모든 감정 흐름의 지휘자다.

근원의 위치
결정하기

에머슨은 근대적 삶이 자연과 우리가 맺어온 관계를 복구 불가능할 정도로 끊어놓으리라는 것을 예견했고, 이전에도 말했듯 통합된 온전함과 균형도 큰 손상을 입은 채 잃어버리게 될 것이라 예측했다. "문명이라는 허울을 뒤집어쓴 인간의 삶이 자연의 법을 무시할 때, 우리는 실패하고 혼돈의 나락으로 떨어지게 된다"는 것을 에머슨은 알고 있었다. 그러나 인간성의 "고장 난 거인"도 "어머니 지구의 손길에 의해 힘을 되찾을 수 있다." 그는 인간의 도덕성의 원천은 자연이라는 스토아 철학의 믿음을 다시 반복하며, 자연의 질서에서 멀어지는 우리가 몰락에 이르게 될 것을 두려워했다. 에머슨은 우리가 "자연에 대한 우리의 공감을 내적으로 불신하고, 부정하고, 자연과의 관계가 이어졌다가 잃었다가를 반복하는 것"을 애통해했다.

우리가 어머니 지구와 헤어질 때, 우리는 그 대가로 생명력과 온전함을 희생한다. 우리는 오직 자연의 창조물과 결합함으로써 다시금 결속력을 지닐 수 있다. 이러한 관계 회복은 "전체성을 향한 강렬한 갈망"에 다시 불을 붙인다. 이러한 관계 회복이 이뤄지지 않는다면 우리는 현명한 침묵-모든 부분이 서로 동등하게 연결된 보편적 미덕-과 유리된 채로, 분열되고 조각난 삶을 살게 된다. 우리는 신성한 관계를 회복하면서 "자족적이며, 언제나 완전한" 세상을 경험하게 되며, "세상의 축복이 모두 우리에게 열려 있음"을 경험하게 된다. 이러한 귀환은 우리를 늘 불안하게 하고 분열되게 했던 아우성 가득한 머릿속을 조용하게 해준다. 에머슨은 이렇게 썼다. "숲에 있으면, 내 인생에는 그어떤 나쁜 일도 일어나지 않을 것 같은 느낌이 든다. 그 어떤 불명예도, 자연이 복구할 수 없는 (내 시야를 벗어난) 그 어떤 재난도 일어나지 않을 것 같은 느낌이 든다."

자연이 가진 치유력은 대단히 놀랍다. 극단적으로 분열된 시대 속에서 자연은 우리에게 제자리가 있음을 (그리고 우리가 온전함을) 상기시킨다. 오바마 정부에서 서기로 일했던 도미니크 만Dominique Mann은 매사추세츠 섀론에서 보낸 유년 시절에 이것을 몸소 깨달았다.[1] 학생들 대부분이 백인인 중학교에서 홀로 흑인이었던 도미니크는 수년 동안 반 친구들의 인종차별적 폭력과 멸시를 견뎌야 했다. 마음을 가라앉히기 위해 그녀는 어머니와 함께 한참 동안 숲속을 거닐곤 했고, 그 산책이 마음의 평화를 되찾게 해주었다. 그 숲에는 도미니크가 자주 찾았던 특별한 암석이 있었는데 이곳에서 그녀는 "삶을 멈추고", 그녀를 "너무나도 빠르게 성장시키는 세상의 고통"을 덜 수 있었다.

"유색인종이자 혼혈 여성인 나에게 회복할 수 있는 힘을 북돋아준 것은 자연이었다." 그녀는 "가볍고 날쌘 바람, 졸졸 흐르는 시내, 야생 동물이 내는 바스락거리는 소리"가 지친 마음을 어루만져줬다고 말했다. 요즘 도미니크 만은 점점 더 자주 자연으로 향하는 자신을 발견한다. 조지 플로이드 살해 사건과 폭발적으로 진행된 BLM(Black Lives Matter, 흑인의 생명도 소중하다) 운동 이후 자연을 찾는 횟수가 특별히 더 잦아졌다. 그녀는 자연이 "정의를 촉진한다"고 믿으며, "거의 본능처럼 느껴지는 위로"를 통해 세대를 거듭하며 전해지는 트라우마도 치유해준다고 믿는다. 인간이 만든 세상은 그녀가 자신을 무가치한 존재로 느끼게끔 만들었지만, 자연은 그녀가 자신을 "유일무이한 존재"로 받아들이게 했고, 그렇게 그녀가 굳건히 설 수 있게 해줬다.

그녀는 이렇게 썼다. "다른 사람들 눈에는 나라는 인격체가 안 보이는 느낌이었다. 그러나 울창한 숲속의 깊은 곳, 혹은 알

래스카 불곰들 사이에 있을 때면, 나는 나뭇잎들이 일부러 나에게서 멀어지지 않을 것임을, 바람이 나더러 너는 가치 없는 인간이라 하지 않을 것을 알았다." 이 우주에서 도미니크 만이 가장 자연스러운 곳에 있을 수 있게 회복시켜준 자연은 그녀를 더 높은 의식으로 이어주는 입구가 되었다.

점점 가상세계화되고 있는 현대 사회에서 자연과 인간의 관계를 회복해야 할 필요는 더욱 긴급해지고 있다. 에머슨은 개념적인 삶, 다른 사람의 삶을 살고 싶은 유혹에 저항해야 한다고 우리에게 말한다. 우리가 물려받은 유산을 낭비하는 것은 비극적인 상실이다.

모든 이성적인 창조물은 자신의 지참금과 재산에 대한 본성을 가지고 있다. 그가 그러고자 한다면, 그것은 그의 것이다. 그는 그것을 갖지 않을 수도 있다. 대부분의 인간이 그러하듯, 그는 구석진 곳으로 점점 사라져 자신의 왕국을 포기할지도 모른다. 그러나 그는 그의 규범에 따라 그 세계를 가질 자격이 있는 사람이다.

우리가 타고난 권리에 대한 감사는 우리를 더욱 풍성하게 한다. **창조의 거미줄 속에서 우리가 정당하게 누릴만한 자리를 누릴 때, 우리는 일치의 느낌을 받게 된다.** 에머슨은 우리에게 말한다. "그의 생각과 의지의 힘에 따라, 그는 세상을 차지하게 된다."

이 영적인 관계성은 우리의 생명 활동과도 관계가 있다. 바이오시학biopoetics 분야를 개척한 생물학자 겸 철학자인 독일의 안드레아스 베버Andreas Weber의 말에 따르면 "모든 것은 관계성을 향하고, 또한 그것을 간절히 염원한다"고 한다.[2] 바이오시학에서는 살아 있는 것들은 오직 그들이 나머지 창조 세계와 공유하는 생명력을 통해서만이 이해받을 수 있다고 이야기한다. 모든 살아 있는 것들은 "다른 살아 있는 것들을 통해 자신을 더 깊이 경험하려는 기본적인 노력, 즉 살아 있음의 핵심"을 동일하게 보여준다. 안드레아스 베버는 이 원칙이 자연 세계에 만연하다고 이야기한다. 그는 이렇게 썼다. "가장 단순한 세포부터 가장 진화된 인간에 이르기까지 대상과 이어지려는 충동은 모든 생명체의 두드러지는 특징이다." 삶이란 그 무엇보다도 "상호 간의 변화와 생산성을 공유하는 과정"인 것이다.

이 상호성의 원칙이 우리의 존재를 뒷받침한다. 창조의 처음과 끝은 전부 안드레아스 베버가 "시적 공간poetic space"이라고 부르고 에머슨은 간략히 자연이라고 부르는 곳에서 일어나는데, 존재하는 모든 것들이 이것을 공유하고 있다. 애석하게도 인간은 계몽주의 시대 이후로 줄곧 자연에 길항하고 있고, 그것이 만연한 바 모든 존재가 공유하고 있는 이 경험을 끝낼 수 있을 정도로 위협적이다. 그러나 이러한 불화가 불가피한 것은 아니다. 안드레아스 베버는 우리와 자연 사이의 거짓된 이중성을 치

유할 수 있는 새로운 "생기enlivenment"가 가능하다고 믿는다. 그
는 이러한 잠재적 변화를 (관찰자는 그가 관찰하는 모든 시스템과
얽히게 된다는 사실을 발견한) 현대 물리학 혁명에 비유한다. "얽
힘은 여타 다른 살아 있는 주체들과 공유하는 생을 통해 정서적
으로, 경험적으로 발생하는 것"으로, "현실에 대한 우리의 인식
에 깊은 변화"를 초래한다고 강조한다. 이 인식은 만물의 일치
를, 그것들이 겉으로 보기에 얼마나 분리되어 있든지에 상관없
이, 빛나게 만든다.

세계는 두 개가 아니다

이원성duality은 사람이 만든 현상일 뿐임을 에머슨은 매우 잘 알
고 있었다. 자연에서 일어나는 현상 간에는 무너뜨리지 못할 담
이 없다. 더욱이 영원의 철학(perennial philosophy, 헉슬리가
주창한 모든 주요 종교의 최대 공통 요소)의 핵심 특징인 비非이원
성은 에머슨이 언급한 적은 없지만 자기신뢰의 매우 중요한 측
면이다.

비이원성은 자연에 있는 모든 것들이 결코 분리될 수 없이
이어져 있으며, 그 물질과 영혼이 (인간과 신이 그러하듯) 같은
근원을 공유함을 드러내 보인다. 나와 너, 자아와 타자는 둘일
수 없다. 일견 세상은 다수로 구성된 것 같고 다양한 것 같지만

현실은 하나다. 모든 물리적 형태는 같은 존재의 근원에서 태어난다. 서로 반대처럼 보이는 것들도 그저 겉으로만 양립할 수 없는 것처럼 보일 뿐이다. 그러나 본질적으로 그것들은 영영 하나다. 수많은 초월적 진리들이 이야기하듯 비이원성은 상식에 위배되는 것처럼 보인다. 내가 지금 글을 쓰고 있는 이 책상이 어떻게 글씨를 휘갈겨 쓰고 있는 내 손과 분리될 수 없다는 것일까? 누가 봐도 현저히 다른 형상들이 어떻게 똑같이 형태 없는 물질로 구성되어 있다는 것일까? 그리고 이 지식이 우리의 삶에 어떤 영향을 미칠까?

양자역학의 새로운 발견은 에머슨과 신비주의자들이 태곳적부터 공유했던 시각을 뒷받침해준다. 이 새로운 발견이란 아원자亞原子세계, 이 눈에 보이지 않는 세계는 일원화된 세계이며 끝없는 흐름 속에 있다는 것으로, 아무 형태 없이, 그러나 무수한 형태로 표현된다는 것이다.[3] 우리에게 주어진 영적 과제는 다양성의 우주 속에서 묵묵히 나아가는 동안 이 하나됨을 늘 잊지 않고 기억하는 것이다. 수피교 시인 루미Jalal ad-Din ar-Rumi는 이렇게 표현했다. "당신이 당신의 주소를 이곳에 두고 살지라도, 본적本籍 없는 사람으로 살라."[4] 아인슈타인이 "유령 같은 원거리 작용Spooky Action at a Distance"이라는 별명을 부여한 양자얽힘Quantum Entanglement 같은 분야에서는 세상에서 가장 작은 입자들이, 설령 그것들이 서로 엄청난 거리를 두고 떨어져 있더라도, 서로서로 연결되어 있다고 설명한다.[5] 서로 거리를 두고 떨어져 있는 형태들(여기에는 인간도 포함된다)이 신비로운 방식으로 서로와 소통한다는 이 비이성적인 개념은 과학적 유물론자들에게는 이해하기 어려운 일일 테다. 그러나 우리가 살아가는 방식에 관해 이 개념이 주는 함의는 매우 크다. 에머슨은 《자연》에서 이렇게 썼다.

> 인간은 자연과 상호적인 관계에 있다. 인간의 힘은 그가 가진 수많은 밀접한 관계들, 그리고 그의 삶이 유기적인 존재와 무기적인 존재를 통합하는 사슬에 엮여 있다는 진실에서 나온다.

자연에 있는 모든 세세한 것들은 그것이 크든 작든 보편적으로 다함께 묶여 있다. 에머슨은 또한 이렇게 썼다. "나뭇잎, 물방울, 크리스털, 촌음寸陰은 전체와 연관되어 있다. 그렇게 전체라는 완전함 속에 참예한다." 이 화합을 받아들이면 자주적인 자아라는 허구에 갇힌 채 세계에서 분리된 것으로 느껴왔던 우리가 이원성의 잠에서 깨어나게 된다.

우리가 왜 이토록 겉으로 드러나는 것에 쉽게 속는지를 이해하기 위해서는 이원성이라는 환각이 창조되는 방식을 반드시 살펴봐야 한다. 좌뇌는 이 세상을 이해해보려는 나름의 노력으로 다름과 분리를 추구하며, 정보를 분류한 후 그것을 하나로 통합해 여러 카테고리를 만든다. 이러한 인지적 특성은 숲을 보는 대가로 나무를 고립시킨다. 이런 식의 선택과 집중은 물질계를 헤쳐나가기 위한 방책이지만, 분열을 좋아하는 쪽의 뇌는 허구적인 경계와 거짓된 분리를 바탕으로 현실의 모조품을 창조하다가 통합과 (서로가 서로를 만나는) 상호접속을 놓치게 된다. 이와 달리 비이원성에 눈을 뜨면 자아가 만든 상상의 통치권이 위협받게 되는데, 이것은 신비주의mysticism(일반적인 의미의 초월적 의식)가 단 한 번도 대중적으로 환영받지 못했던 이유이기도하다. 다행히도 과학이 마침내 뇌의 이원성 너머에 자리한 화합을 발견하면서 인간이 가졌던 허세를 폭로하고, 전체 우주를 이해하기 위해 개인의 한계를 초월한 세계관이 (또한 개인적인 세계관도) 필요함을 알려주고 있다. 마치 하나의 전류를 흐르게 하기 위해 그 통로로서 두 개의 반대되는 양극이 필요한 건전지처럼, 물질과 영혼도 서로에게 비슷한 방식으로 반응한다고 에머슨은 이야기했다.

에머슨은 우리에게 다시 한번 이야기한다. "자연이 발전하는 방법은 끊임없는 변형이다." 그리고 서로 반대되는 것이 결합해야 변형이 완성될 수 있다. 비이원성을 인정하면 정신적 장벽이 허물어지고, 다양하게 나뉘어져 있는 이 세계를 더 여유롭게, 더 온정 넘치게 살아갈 수 있다. 또한 스스로를 자신과는 분리된 다른 존재들이 가득한 우주에서 원자화되어 둥둥 떠돌고 있는 주체로 보기를 멈추고, 함께 공유하는 전체의 일부가 된다. 스스로를 보호하기 위해 자아가 쓰고 있던 눈가리개를 걷어내면, 우리는 우리의 분리된 자아("작은 나")를 인식할 때 하나로 완전한 우주 속에서 다른 선택 원리들과 만나는 "선택 원리"보다 조금 덜 분리된 독립체로 인지하게 된다.

"어느 한 예술의 규칙, 혹은 어느 한 유기체의 법칙은 자연 전체에서도 유효하다." 그러나 통합성을 인식한다고 해서 우리의 고유함 혹은 독창성을 반드시 희생해야 한다는 것은 아니다. 자연은 다양성을 기뻐한다. 자연은 당신이 당신이 되기를, 내가 내가 되기를 원한다. 에머슨이 지적하듯이 개별성은 문제가 되지 않는다. 우리가 그 저변에 있는 공통성을 잊을 때, 그때 우리의 감정과 생각이 메말라가는 것이다. 우리는 같은 우주로부터 만들어졌지만, 이 "생각의 거짓말"이 우리를 분열하는 것처럼 보인다. 에머슨은 가공할 속도로 움직이며 환한 빛을 발하는 에너지의 집합체, 그 "작은 공"의 존재를 다음과 같이 묘사했다. "각각의 공은 같은 공간에 있는 다른 모든 장場을 끌어당기거나 밀어낸다." 물리학자들은 이 아원자의 공간을 양자quantum라고 이야기한다.

이렇게 세계를 하나로 인식하는 것이 우리의 삶에는 어떤 영향을 끼칠까? 잠재적인 이점을 따져보면 매우 놀랍다. 우선, 우리가 서로 연결되어 있다는 인식이 점점 커지면 사회적 정의에 대한 우리의 책임감도 점점 강해질 것이다. 스스로를 완전무결한 전체에서 떼어낼 수 없는 일부로 인식한다면 우리가 경험하는 소외감 또한 성공적으로 완화할 수 있다. 비이원성은 지구를 괴롭히는 우리의 행동을 끝낼 것이며, 우리의 정치를 발전시키고, 차별을 포함한 일반적인 의미의 갈등에 대응할 것이다. 에머슨은 전체론적 관점이 "모든 학대의 치료제"가 될 것이라고 예견했다. 이 관점은 "생각, 혹은 관습에 깃든 모든 오류, 그리고 모든 겉으로 보이는 것 이면에는 우리가 대상의 본성이라고 부르는 모종의 영원한 법칙이 있다는 신념"을 치료한다. "가장 높은 것이 인간의 영혼에 현존한다"는 인식은 에머슨이 《자연》에서 언급한 다음의 지식과 만날 때, 우리의 절망도 치유해줄 것이다.

> 절대자Supreme Being는 우리 주변에 자연을 구축하지 않는다. 우리를 통해 자연을 계시한다. 나무의 생명이 오래된 구멍을 통해 새로운 가지와 잎을 암시하는 것과 같다. 식물이 지구 위에서 쉬듯, 인간도 신의 가슴 위에서 쉰다. 결코 그치지 않는 원천에서 영양분을 받으며, 그의 필요에 따라 결코 소진되지 않는 힘을 얻는다.

자연으로부터 배우기

자연은 회복력, 일시성, 균형, 살아 있음, 고난, 변화에 관한 놀라운 교훈을 제공한다. 이 교훈들은 자기신뢰의 핵심 과정으로, 우리가 책에서 얻는 지식보다 훨씬 더 중요하다. 에머슨은 "우리가 교육이라고 부르지 않는 것이 우리가 교육이라고 부르는 것보다 더 교육적"이라고 믿었다. 자연을 통한 신의 초자연적인 보호는 우리가 깨인 삶을 살기 위해 필요한 모든 것을 제공한다. 에머슨은 우리에게 묻는다. "농장이야말로 침묵의 복음이 아니고 무엇이겠는가?" 농장은 핵심적인 인생의 교훈을 가르쳐준다. 필요한 만큼만 가져가라, 세심한 것에 주의를 기울여라, 상호적인 접촉을 늘려라, 그리고 목적의식과 존경심을 갖고 이 행성 위 우리의 자리에 거주하라. "창조 세계가 주는 조언을 받아들일 때, 지식을 통해 존재함의 특권을 느낄 때, 그것은 필멸할 인간을 고양시키는 그 얼마나 고귀한 감정인가! (…) 자연의 아름다움은 그가 가진 가슴에서 빛을 발한다."

자연은 때로 신비로운 방식으로 우리에게 가르침을 준다. 나는 몇 년 전 삼나무 숲에서 자연이 우리에게 어떤 식으로 가르침을 주는지를 경험했다. 오리건주 크레이터호수 근처 캠핑장에서, 나는 곧 과거가 될 연인과 함께였다. 서로 상처밖에 남지 않은 긴 싸움에 나는 분노로 몸을 떨고 있었다. 혹독한 비난전으로 번지기 전에 나는 밖으로 나왔고, 어느새 호숫가로 이어지는 키 큰 삼나무가 늘어선 숲길에 들어와 있었다. 나는 길을 걷는 내내 나를 둘러싸고 있는 키 큰 나무들은 무시한 채 거친 생각들로 이 멍청한 인간을 힐난했다. 그렇게 꽤 오랫동안 폭력적인 환상 속에서 길을 잃고 숲길을 걸었다. 그러다 어느 순간, 나의 분노가

'완전히' 사라지는 충격을 별안간 깨닫게 되었다. 분노의 희미한 자국조차도 내 안에 남아 있지 않았다. 직감적으로 알았다. 이 삼나무 숲이 분노를 평온으로 바꾸고, 나의 사나운 마음을 진정시켜준 것이었다. 숲의 태곳적 존재가 나에게 속삭였을지도 모른다. '그 바보는 잊어버려. 우리에게 걱정이 있는 것처럼 보이니?' 나에게 그런 일이 벌어진 것은 그때가 처음이었고, 그 이후로 지금까지도 없었지만, 이 "나무 치유제"를 복용하고서 지금 이날까지 절대 잊지 못한 교훈들을 얻었다. **분노는 바뀔 수 있으며, 분노에는 틈이 있고, 분노는 일시적이다. 침묵은 진정한 마음의 치유제다.** 그리고 기분이 좋지 않을 때는 자연과 동행하며 그 안에 있는 것이 항우울제, 술, 혹은 복수보다 낫다.

에머슨은 같은 이야기를 《자연》에서 좀 더 설득력 있게 말했다. "모든 개별자들에게 미치는 자연의 도덕적 영향력은 자연이 그에게 보여주는 진리의 총합과 같다." 그는 이렇게 적었다.

누가 이것을 측정할 수 있겠는가? 파도에 치인 암석이 얼마나 큰 단단함을 어부에게 가르쳤을지 짐작이나 할 수 있겠는가? 흠집 하나 없는 깊은 곳 너머, 바람이 폭풍 같은 구름 떼를 영원히 몰고, 어떠한 구김도, 자국도 남기지 않는 하늘은 얼마나 큰 평온함을 인간에게 비출 것인가. 커다란 짐승들의 무언극에서 우리가 얼마나 많은 근면과 섭리와 애정을 배우는가.

여기서 "짐승"이란 언어가 없는 생명체를 이르는 것으로, 이들의 미덕은 은유를 통해서 가장 잘 이해된다. 우리는 인간 중심적인 교묘한 속임수를 통해 자연의 백과사전을 인간의 용어로 번역하는 법을 배운다. "개미들의 본능은 정말이지 중요하지 않다. 개미라고 여겨지지만, 마침내 관계의 빛줄기가 개미에서부터 인간에게 확장되는 것을 확인하는 순간, 이 작디작은 고된 노동자는 하나의 감시자, 전지전능한 마음을 가진 작은 몸으로 보인다."

자연이 가장 중요하게 생각하는 교육과정은 침묵이다. 언어는 회반죽으로 현실에 꼬리표를 붙이고 직접적인 경험을 방해한다. 자연 속에서 시간을 보내면 말로 표현되지 않는 것들이 깊어진다. 존재하는 것들의 불가지不可知에 점점 친숙해진다. 언어의 방해가 없다면 서술하고자 하는 마음이 사라지고, 우리는 새로운 방식으로 대상을 볼 수 있게 된다. 에머슨은 이렇게 설명했다. "풍요로운 풍광을 바라보고 있을 때면 자연의 질서, 그리고 다단이 겹쳐진 지층을 정확하게 설명하고 싶은 마음보다는 왜 고요한 일치의 바다에서는 숱한 생각들이 사라지는지 알고 싶은 마음이 더 크다." 노을을 볼 때도 마찬가지다. 우리는 저녁노을을 기상학적으로, 색채학적으로 분석할 수 있다. (물론, 장대한 경험은 놓치겠지만.) 에머슨은 우리가 우리의 소외를 무너뜨리고, 분석이 우리의 눈을 가릴 때가 있다는 것을 인지하고 "무엇보다도 대상을 분리하고 분류하는 이 폭군 같은 우리의 체질적 경향"을 초월하기를 바란다. 이러한 초월은 경이, 놀라움, 숭배, 즐거움, 환희, 고양, 사랑 같은 더 높은 경지의 감정, 우리가 나중에 살펴볼 우뇌의 능력에 이를 수 있게 해준다. 자연은 침묵 속에서 일상적인 것들을 기적적인 것들로 바꿔주는 문인 경이로움과 경외감으로 우리를 훈련시킨다.

자기중심적인 염려라는 심리적 보호대 너머에는 자연이 우리에게 보여주는 곳, 우리의 "내적 지평선이 드넓게 뻗은" 광야가 존재한다. 더 넓은 곳을 보는 우리의 시각은 인식을 드높이게 된다. "건강한 눈은 지평선을 요구한다. 그리고 충분히 멀리 보는 한, 우리는 결코 지치지 않는다."

우리는 또한 아름다움에서 새로운 생명을 얻는다. 영혼의 번영을 위해서는 아름다움이 필요하다. 자연과 아름다움은 불가분의 관계라고 에머슨은 우리에게 말한다. 아름다움은 감사와 기쁨을 이끌고, 생은 기적임을 우리에게 상기한다. 또한, 우리가 태어날 때부터 받은 것들을 소중히 여기라고 권고한다. 에머슨은 자신의 일기에 이렇게 적었다. "오직 한순간일 뿐이라면, 우리가 이 세상을 살아가는 동안 우리의 경이로움을 닮으려 노력하는 것이 더 낫지 않을까. 바닥이 보이지 않는 깊은 수렁의 거품에 잡아먹히기 전에. 나는 내 손을 높이 들어 코스모스 Kosmos를 말하리라."

특정한 종류의 아름다움을 뜻하는 코스모스는 질서와 사랑스러움을 똑같이 함의하고 있다. 에머슨은 코스모스와의 만남을 이렇게 표현했다. "현실의 비탄에도 불구하고 강렬한 환희가 관통했다." 아름다움은 고통을 고통의 진짜 크기만큼 축소한다. 아마 그렇기 때문에 도스토예프스키는 "아름다움이 세상을 구원하리라"[6]고 믿었는지도 모른다. 아름다움이 없으면, 우리는 우리가 누구인지 잊는다. 아름다움의 광채로부터 우리가 멀어지면, 육체는 무감각에 잠식당하고, 곧 스스로를 동정하게 될 것이다. 에머슨은 스스로 만들어낸 절망의 구렁텅이에 빠져 그곳에 침잠하는 인간의 습성을 견디지 못했다. 신성한 낙원으로부터 제 발로 추방당한 죽은 자들의 구역은 그에게 전혀 관심의 대상이 아니었다.

사실 에머슨은 자신이 할 수 있는 가장 혹독한 비판은 불평하고, 감사할 줄 모르며, 자신이 남보다 우월하다고 믿고, 다른 이들의 고통과 슬픔을 즐거워하는 유아적唯我的 상황극에 빠져 있는 인간들을 위해 아껴두었다. "인간의 비참함은 지구가 마련한 낙원을 향하는 기쁨과 한결같고 헤픈 지원을 마치 어린아이가 심술부리듯 헤집는 것에서 비롯된다." 불행에 불평하기보다는 자연의 인내심, 영리함, 적응, 관용, 단순함, 끈기를 배울 때, 우리는 더 나은 삶을 살 수 있다. 변형이 지속되고, 형태가 사라지며, 인간의 삶을 지배하는 과정들이 창조 세계 전체에서도 유효하다. 이러한 자연의 가르침은 성경만큼이나 우리에게 지혜를 준다.

나뭇잎이 성장하는 제1원칙부터 열대림, 그리고 노아의 홍수 이전 시대의 탄광까지. 해면sponge부터 헤라클레스까지 모든 동물의 기능. 그것들은 인간에게 넌지시 알려주거나 천둥소리로 고함친다. 옳고 그름의 법칙과 십계명의 잔향을.

우리는 신의 지성을 공유하기 때문에, 즉 개별자의 인식을 통해 표현되는 한마음One Mind을 공유하고 있기 때문에 이 계명을 이해할 수 있다.

하나의 정신

존재에 관해 이원론적으로 생각하는 사람들은 (만일 그들이 신적 존재를 믿는다면) 신이 우주만큼 멀고 먼 곳에 거주하면서 이 은하계에서 저 은하계만큼 광활한 거리에서 속세의 삶을 굽어보고 있으리라 상상한다. 인간의 정신이 신의 정신Mind of God에 참예하며, 개별 인간의 지성은 그의 영원한 근원으로부터 분리될 수 없다는 의견을 받아들이지 않는다. 그들은 이렇게 묻는다. 어떻게 인간의 미성숙하고 단조로운 정신이 신성한 정신의 또 다른 모습일 수 있다는 말인가? 에머슨은 전혀 다른 방향에서 이 질문을 고찰한다. 신의 정신이 아니라면, 대체 이원론자들은 자신들의 지성이 어디에서 온다고 생각한단 말인가? 그는 "생각의 강은 눈에 보이지 않는 세계로부터 인간의 정신으로 흘러들어간다"고 설명하며, 여러 의심을 뒤로한 채 "모든 개별 인간들에게는 공통적으로 하나의 정신이 있다"는 것을 증명한다.

스토아 철학자들도 그와 생각이 같다. 마르쿠스 아우렐리우스는 이렇게 썼다. "한 인간을 다른 모든 존재와 이어주는 것은 피가 아니요, 탄생도 아니요, 정신이다. 인간의 정신은 신이요, 신의 것이다."[7] 이것이 우리가 우리의 생각을 통제한다는 뜻을 함의하지는 않는다. 그보다는 도로변 여관에 묵는 손님들을 보듯, 우리는 정신의 오고 감을, 그 정신의 내용이 어디에서 오는지는 모르는 채로 관찰하는 것이다. 인간은 신성함의 흐름까지는 알 수 있으나, 그것의 원천을 알도록 허락되지는 않았음을 에머슨은 다시 한번 우리에게 상기한다.

흐르는 강물을 볼 때, 내가 볼 수 없는 곳으로부터 와서 잠시 나에게 그 물결을 쏟을 때, 나는 내가 수혜자일 뿐 원인이 아니며, 신령한 물에 깜짝 놀란 관중에 지나지 않음을 깨닫는다. 나는 열망하고, 올려다본다. 그리고 예지적인 지혜가 찾아오는 생경한 힘, 그것을 받아들일 준비를 한다.

보편적 지성Universal Mind이 보내온 이 생경한 힘은 개별자의 한계를 초월한다. 우리의 통제력이 미치는 한계선을 인정하면, 우리는 우리가 통제할 수 없는 것에 대한 책임감을 내려놓을 수 있다. 에픽테토스가 지적했듯, 과도한 책임감은 우리가 짊어지는 고통의 핵심이다.

인생의 중요한 과제는 단순하다. 문제를 정의하고 분리하는 것이다. 그래야 어떤 것이 내 통제력을 벗어난 외부적인 것이고, 어떤 것이 실제로 내가 통제할 수 있는 선택의 영역인지 나 스스로에게 명백히 말해줄 수 있다.[8]

우리는 우리가 우주의 주인이라는 고통스러운 허구를 내려놓고, 의도적으로 영혼의 힘에 집중해야 한다. 우리는 "우리의 고통스러운 노동은 불필요할 뿐만 아니라 결실이 없으며" "우리는 우리의 쉽고, 간단하고, 충동적인 행동 속에서만 강하다"는 것을 배운다. 이것은 "주의를 기울여야 한다는 무거운 짐"을 진 우리의 고통을 덜어주고, 이기적인 마음의 발로로 "강물"의 방향을 원하는 곳으로 "이끌려는" 노력 또한 상쇄시킨다. 다음과 같은 태도가 비교할 수 없이 더 낫다.

힘의 물줄기, 지혜의 물줄기 한복판에 자신을 두라. 그것이 그 물줄기에 몸을 맡긴 모든 사람에게 생기를 불어넣는다. 당신은 수고로움 없이 진리, 옳은 자족감, 완벽한 자족감을 얻게 된다.

창조적인 성장을 위해서는 필요 이상으로 지배하고 통제하려는 마음을 반드시 내려놓아야 한다. 무언가를 창조하는 직업을 가진 모든 사람들은 프로젝트가 난항에 부딪혔을 때 잠시 일을 중단하고 정답이 "천장에서 뚝 떨어지기"를 조용히 기다리는 것이 훨씬 더 효과적임을 안다. (나의 예술가 친구가 한 말이다.) 뮤즈에게 종용하기를 멈추고 멈춤 버튼을 누르면, 당신은 신성한 흐름을 받아들일 준비가 된 것이다. 신비로운 근원으로부터 흘러나오는 특별하고도 신선한 영감이 당신에게 닿을 수 있게 길을 터준 것이다. 작곡가 이고르 스트라빈스키는 창조적으로 난관에 봉착했을 때면 "머리를 비우기" 위해 물구나무를 섰다. 화가 살바도르 달리는 예술적 방향을 잃었을 때 수면과 깨어 있음, 그 중간 상태에 도달하기 위해 잠시 "선잠"에 빠졌다. 소설가 아가사 크리스티는 스토리를 더 이상 진척하기 어려울 때, 욕조에 뜨거운 물을 받아 그 안에 들어가서 과일을 먹었다. 스티브 잡스는 스트레스 받은 마음을 진정시키고 한마음에 다다르고자 회사 화장실에 들어가 문을 걸어 잠그고 맨발을 변기물에 담갔다는 일화가 있다.[9]

이러한 과정에서 고독 또한 도움을 준다. 특히 자연 속에서의 고독이라면 더욱 그러하다. 그곳에서 당신은 "가장 높은 존재가 당신 안에 있음"을 발견하게 된다. "자연의 근원은 당신 자신의 정신 속에 있다"고 에머슨은 썼다. 시끄러운 외부의 소음으로부터 도망쳐 나오기만 해도 내면의 속삭임이 더 크게 울린다. 내면의 깊은 물살에 다다르면, 우리 모두가 공유하는 의식의 저 깊은 곳, 그 신성한 지성의 샘에 손이 닿게 된다. 이곳, 이 시간을 초월하는 차원에 진리와 아름다움, 지혜가 살고 있다. 그래서 시인과 현자, 예술가들이 수천 년을 뛰어넘어 우리에게 말을 건넬 수 있고, 그들의 작품이 우리에게 여전히 유효하고 유의미할 수 있는 것이다. 그들의 작품 속에서 당신이 이미 알고 있는 것이 잔향처럼 울려 퍼지는 소리를 당신은 들을 수 있다. 에머슨은 이를 이렇게 묘사했다. "모든 천재적인 작품에서 우리는 우리의 거부당한 생각을 알아보게 된다. 그것들이 멀게 느껴지는 어떤 위엄과 함께 우리에게 돌아온다." "당신의 정신 속으로 밀려들어오는 신성한 정신"을 기쁜 마음으로 맞이할 때, 당신의 주관적인 생각들은 "생명의 바다에서 밀려오는 파도"와 만나게 된다. 그렇게 당신은 당신을 뛰어넘어 자기초월의 탁 트인 광활한 공간에 당도한다.

그곳에서 당신과 한마음을 이어주는 자유로운 인식의 주시자를 만난다. 주시자는 작게 속삭이며 "완전한 전체의 영혼은 인간 안에 있음"을 당신에게 상기한다. 우리는 우리의 정신을 통제하려는 외부의 시도를 거절함과 동시에 이 내면의 설득을 신뢰할 수 있도록 힘을 받는다. 그럼에도 우리는 종종 우리 정신의 상태를 타자에게 내어주고 만다. 우리의 이 약점을 에픽테토스는 다음과 같이 조롱했다.

만일 누군가가 당신의 몸을 지나가던 사람에게 쥐버리면, 당신은 매우 분개할 것이다. 그러나 당신은 당신의 정신을 같은 길을 걷는 아무에게나 쥐버리고는, 그들이 그것을 괴롭힐 수 있게 놔둔다. 당신의 정신이 방해받고, 문제에 봉착하도록. 거기에 대해 전혀 부끄러움이 없는가?[10]

에머슨도 이 비난에 동조한다.

세상 속에 살 때는 세상의 의견을 따라 사는 것이 쉽다. 고독 속에 살 때는 당신의 의견을 따라 사는 것이 쉽다. 그러나 위대한 인간은 군중의 한복판에 있으면서 달콤한 고독의 독립성을 지키는 사람이다.

신성한 지시에 겸손하게, 성실히 주의를 기울이면 내면의 목소리가 명확해진다. 에머슨은 자신의 일기에 이렇게 적었다. "누가 나를 하나의 개별자라 정의하는가? 나는 하나의 보편적 지성이 보여주는 진리를 경이와 기쁨으로 바라본다."[11] 우리는 더 이상 두려움과 의심에 사로잡히지 않고, 의식을 공유하며, 영혼의 우월한 지혜를 신뢰하는 법을 배운다.

요약

우주에는 힘의 근원이 있다. 여러 가지 다양한 이름으로 알려져 있는 이 생명의 힘은 북극을 수놓는 오로라부터 창틀의 화초에 이르기까지 전 우주에 생명을 불어넣는다. 이 힘은 당신의 내면에도 존재한다. 물리적으로, 정신적으로, 영적으로 이 초월적인 힘과 동행하면 당신은 이 세상의 일치를 경험하게 된다. 이원주의는 인간이 만든 현상임을 깨닫고, 그러한 거짓된 분리가 신의 눈에는 존재하지 않음을 알게 된다. 이원성은 외형적으로 드러나는 영역(외부적인 삶)에 속해 있기 때문에 당신의 감각을 이용해 당신을 오도하는 것이다. 현실의 본성을 탐구해들어가면 양분되지 않는 단 하나인 존재의 흐름을 발견하게 된다. 자연은 당신에게 멈추는 법과 침묵하는 법, 그리고 이 박동하는 연결을 경험하는 법을 가르쳐준다. 인내와 판단력 또한 자연으로부터 배울 수 있다. 주고받고, 밀고 당기고, 확장하고 수축하는 현실의 역학을 깨닫게 된 당신은 소위 반대라고 불리는 것들이 하나의 역동적인 전체를 구성하는 것임을 알게 된다. 당신은 존재하는 모든 것과 한마음을 공유한다. 이 "신성한 지시"는 신비로운 방식으로 당신 안에 흘러들어가며, 당신이 이것을 기대하지 않을 경우 사라진다. 당신이

미지의 신비에 마음을 열면, 이 지성이 상상할 수 없는 보물을 당신에게 안겨줄 것이다.

용기
두려움의 죽음

+++

두려운 일을 하라. 반드시 그 두려움이 죽음을 맞으리라.

앞을 향해

엘렌이 세상을 떠난 지 1년이 넘은 후에도 에머슨의 우울증은 나아질 기미가 전혀 보이지 않았다. 잠들지 못하고 먹지 못하고 일하지 못하던 그는 자신의 서재에 몇 주 동안 틀어박혀 있었고, 사랑하는 아내의 죽음 이후로 결코 떨쳐낼 수 없었던 비통함에 짓눌려 있었다.

그가 애도하는 대상은 아내만이 아니었다. 그가 지녔던 전통적인 그리스도교 신앙도 그는 애도하고 있었다. 도덕성이 그의 철학적 토대를 흔들었던 것이다. 선한 양심으로는 도저히 성체를 모실 수 없었던 그는 자신의 목회에서 구원을 찾을 수 없게 되었다. 죽음이란 망령은 그에게 너무도 버거운 것이었다. 메리 올리버Mary Oliver의 시구를 빌어 말하자면, 에머슨의 인생은 처음부터 "그것이 빠르든 느리든 죽음의 번개는 너무 자주 쳤고"[1] 엘렌이 극도로 쇠약해져가는 모습까지 지켜본 후로는 이 세상을 떠나는 것에 대한 공포가 그가 살아온 인생에 너무 일찍이 슬픔을 드리웠다. 에머슨은 자신 앞에 놓인 것을 두려워했고, 그래서 생명줄을 간절히 원했다. 이 어둠으로부터 그를 끄집어내줄 깨달음을, 병적인 집착으로 휘감긴 수의를 벗겨줄 깨달음을 간절히 바랐다.

　1832년 3월 29일 몹시 추운 아침, 에머슨은 아무것도 할 수 없게 만드는 자신의 비통함을 떨쳐낼 충격적인 계획을 떠올리고는 마운트오번공원묘지로 향했다. 그의 계획이란 엘렌의 관을 열고 자신의 두 눈으로 직접 엘렌의 죽은 몸을 마주하는 것이었다. 자신이 가진 최악의 두려움을 마주할 수 있다면, 어쩌면 그는 거대한 성엣장 같은 절망에 균열을 만들고, 그녀가 없는 자신의 삶을 살아갈 수 있을지도 모를 일이었다. 눈 덮인 길을 따라 천천히 걸어가며 여명을 바라보는 에머슨, 축 처진 어깨와 야윈 몸, 커다란 키에 잘생긴 남자, 덥수룩한 검은 머리와 쭉 뻗은 길쭉한 목을 상상한다. 잘 맞지 않는 오버코트는 그의 마른 다리를 좀처럼 덮어주지 못했고, 그의 독수리 같은 얼굴 위로 드러난 맹렬함 속에서 그의 담청색 눈은 땅에 고정되어 있었다. 그는 아마도 불교의 수행 중 하나로 수도승들과 여승들이 죽음의 공포를 극복하기 위해 납골당에 들어가 해골과 뼈를 주위에 두고 명상 훈련을 했던 마라나사티(maranasati, 죽음의 명상)를 잘 알고 있었을 것이다. 그 추운 겨울날 아침, 묘지로 발걸음을 바삐 옮기면서 에머슨은 엘렌의 시체를 두고 그와 같은 것을 하고자 염원했던 것이다.

그다음에 정확히 무슨 일이 벌어졌는지 우리로서는 알 길이 없다. 에머슨이 남긴 그날의 일기("나는 오늘 엘렌의 무덤에 가서 관을 열었다")는 이례적으로 모호하지만, 무덤을 방문했던 경험은 절대적이었고, 그의 인생을 송두리째 바꾸는 결과를 낳았다. 몇 달이 되지 않아 그는 보스턴 제2교회에서 맡았던 좋은 자리를 내려놓고, 그의 첫 에세이집 집필을 시작했으며, 유럽으로의 항햇길에 올랐다. 엘렌의 시체를 맞닥뜨리고 난 후에 경험한 해방으로 그는 놀라운 삶의 환희, 그의 전유물이 된 어마어마한 낙관주의로 가득 차게 되었다. 에머슨의 전기를 쓴 로버트 리처드슨Robert Richardson의 말에 따르면, 긴 삶에 일어났던 셀 수 없이 많은 비극적인 사건들에도 불구하고 에머슨은 "우리가 등한시하기 쉬운 축복받은 매일의 나날이 주는 깨달음"을 결코 당연한 듯이 받아들이지 않겠다고 결심했다고 한다.[2]

스토아 철학자들처럼 에머슨도 사람이 두려워하는 대상보다 두려움 그 자체가 더 부정적인 영향을 끼친다는 것을 믿게 되었다. 두려움에 대한 우리의 반응이 두렵게 만드는 그 상황보다 우리의 전반적인 건강을 더 크게 손상시킨다. 두려움에 대해 의문을 갖는다면 비합리적일 정도로 두려움을 느끼고 거기에 사로잡히는 경향을 줄일 수 있다. 실제 상황이 우리의 상상이 제공하는 이미지만큼 치명적인 경우는 드물다. 우리가 우리 마음의 파수꾼, 심리적인 문지기가 되어 불청객으로부터 우리 자신을 보호한다면 두려움은 더 이상 무대를 장악할 수 없다. 우리는 더 이상 여러 협잡꾼을 집에 들인 겁쟁이 집주인처럼 행동하지 않게 된다. 침입으로부터 우리의 정신을 보호하는 법을 배우고, 두려움에 맞서고, 그것을 이해함으로써 그 두려움의 힘을 무력화하는 법을 배운다. 에머슨은 우리의 이해력이 공포에 맞서는 가장 위대한 무기라고 이야기했다. "우리 앞에 놓인 문제에서 가장 중요한 것은 용기다." 두려움은 갑자기 사라지지 않는다. 하지만 두려움의 노예가 되기보다는 질문을 할 수 있어야 한다. 두려움의 내용을 샅샅이 살피는 것이 용기를 키우는 방법이다. 두려움은 사라지지 않지만 두려움과 우리의 관계가 변하는 것이다. **두려움이 솟아오를 때 두려움이 두려움일 수 있게, 그 불편함에 자리를 내어주면 우리의 생각을 틀어쥐고 흔드는 두려움을 약화시킬 수 있다.**

이것은 우리가 매일 같이 맞닥뜨리는 어려움이다. 우리에게 벌어질 수 있는 온갖 지독한 경우의 수를 상상하면서 얼어붙을 것인가, 아니면 두려움에도 불구하고 앞으로 나아갈 한 걸음을 뗄 것인가. 이 불가피한 결정을 증폭시킬 수 있는 것이 바로

'위기'다. 에머슨은 인생을 다시 생각하고, 교회에서 하던 역할을 그만두고, 예술가로서 파격적인 언행을 일삼고, 다른 사람들의 인정을 원하는 마음을 싹둑 잘라내버리도록 추동할 만큼 자신을 그토록 강하게 산산조각 낼 수 있었던 것은 엘렌의 죽음이라는 거대한 불행 외에는 없었을 것임을 알았다. 큰 위기가 닥치면 미래에 대한 기대가 폭발한다. 당신은 더 이상 진리로부터 숨을 수 없으며, 반복되는 무료한 일상에 마음을 뺏길 수 없다. 위험한 지식으로부터 스스로를 보호하기 위해 쌓아올린 구조물, 당신의 토대가 되어준다고 생각했던 그 구조물이 무너지고, 그 잔해 속에서 당신은 절대적인 안전이란 늘 허구에 불과했음을 깨닫게 될 것이다. 쌓아올린 방어벽을 더 내려놓을수록 우리는 더 명쾌하고, 더 개방적이며, 더 대범해질 가능성이 크다. 17세기 일본의 시인 미즈타 마사히데는 이렇게 읊었다.

헛간이 불에 타
막힘이 없어지니
달이 보이네[3]

에머슨은 잿더미 뒤에 남은 자유를 즐기기 위해 정기적으로 우리가 가진 감정의 헛간을 불태워야 한다고 제안했다. 우리 앞에 놓인 난관을 명료한 시각으로 볼 때, 우리는 그것을 극복할 힘이 우리 안에 있음을 발견하게 될 것이다.

감내할 수 있는
과업

에머슨은 우리에게 말한다. "지식은 두려움을 이길 해독제다." 당면한 과제를 해결하기에는 내 준비가 미흡하다는 느낌이 들면 두려움은 빠르게 커진다. 에머슨은 이 점을 수업에서 어려움을 겪는 한 아이에 대한 예화로 설명한다.

산수 문제 때문에 선생님 앞에서 잔뜩 기죽어 있는 아이가 있다. 옆에 앉은 친구는 벌써 다 끝냈는데, 자신은 문제를 풀기 위한 가장 간단한 단계조차 시작하지 못했기 때문이다. 일단 마주한다면, 이 아이는 아르키메데스처럼 멋지게, 그리고 힘차게 한발 더 나아갈 수 있다.

지식은 미숙한 아이도 두려움을 넘어설 수 있게 한다. 그러나 두려움은 지극히 개인적인 것이라 객관적으로 측정될 수 없다. 에머슨은 "계단, 난로, 욕조, 고양이는, 군인들이 대포나 매복을 두려워하는 것처럼, 아이들에게 두려움의 대상이 된다"고 했다. 지식은 "마음에서 두려움을 앗아가는 격려자"다. 우리는 우리가 스스로 강하다고 말하는 만큼 강해진다. ("정복할 수 있다고 믿는 자만이 정복할 수 있다.") 한 사람의 고유한 용기가 복합적인 면모를 띠는 것은 성격에 기인한다. 용기는 그 사람을 세

165

상에 둘도 없는 인간으로 만들어주는 타고난 성격과 양육 환경
에서 생겨난다. "진정으로 강해지기 위해서는 오직 자신만의 방
법을 고수해야 한다. 다른 사람의 용기를 따라 하려고 시도해서
는 안 된다." 용기는 어떤 모습을 하든 하나가 다른 하나보다 우
월하거나 열등하지 않다. "호랑이의 용기도 용기요, 말의 용기도
용기다." 또한 용기란 상황에 따라 우리를 울부짖게 할 수도, 흐
느끼게 할 수도 있다. 에머슨은 우리에게 상기한다. "싸우기 싫
어하는 개도 자신의 주인을 위해서는 싸운다."

> 당신이 달래면 짐을 지고 갈 라마도 매질을 하면 먹기를 거
> 부하고 죽을 것이다. 사적인 모임에서 갖출 용기의 예가 있
> 고, 공적인 모임에서 갖출 용기의 예가 있다. 누군가는 적대
> 적인 무리 앞에서도 능수능란하게 말재간을 펼칠 수 있는
> 용기를 갖고 있지만, 대포 앞에서도 당당하게 맞설 용기를
> 지닌 다른 누군가는 입도 뻥긋 못 할 수 있다.

참전용사 출신 소방관 마이클 워싱턴은 용기에 다양한 모
습이 있음을 전형적으로 보여준다.[4] 180센티미터 장신에 미식
축구 수비수 같은 몸집을 가진 마이클은 불타는 건물에 갇힌 나
를 구하기 위해 가장 먼저 문을 부수고 나타날 것 같은 그런 사
람이다. 소방관이 되기 전에 그는 해병대로 이라크와 아프가니
스탄에 네 차례 파병을 다녀왔다. 캘리포니아 작은 마을에서 소

방관으로 근무하는 마이클은 산불, 깔려 죽을지도 모를 산사태의 진흙더미, 그 외 다양한 자연재해 속에서도 자신이 용기의 귀감임을 몸소 보여주었다. 절체절명의 상황 속에서 그는 자신감의 화신이었다. 그는 인터뷰에서 이렇게 말했다. "소방관으로서, 공권력 집행인으로서, 또 군인으로서 강인함을 늘 보여주려고 합니다." 그러나 외부에서 벌어지는 전투에 너무 집중한 나머지, 그는 자신의 내면에서 벌어지는 전쟁에는 주의를 기울이지 못했다. 그는 외상후스트레스장애 징후들을 무시했고, 성적인 학대 및 가족의 폭력에 대한 기억도 무시했다. 그는 자신의 불안을 따로 떼어 영웅의 가면 아래로 밀어 넣었다. 아들이 아프가니스탄 작전에서 전사했을 때도 감정을 표현할 수 없었다. 마이클은 자신의 어려움에 술과 위험한 행동을 처방했다. 그는 말했다. "누군가에게 이야기를 하고 싶었어요. 빠르게 나락으로 떨어지고 있었습니다."

마이클과 함께 전쟁에 참전했던 친구들이 그를 그렇게 버려두지 않은 것은 큰 다행이었다. 그는 친구들 덕분에 치료를 받고, 술을 끊고, 목숨을 걸고 불필요한 위험을 감수하는 행동을 그만둘 수 있었다. (위험한 작전이 있을 때마다 그는 가장 첫 번째로 자원하는 사람이었다.) 자기 자신을 돌아보는 힘든 과정을 겪은 후에야 다른 소방관들도 안전하게 일하고, 필요할 때는 도움을 요청할 수 있도록 격려하기 위해 자신의 이야기를 동료들에게 들려줘야 한다는 사실을 깨달았다.

마이클은 용기란 하나의 거대한 덩어리가 아니라는 것을 배웠다. 그는 겁에 질렸지만 동시에 용감했고, 강했지만 동시에 무력했으며, 연약했으나 동시에 전능했다. 우리는 두려움이 승리하게 두어선 안 된다. 우리가 가진 반등의 힘은 매우 놀랍다. 그 능력이 너무 놀라워서 기이할 정도다. 자연은 "스스로 보호할 수 없는 것은 보호받을 수도 없다고 결정했으며" 또한 "신은 자신의 작품이 겁쟁이처럼 보이게 하지 않을 것"이라고 에머슨은 주장했다. 메리 고모의 가르침은 귀했다. "항상, 항상, 항상, 항상, 항상 하기 두려운 일을 하렴." 소심한 조카에게 그녀는 늘 용기를 북돋아주었다.[5]

건강한 정신은 스스로가 가진 힘을 잊지 않고 위험을 인내하며, 자신의 회복력에 대한 믿음을 잃지 않고 인간의 비인도적 행위를 받아들인다. 사실, 악의 존재를 인정하면 그것이 예방 주사의 역할을 해서 극심한 두려움과 무력함에 시달리지 않을 수 있다. 심지어 "인간성의 빛이라곤 찾아볼 수 없는 사람들, 가족을 살해하고 어머니를 죽인 자들, 어떤 도덕적 괴물에게도 건강한 정신은 방해받지 않는다." 오히려 우리는 "우리를 공격하는 에너지만큼 강해지는 인내심"을 갖게 된다. 에머슨은 범법자나 무서운 생명체들도 우주에서 반드시 필요한 제 역할을 한다고 주장했다. 그는 이렇게 썼다. "늑대, 뱀, 악어도 자연과 불화하지 않는다. 검시관, 시체 청소부, 그리고 개척자만큼이나 자연이 필요로 하는 것들이다."

괴물 같은 인간들을 다루고 그들에게 부여된 비천한 기능을 간파하기 위해, 그리고 천천히 발전하는 이 행성이 그들을 어떻게 필요로 하며, 또 어떻게 멸할지 예견하기 위해, 우리는 반드시 자연의 광대한 품을 이해해야 한다.

이러한 해악이 사회적 구성의 일부라는 에머슨의 믿음을 상황과 타협하려는 것으로 오해해서는 안 된다. 에머슨은 "자연적"인 것이라는 이유만으로 이 그릇된 행동에 변명의 여지를 주려는 것이 아니다. **우리의 임무는 악에게 파괴당하지 않고 그것과 공생하는 것, 그리고 우리가 깨어 두려움에 다가갈 때 두려움은 우리를 이길 수 없다는 것을 기억하는 것이다.** 그리고 이 임무를 실천하는 인간 행동의 스펙트럼은 크게 보면 우리 내면에도 존재한다는 것을 받아들이는 데도 도움을 준다. 로마의 스토아 철학자 호라티우스의 말을 빌려 설명하면 "인간의 그 어떤 면도 낯선 것이 없다."[6] 우리도 악의 씨앗을 갖고 있다는 것을 알면, 타인에 대한 우리의 공포를 더 악화시키는 방어벽을 치울 수 있다.

911 테러 이후, 나는 이 깨달음을 얻은 내 이웃의 삶이 변화하는 것을 목도했다. 우리는 세계무역센터에서 북쪽으로 몇 블록 떨어지지 않은 곳에 살고 있었고, 그 끔찍한 날 아침에 재를 뒤집어쓴 생존자들이 우리가 사는 곳을 지나 시내 방향으로 터벅터벅 걸어가는 것을 함께 목격했다. 그때까지 특권층의 안온

한 삶을 누리며 살아왔던 이 사랑스러운 여성은 생경한 비극에 유독 크나큰 충격을 받았다. 그녀는 다른 사람들처럼 다시 삶으로 돌아가지 못했다. 그녀를 짓누른 공포가 그녀를 놔주지 않는 것 같았다. 그녀는 누가 봐도 충격에 빠진 모습으로 난생처음 죽음과 악이 바로 옆집에 살고 있는 것처럼 느껴진다고 나에게 말했다. 그런 거대한 증오는 본 적이 없었다고, 믿기지 않는다는 듯 이야기를 이어갔다. 그리고, 이것은 놀라우면서도 불쾌한 발견이었는데, 자기 자신이 살인을 원하게 될 수도 있다는 것을 결코 알지 못했다고 말했다. 그때까지 자신의 그늘에 숨은 이러한 부분을 무시해왔던 그녀로서는 자신에게 찾아온 공포를 다룰 재간이 없었던 것이다. (그녀는 그런 것이 자신 안에 있으리라고 생각지도 못했다.) 공포라는 매듭 속으로 그녀를 밀어 넣은 것은 다름 아닌 자신에게 내재된 악함에 대한 무지였다. 그녀에게는 이 사건이 삶의 근본 규칙을 바꾸는 사건이었고, 그렇게 그녀는 존재적으로 불확실한 상태에 빠지게 되었다. 만일 그녀가 이 사건이 일어나기 전에 (그녀는 예순다섯 살이었다) 자신을 들여다보고, 그녀가 살고 있는 보드라운 거품 바깥에 무엇이 있는지 배웠더라면, 아마도 인간의 잔혹함이란 새로울 것이 없음을 알고 지금보다는 더 준비된 상태로 현재의 참사를 맞았을지도 모른다.

다시 말하지만, 우리 인간은 너무나도 쉽게 겉모습에 속아 넘어가기 때문에 공포는 반드시 면밀한 검토를 거쳐야 한다.

눈은 쉽게 겁을 먹는다. 병사의 총검이 당신에게 닿기도 전에 북소리, 깃발, 빛나는 투구, 그의 턱수염과 콧수염에 당신은 이미 정복당했다.

겁이 난 마음은 불완전한 정보를 바탕으로 틀린 추정을 하게 된다. 스스로를 보호하기 위해 상상력을 활용해 공포의 내러티브를 만든다. 에머슨은 우리가 두려움에 맞설 때 사실상 상상이 골칫거리가 될 가능성이 크다고 이야기했다. 그는 "상상력이 없는 사람은 두려움도 없다"고 믿었다. "그들은 실제로 고통을 느낄 때까지 기다린다. 반대로 더 감성적인 사람들은 이것을 예상하고, 실제로 고통을 당할 때보다 더 극심하게 고통에 대한 공포로 괴로워한다." 위험을 과장하면 실제로 자신이 가진 능력치보다 스스로를 과소평가하게 되고 그것이 사실이라고 믿게 되기 때문에 문제를 해결하겠다는 의지를 약화시킨다. 남자다움을 과시하는 허세처럼 이런 경향과 정반대인 태도도 그것대로 또 다른 종류의 위험을 초래한다. 그런 허세는 극단적인 상황에서 치명적인 위험을 초래할 수 있다는 것을 안 에머슨은 이렇게 썼다. "진정한 용기는 과시하지 않는다." 에머슨과 동시대를 살았던 존 브라운John Brown 대령은 두려운 것이 없는 척하는 병사들을 선발하지 않으려 주의했다.

"눈에 띄기만 해 봐, 내가 때려눕혀 줄 테니까." 이렇게 말하는 병사가 있다면, 나는 그에게 기대감을 거둘 것이다. 전장에서 최고의 병사는 조용하고, 평화적인 병사, 도덕적인 원칙이 있는 병사다.[7]

전장에 대한 지식이 풍부한 노련한 병사는 위험을 경시하거나 과장하지 않는다. 그들은 허세로 자신을 부풀리기보다 경험과 전략, 기술로 무장해 단단하게 자리 잡은 공포를 이겨낸다. 성공할 수 있는 가장 큰 기회는 위험을 현실적으로 측정했을 때 온다. 위협을 측정할 수 없거나 예상할 수조차 없이 너무 압도적일 때, 두려움은 만성이 되거나 관리하기 어려운 것이 되기 쉽다.

높은 불안

인간이라는 존재는 항상 두려움에 떨어왔지만, 불안감과 두려움을 초래하는 원인은 에머슨이 살았던 시기 이후로 수백 배 증가했다. 불안의 손아귀에서 사회는 심리적으로, 또한 영적으로 퇴행한다. 에머슨은 우리에게 말한다. "공포, 광기, 악의"가 장악한 사회에서는 그것이 "대중의 의견을 완전히 왜곡시키고, 사회를 엉망으로 만든다." 사회과학적 연구에 따르면 공포의 지배를 받는 시스템 안에서는 보수적인 믿음이 양산되고 권력 집단이 대중들을 이용하기가 훨씬 쉬워진다. 팬데믹 기간에 여러 광범

위한 이슈에 관한 관용의 수준이 급격하게 떨어졌다. 미국의 경우 이민, 성적 자유, 인종적 평등 같은 문제에 관한 정책이 눈에 띄게 퇴행했다.[8] 우리의 두려움이 커지면 커질수록 우리의 태도는 점점 더 원시적으로 변해서 자유주의는 보수주의 방향으로 변하고, 독립은 순응으로, 교화는 처벌로, 개방적인 태도는 무리 짓는 행동으로, 개인적인 선택은 다수의 규칙으로 변한다. 증오 범죄, 총기 범죄, 뉴스 조작, 보수적인 법 제정이 증가하고 시민의 자유가 전반적으로 하락하는 것은 공포와 사회적 퇴행 사이에 분명한 상관관계가 있음을 보여주는 증거다.[9]

위험한 시기에 자유가 억압되는 데는 확고한 생물학적 이유가 있다. 우리는 태어날 때부터 일종의 행동면역계behavioral immune system를 가지고 태어난다. 행동면역계는 마치 신체의 면역계가 체내에 침입한 병균과 싸우기 위해 항체를 만들 듯 위험과 싸우기 위해 공포와 순응을 사용하는 시스템이다. 우리의 공동체적 생존과 개인적 생존을 위협하는 충격이 왔을 때, 최전선에서 그것에 대항해 싸우는 것이 바로 행동면역계다. 일부 자가면역질환에서 신체의 방어 반응을 지나치게 자극해 신체를 보호하는 기제가 오히려 그 신체를 공격하게 되듯, 행동면역계도 사회적 두려움이 높아지면 도리어 우리 자신에게 해를 입힌다. 이 시스템이 활성화되면 우리와 타자에 대한 신뢰, 권력에 대항해 진실을 말하려는 의지가 약화된다.

행동면역계를 연구해온 덴마크의 심리학자 레네 아로이

Lene Aarøe는 "나중에 후회하느니 지금 조심하는 게 낫다"는 식의 논리는 우리가 실제로 위험에 빠졌든 아니든, 크게 상관없는 자극에도 선제적으로 공포 반응을 일으킬 가능성이 있다고 말한다.[10] 이러한 자동적인 반응은 곧잘 눈앞에 놓인 위협과는 아무런 관련이 없는 문제에 관한 우리의 의사결정에도 영향을 끼친다. 우리의 원시 조상들은 그들에게 닥칠 구체적인 위협에 대한 이해가 전혀 없었기 때문에 이러한 과도한 반응은 대체로 치밀하지 못했고, 불필요하게 파괴적이었다. 레네 아로이는 "오늘날에는 진화된 정신(자기방어적으로 굳어버린 뇌)이 근대 사회의 다문화주의와 민족적 다양성을 만날 때 관련 없는 징후에 관한 잘못된 해석이 발생한다"고 설명한다. 즉, 우리는 구석기 시대에 생겨나 굳어진 시스템으로 작금의 세계를 살며 발생하는 공포에 대처하고 있는 것이다.

에머슨이 관찰한 대로 "번듯한 가발을 쓴 왕궁의 대신들에게도 마치 백곰 같은 무례하고 원시적인 짐승의 천성이 존재한다." 이러한 짐승의 천성은 대개 비이성적이고 원시적이다. 또한 아직 벌어지지 않은 일에 대한 두려움으로 심신이 약화되는 외상전스트레스장애pre-traumatic stress disorder를 촉발하기도 한다. 과도한 경계심, 집단적 사고, 우리의 본능적인 반응을 넘어설 수 있는 능력의 결핍, 이 모든 것이 자기인식을 방해하며 사회를 가장 낮은 수준으로 끌어내린다.

행동면역계가 활성화되면 우리는 무의식적인 공포의 조종

에 더 쉽게 농락당하게 되고, 그에 따라 전혀 말이 되지 않는 방식으로 상황에 반응하게 된다. 레네 아로이는 한 연구에서 통제 그룹을 두 개로 나눴다. 실험 대상자 중 절반은 그녀가 지정한 방 안에 들어가 어디든 본인들이 서고 싶은 곳에 서 있게 했고, 나머지 절반에게는 손소독제 옆에 서라고 안내했다. 연구 결과는 놀라웠다. 손소독제 근처에 서야 했던 사람들은 자신이 서 있을 위치를 직접 선택했던 그룹의 사람들에 비해 더 심한 편견과 더 보수적인 시각을 드러냈다. 또한 관습을 따르지 않는 행동에 대해 점점 더 도덕주의적인 태도를 취했다. 레네 아로이는 이들을 따로 불러 여러 가지 시나리오, 이를테면 할머니 방 침대에서 섹스를 한다거나, 애착 인형을 손에 들고 자위행위를 한다거나, 부정한 일에 가담하는 것 등에 대해서 어떻게 생각하는지 물었다. 부도덕하나 피해자가 전혀 발생하지 않음에도 불구하고 손소독제에 가까이 서 있던 사람들 대부분이 매우 강경하게 반응했다.

이러한 반응을 설명하기 위해 심리학자들이 도덕적 말막힘moral dumbfounding이라는 용어를 발명해내기 한 세기 전에, 이미 에머슨은 정제되지 않은 날것의 감정을 진실이라고 오해하는 것이 우리의 정신 건강에 몹시 좋지 않다고 경고했다. 감정은 자주 바뀌며 근본적으로 편향적이다. 잘못된 것처럼 느껴지는데 왜 그것이 잘못인지 설명할 수는 없는 것들에 관해 전혀 변명의 여지를 두지 않는 도덕적 판단을 고수하는 우리의 자동반사적 습성은 윤리적 덫이다. 인종차별, 성차별, 그리고 우리의 두려움을 증가시키는 무분별한 판단은 이 도덕적 말막힘의 든든한 뒷받침을 받고 있다. 다행히도 행동면역계가 작동하는 방식을 이해하고 나면 사람과 상황에 대한 즉각적이고 생각 없는 판단을 잘 예견할 수 있게 된다. 이런 연유로 결코 이야기 전체를 설명해주지 못하는 우리의 반사적인 반응에 의문을 제기하는 것은 매우 중요하다. 에머슨은 다음과 같이 평했다.

한 결연한 젊은이가 세상의 수많은 불한당에게 맞서 대담하게 그의 수염을 잡아당길 때, 그것이 쉽게 떼어내진다는 것에 그는 놀랄 것이다. 그 수염이란 그저 소심한 모험가들을 겁박해 쫓아낼 용도로 묶여 있었던 것뿐이다.[11]

두려움의 수염을 잡아뗄 힘은 실제로 우리에게 해를 입힐 힘이 없는 상황에 과잉 반응하는 것을 멈추려 노력하며, 자신의 마음을 돌아보는 데서 나온다. 지식이 많아지면 우리는 성장하게 된다. 그러나 그뿐만 아니라 두려움과 불안도 줄일 수 있다.

자유의 두려움

가슴 아프게도 에머슨 그 스스로가 영웅과 겁쟁이, 혁명가와 은둔자가 뒤섞인 사람이었고, 비순응을 지지했지만 한편으로는 엄격한 습관에 뿌리내린 부르주아지로 평생을 산 사람이기도 했다. 그는 자신이 갖고 있는 자유에 대한 두려움, 그리고 그 두려움과 공존하고 있는 자기해방에 대한 욕망을 모두 인지하고 있었다.

한 인간의 마음을 들여다보고 우리가 얼마나 자유로운지 확인하는 것은 얼마나 끔찍한 일인가. 사람들이 존경하는 이 회칠한 담 아래로 우리의 무수한 악덕이 흐른다니 이 얼마나 끔찍한 일인가. 동료들 사이에서, 처음 보는 사람들 사이에서, 밖으로는 반드시 반듯한 모습을 유지해야 한다. 당신이 하지 못할 수백 가지 일들에 대해. 그러나 내면에서는, 이 끔찍한 자유를 한탄한다.[12]

자유를 두려워하는 것은 인간으로 존재하기에 가질 수밖에 없는 것이다. 프랑스 철학자 장 폴 사르트르Jean Paul Sartre는 이 거대하고, 비인격적이며, 혼란스러운 세상에서 우리에게 얼마나 많은 선택지가 주어져 있는지 '구토la nausée'가 날 정도라고 묘사했다. 정신분석학자 빌헬름 라이히Wilhelm Reich는 이를 다음과 같이 설명했다.

만일 우리가 자유의 뜻을 다른 그 무엇보다도 개인이 각자 개인적, 직업적, 사회적 존재를 합리적인 방식으로 형성해

가야 하는 의무라고 여긴다면, 우린 이렇게 말할 수 있을 것이다. 자유에 대한 두려움보다 더 두려운 것은 이 세상에 없다.[13]

우리가 자유를 마주할 때 느끼는 공포는 우리 스스로를 양처럼 생각하게 만든다. 자신의 울타리 내에서 자신을 정의 내리고, 복종이라는 목발을 짚고 거기에만 의존하려고 하게 되는 것이다.

프레더릭 더글러스Frederick Douglass가 1844년 봄 콩코드에서 에머슨의 연설을 처음 들었을 때, 그는 55세의 노예폐지론자이자 설교가였다. 아버지는 백인이었지만 날 때부터 노예였던 프레더릭 더글러스는 볼티모어의 조선소를 탈출해 펜실베이니아로 밀항했고, 그곳에서 이름을 바꾸고 결혼을 하고 설교자 면허증을 취득한 후 자유인으로 살고 있었다. 그러던 어느 날, 에머슨이 노예로 살았던 흑인들의 영적인 삶에 대해 이야기하는 것(이때 에머슨은 '노예제 반대anti-slave'라는 특정한 용어를 사용했다)을 듣게 되었고, 더글러스는 외형적 자유를 향한 자신의 추동이 그의 내면에 채워진 족쇄까지 풀지는 못했음을 깨달았다. 에머슨은 미국에 사는 흑인들에게는 심리적 해방이 반드시 필요하며, 만일 그들이 노예제 반대론자로 목소리를 내고 싶다면 자신들에게 있는 자유를 두려워하는 마음과 정면으로 부딪칠 필요가 있다고 강변했다. 에머슨은 1844년 '영국령 서인도제도에서의 흑인 해방' 강의에서 반드시 자유를 얻고 그것을 지켜내겠다는 단호한 결의가 없다면, 그들은 영원히 노예로 남게 되리라고 말했다.

프레더릭 더글러스는 이 도전을 가슴 깊이 새겼고 이후 강연이 그에게 남긴 충격에 응답했다. 그는 "주저하며" 진실의 "가혹한 십자가"를 어깨에 짊어지고, 에머슨이 전한 메시지의 진실성을 받아들였다. 더글러스는 이렇게 썼다. "사실 나는 나 자신을 노예라 느꼈다. 그리고 백인에게 말을 한다고 생각하면, 내게는 그것이 너무 무거운 짐처럼 느껴진다." 그는 결국 이 변화를 계기로 노예제 폐지론자가 되었고, 이것이 그에게는 일종의 부활이 되었다.

긴 시간 짓이겨진 나의 영혼이 솟아오른다. 비겁함은 떠나고, 용감한 저항이 그 자리를 차지했다. 이제 나는 결심했다. 내가 얼마나 노예라는 틀 속에 남아 있든, 내가 정말 노예였던 시간은 이제 영원히 지나갔다. 나에게 채찍을 휘두르려 했던 그 백인 남자는 나를 죽이는 것도 성공해야 함을 나는 주저하지 않고 나 자신에게 알려준다.[14]

노예로 살았던 사람의 경험을 지금의 우리가 마주한 어려움에 비교하는 것은 잘못된 일이다. 그러나 모든 개인은, 그가 만일 자유를 계속 갖고자 한다면, 자신의 자유를 반드시 장악해야 한다는 것 또한 이론의 여지가 없는 진실이다. 그리고 이것은 스스로를 폄하하는 믿음을 던져버리고, 이 세상 어떤 누구도 자신을 통제할 수 없다는 것을 인식하고, 그 인식을 강화해나가야 한다는 뜻이다. 자유에 대한 이러한 저항감은 알아채기 어려운 일일 수 있다. 우리의 결코 흔들리지 않는 특권에 대한 대중적 믿음이 이 사실을 감추고 있기 때문이다. 그러나 자유는 누구도 빼앗아 갈 수 없는 우리의 권리라는 믿음 저변에서, 우리는 물질의 편안함에 수동적인 상태가 되어 영적, 지성적 측면에서 전혀 눈치채지 못한 채 조용히 노예의 상태로 남아 있다. 에머슨은 이런 도취감, 단지 조금 더 편한 새장에 갇혔을 뿐인데 우리는 자유롭다고 스스로를 기꺼이 설득하려는 이 의지를 경계했다. 여타의 것들이 발하는 광채를 자기신뢰가 주는 금이라고 착각해서는 안 된다고 에머슨은 경고한다. 풀어 설명하면, 우리가 변화할 수 없게 매여 있다는 것, 수치에 지배당하고 있다는 것, 비겁하다는 것을 인정하라는 뜻이다. 우리가 가진 고유의 힘을 두려워하고, 목소리를 내는 것을 두려워하고 있음을 인정하라는 뜻이다. 에머슨은 연약함은 두려울 수 있고, 알려지는 것만큼 두려운 것이 또 없다는 사실을 알고 있었다. 자유로 향하는 길에서 친밀함이 분수령이 될 수도 있으나, 그것을 넘기가 늘 쉬운 일은 아니다. 특히 사랑, 그리고 타인을 우리 마음속에 들여놓는 일이라면 더욱 그러할 것이다.

요약

두려움은 회피하고 부정할수록 더욱 극심해진다. 당신에게 가장 큰 불편감을 초래하는 것들을 면밀히 살펴야 두려움이 완화될 수 있다. 두려움은 어둠 속에서 빠르게 증식하므로 더욱 주목해 밝은 빛에 노출시켜야 한다. 당신이 가진 두려움의 근원을 물어물어 찾아가면 두 가지 일이 벌어질 것이다. 첫째, 두려움 그 자체가 감소된다. 둘째, 두려움의 실제 원인이 당신이 그럴 것이라고 믿었던 것과 다른 경우를 종종 발견하게 될 것이다. 당신의 두려움과 그 두려움의 배경이 되는 이야기를 구체적으로 알고 있다면, 이제 당신은 지식을 탑재한 것이다. 이 지식이 바로 두려움을 물리치는 최고의 해독제다. 당신이 당면한 문제만큼 당신이 강하다는 것을, 당신의 두려움보다 당신 자신이 더 크다는 것을 깨닫게 될 것이다. 이 깨달음이 당신에게 용기를 주는데, 용기는 두려움이 없는 상태를 뜻하지 않는다. 두려움이 없다는 것은 두려움의 부재가 아니다. 이것은 두려움은 존재하되 두려움이 당신을 훼방할 수 없게 하는 능력이다. 용기는 주관적인 미덕으로, 당신이 두려울 때 얼마나 많은 불안, 연약함, 그리고 당신에게 맞서오는 힘을 극복했는지에 따라 측정된다. 디스토피아적인 뉴스가 매일같이 쏟아져

나오고 개인과 지구적 생존을 위협하는 일들이 시시각각 벌어지는, 공포가 최고조에 달한 시대에 살고 있는 우리는 반드시 두려움에 대한 경계를 늦추지 말고, 그것이 우리에게 심각한 해를 끼치거나 우리를 지배하지 못하도록 해야 한다. 당신의 부정적인 편견, 당신의 두려움과 가장 끔찍한 예견을 있는 그대로 받아들이는 경향에 세심하게 주의를 기울이라. 그렇지 않으면 이것들은 매우 쉽게 그 가능성을 실현한다. 또한, 당신 자신의 자유를 두려워하는 마음, 자유에 따르는 책임감을 두려워하는 마음에도 주의를 기울이라. 여기에는 당신의 마음을 사랑으로 열 것인지, 다른 사람들에게 당신 자신을 친밀히 열어 내어줄 것인지가 포함된다. 이것은 세상 그 무엇보다도 가장 두려운 결정이 될 수 있을 것이다.

친밀함
사랑은 자연 최고의 걸작이다

+++

당신이 손에 쥐고 주지 못하는 사랑이 당신이 짊어진 고통이다.

살에 박힌 가시

에머슨이 가진 비극적인 결함은 감정적인 친밀함을 두려워한다
는 점이었다. 그는 깊은 유대감을 간절히 원했으나 동시에 밀어
냈고, 자신의 냉담한 천성과 맹렬하게 질주하는 감정 사이에서
괴로워했다. 자신의 고질적인 냉담함을 스스로 호되게 질책하
면서도 내면은 열정으로 불타올랐다. 일기장에 불만을 토로하
기도 했다. "나에게는 비둘기 같은 친절한 애정이 없다."[1]

그럼에도 여전히 그는 사랑의 우월함에 대해 열광적으로
써내려갔다. 그는 우정에 관한 자신의 에세이에서 이렇게 적었

다. "모든 자연과 모든 생각이 그저 껍데기가 되더라도, 형제의 영혼과의 연합으로 얻는 즐거움과 평화, 그것의 달콤한 진실함은 과연 알맹이다." 간혹 에머슨의 친구들은 그의 냉담함을 감정의 결여로 오해하는 경우가 있었지만, 그것은 사실과 매우 달랐다. 에머슨의 이웃이었던 진보적 교육가 브론슨 알코트Bronson Alcott는 에머슨을 "심장보다는 눈, 영혼보다는 지성"[2]이라 묘사한 적이 있다. 전해지는 이야기에 따르면, 길에서 에머슨을 보기란 죽마竹馬를 탄 남자를 만나는 것처럼 어렵다고 말한 또 다른 이웃도 있었다. 이러한 비난들은 매우 그릇된 것이었다. 실제로 에머슨은 애써 어른처럼 보이느라 고군분투하며 어찌할 줄 모르는 청소년처럼 지적으로도, 낭만적으로도 과도하게 자극을 받는 사람이었다.

　이러한 불일치가 에머슨과 다른 사람들과의 정서적 괴리감을 발생시켰다. 슬프게도 때로 그의 가족들조차 이러한 괴리감을 느꼈다. 에머슨은 고백한다. "내가 우리 집에서 보는 대부분의 사람들은 바다 건너에 있다. 나는 그들에게 갈 수 없고, 그들도 나에게 올 수 없다."[3] 이러한 멀어짐이 그에게는 큰 고통이었다. 그는 자신의 일기에 이렇게 썼다. "움츠러들고, 또 움츠러들지 않고서는 나는 나의 어린 시절의 그 어느 곳으로도, 예전에 맺었던 관계 그 어디로도 돌아갈 수가 없다는 것이 참 이상하다." 그가 가장 사랑했던 이들("엘렌 말고, 에드워드 말고, 찰스 말고") 중 그를 완전히 이해해주는 사람이 단 한 명도 없었다는 것에 에머슨은 끔찍할 정도로 고통스러워했다. "만일 나의 형제들이 (그의 진지하고 지루한 겉모습이 아닌) 나의 온 마음을 읽을 수 있었더라면, 겉으로 드러나는 차가움과 조심스러움을 압도하는 관용을 봤어야 했는데." 그는 "마음뿐만 아니라 겉으로도 그 아량과 고귀함이 드러나는 축복받은 친구들처럼 만들어지지" 않은 자신을 비통해했다. "이것이 고통의 근원이다."[4]

하지만 이 정서적 상처가 에머슨을 작가로, 진리를 쫓는 사람으로, 철학자로 평생을 살게 했다. 만일 그가 그토록 사랑에 실패하지 않았더라면, 마음이라는 수수께끼를 파헤치고자 하는 그의 추동이 이처럼 드넓지 않았을 것이다. 그의 인생에서 만난 한 사람 한 사람이 이뤘던 "순례자의 나아감"은 결국 절실한 필요에 의한 것이었던 셈이다. 그가 친밀함을 얼마나 어려워했는지와는 상관없이 에머슨은 단 한 번도 사랑이 인간 존재의 궁극적 선이라는 것을 의심하지 않았다. 그의 마음에서 사랑과 가슴 아픔이 뒤섞이기 시작한 것은 어머니의 친절한 방치 때문이었다. 남편과 사별하고 매우 힘든 환경에 처해 누구와도 이야기를 나누고 싶지 않았던 루스 에머슨은 마치 피마자 오일처럼 (필요할 때만) 애정을 한 방울씩 떨어뜨렸고, 그것은 그녀의 예민한 둘째 아들을 만족시키기에는 턱없이 부족했다. 어머니의 사랑으로 채워졌어야 했을 그 텅 빈 공간은 그의 아버지와 형제들의 죽음으로 더욱 깊어졌으며, 에머슨의 일평생 동안 결국 채워지지 못했다.

그럼에도 그는 포도 알레르기가 있는 와인 제조 명인처럼 이 쓰디쓴 과일에서 달콤함을 쥐어짜낼 수 있었다. 친밀감에 빠져 헤어나오지 못하는 그는 병에 걸렸다. 그는 극소량의 친밀함에도 큰 타격을 입어서 다음 날 아침이면 비참하게 고통받았다. 하지만 에머슨은 더 깊이 들여마시기를 갈망했다. 그는 에로스적 사랑보다도 동료들과 나누는 영혼을 뒤흔드는 대화를, 마음과 정신의 영적 만남을, 그것이 실현되는 것이 얼마나 드문 일인지와는 상관없이, 간절히 원했다.

왕관과 권위처럼, 진실함은 오직 가장 높은 자에게만 허락된 호화로움이다. 모든 인간은 홀로 있을 때 진실하다. 그러나 두 번째 사람이 들어오는 순간, 위선이 시작된다.

에머슨은 진실하지 못한 것을 매우 고통스럽게 여겼기 때문에 표리부동함에 극도로 예민했다. 사랑에 그만큼의 진실함이 동반되지 않으면 어떤 사랑도 완전무결할 수 없음을 그는 알고 있었다.

진실과 다정함

에머슨은 두 사람 사이의 사랑과 애정을 담을 가장 이상적인 그

롯은 우정이라고 믿었다. "사람과 사람의 사적이고도 다정한 관계는 그가 살며 누리는 황홀한 마법이다." 진실로 서로를 만족시키는 정신의 만남이 없다면 친밀함은 있을 수 없다. 에머슨은 평범한 대화의 따분함을 점점 견딜 수 없어 했고, 하찮은 허영도 참지 못했다. 그런 이유로 그는 사람들과 있을 때 어색해할 때가 많았다. 때로는 창피한 순간에도 웃거나 키득거렸다. 그는 가혹하게 비난했고, 과도하게 찬사를 늘어놓는 경우도 많았다.

플라토닉한 관계든, 로맨틱한 관계든, 그 둘 사이에 있는 관계든, 그것이 무엇이든 사랑이 만발하기 위해서는 지적 친밀감이 반드시 존재해야 한다고 에머슨은 믿었다. 엘렌은 충분히 아름다웠지만, 그녀가 예술가이자 시인이 아니었더라면 그녀를 향한 에머슨의 사랑은 그렇게 강렬하지 못했을 것이다. 리디안과의 두 번째 결혼은 상대적으로 성공적이었는데, 그녀도 에머슨처럼 고독했고 사색을 즐겼기 때문이었다. 비록 리디안은 그들의 "다양하게 표현되는 사랑"이 진실한 친밀감으로 꽃피우길 간절히 바랐지만, 그렇게 될 수 없는 일이었다.[5] 에머슨은 자신의 일기에서 그들의 관계를 "메젠티우스적 결혼"이라 묘사했다. 이것은 로마 신화에 등장하는 잔인한 왕 메젠티우스Mezentius를 암시한 것으로, 메젠티우스는 인간과 시체를 정면으로 마주 묶고 인간이 죽을 때까지 내버려둔 것으로 알려져 있다.[6] 불쌍한 리디안에게는 기회조차 주어지지 않았던 셈이다.

에머슨은 모든 사랑의 형식에 두 가지 요소가 반드시 필요하다고 믿었다. 진실과 다정함. 관계는 무엇보다도 두 당사자가 스스로에게 진실할 때 풍성해질 수 있다. 둘 중 한 사람이라도 자신의 온전함보다 사랑에 대한 열망을 더 높은 곳에 두어서는 안 된다. "진실은 사랑이 가진 애정보다 더 멋진 것이므로" 각 사람은 "그만의 특별함을 지켜"야만 한다고 에머슨은 썼다. 진정한 친구는 "자기 자신이 되기를 단 한 순간도 멈춰서는 안 된다." "친구의 메아리가 되기보다는, 친구에 박힌 쐐기풀"이 되는 편이 훨씬 더 낫다.

높은 수준의 우정이 요구하는 조건이란 그 우정 없이 무언가를 할 수 있는 능력이다. 우정이 커다랗고 강력한 두 천성의 연합, 서로가 서로를 바라보는 연합이 될 수 있게 하라. 두 사람의 다름 그 이면에 있는 각자의 깊이 있는 정체성이 그들을 연합하게 한다는 것을 안다.

가장 친밀한 사랑의 관계에 있더라도 두 사람 사이에 존재하는 침범하지 말아야 할 공간을 존중하는 것은 반드시 필요하다. 에머슨에 따르면, 각 사람은 "단 한 지점에서만 접촉할 수 있는 지구본"이다. 라이너 마리아 릴케는 진정한 사랑에 빠진 두 연인을 "서로를 보호하고 서로 인접하여 서로를 향해 경례하는 두 고독자"라고 표현하며 이 통찰을 시로 승화했다. 릴케는 다음과 같이 풀어 설명했다. "두 사람을 합친다는 것은 불가능한 일이다. 만일 그런 것이 존재하는 것처럼 보인다면, 그것은 옭아 맴이며, 한 사람의, 혹은 두 사람 전부의 가득 찬 자유와 발전을 도둑질하겠다는 상호 간의 합의일 것이다."

하지만 심히 가까운 사람들 사이에도 무한의 거리가 존재한다는 것을 깨닫고 받아들인다면, 서로 나란히 살아가는 놀라운 일이 그들에게 일어날 것이다. 만일 그들이 그들 사이에 놓인 넓은 대지까지 사랑할 수 있다면, 이것은 그들에게 늘 서로를 너른 하늘 아래 온전한 존재로 볼 수 있는 가능성을 줄 것이다.[7]

내향적인 에머슨은 서로 다른 우주적 개체가 그토록 광대한 심리적 벌판을 가로질러 만날 수 있다는 것에 경이로워했다. 그는 고립된 인간은 오로지 주의를 기울임으로써만 서로 이어질 수 있다고 주장했고, 그렇게 기울이는 주의 덕분에 존재론적 외로움을 치유할 수 있는 "자연의 역설"이 발생할 수 있다고 이야기했다.

홀로 존재하는 나는, 자연에서 나의 존재만큼이나 확실하게 존재한다 단언할 수 있는 대상을 단 하나도 찾지 못한 나는, 이제 낯선 형식으로 반복되는 절정, 다양성, 그리고 호기심 속에서 나의 존재와 비슷한 것을 바라보고 있다. 그래서 친구란 자연의 걸작으로 여겨지기가 쉬운 모양이다.

사랑하는 사람의 단점을 감내해야 하는 순간, 친밀함에도 단호한 의지가 필요해진다. 에머슨이 경험을 통해 알고 있었듯, 가장 아끼고, 가장 잘 맞는다고 생각했던 사람도 조만간 당신을 실망시키게 되어 있다. 심지어 "우정의 황금기"에도 "우리는 의심과 불신의 그늘에 놀란다"고 그는 적었다. 자연의 모든 것이 그러하듯, 관계도 오르내림을 반복한다. "사랑이 차올랐다 줄어들고, 또 차오르고 줄어드는 것은 심장의 수축기와 이완기의 반복에 비할 수 있다." 진실한 유대감에는 솔직함과 명쾌함이 필요하다. 에머슨은 "친구를 조심스럽게 대하고 싶지 않다. 오히려 거칠디 거친 용기로 대하고 싶다"고 바랐지만, 그도 이 어려운 과제를 항상 실천하며 살지는 못했다. 또한 깊은 유대감은 하룻밤 사이에 형성되는 것이 아니다. 다른 모든 유기적 과정과 마찬가지로 시간과 헌신이 필요하다. 사랑의 법칙은 "자연과 도덕의 법에 얽매인 것으로, 엄격하며 영원하다." 우정은 그저 클릭 한 번이면 닿을 곳에 있는 것 같고, 필요한 친밀감은 이미 보장되어 있는 것처럼 느껴지는 소셜미디어의 시대에 우리는 이 사실을 자주 잊는다. 에머슨은 우리가 "빠르게 얻을 수 있는 하찮은 이익"을 좇고 사랑이 성숙해질 시간을 주지 않는다고 불평했다.

성숙함은 깊이 있는 대화를 통해서 이뤄지며, 깊이 있는 대화란 사랑의 "실천이자 완성"이다. 에머슨은 언어를 통해서 내면 세계가 연결될 수 있다고 믿었다. 함께 깊이 있는 대화를 탐험하는 친구는 의미 있는 대화를 통해 행복해지고, 영감을 받으며, 또한 변화할 기회를 갖게 된다. 중요한 문제들로 주의를 기울이는 두 친구는 영적인 삼각형을 형성하고, 그 삼각형의 꼭짓점은 초월적이다. 그러한 관계는 드물지만 그런 관계가 생기기만 한다면 관계의 당사자들은 자신 최고의 자아를 발견하게 된다. 깊이 있는 대화 속에서 "암묵적으로 언급하는 것은 제3자, 그러니까 공통의 자연이 되고" 여기에는 두 사람도 내재해 있다. 이 존재는 개인보다 더 크다. 에머슨은 우리에게 이야기한다. "이것은 비인격적이다. 이것은 신적이다."

(의미 있는 대화에 참여하는 사람들은) 생각이 모두의 가슴에서 똑같은 정도로 차오르는 것을 알게 된다. 그들 모두는 화자와 발화 속 영적 자산을 갖는다. 그들 모두는 전보다 더 현명해진다. 이것은 마치 더 고귀하다는 감각이 주는 힘과 의무, 그것이 담긴 모든 이들의 심장 박동 안에 있는 이 생각의 통합이 기거하는 신전처럼, 그들의 머리 위로 아치를 그린다. 모든 이들이 더 높은 평정심을 갖게 되었음을 안다. 이것이 모두에게 빛을 비춘다.

물론 친밀함이 늘 고결한 것은 아니다. 가족이나 친구들과 있을 때는 에머슨 또한 장난도 치고 시시한 농담도 할 줄 알았다. "오랜 친구가 주는 축복 중의 하나는 그들과 있을 때는 바보처럼 굴어도 괜찮다는 점이다."[8] 다른 곳에서는 "어린아이의 의자에서 내려오지 않고 한참 바닥에서 구르고 나면 불안해지고 마음이 무거워진다"[9]고 에머슨은 적었다. 그는 여전히 더 깊은 유대감을 간절히 바랐고, 그것이 그의 마음에 침입해 들어와 그를 외롭게, 그리고 신의 섭리는 "남자로든, 여자로든 내가 원하는 것을 주지 않을 것"[10]이라며 실망하게 내버려두었다.

단, 예외가 한 명 있었다. 1836년, 서로 아는 친구를 통해서 만난 마거릿 풀러였다. 에머슨보다 7년 후배인 풀러는 뉴잉글랜드에서 가장 많이 배운 여성으로 유명했다. 에머슨과 그녀의 열렬했던 정신적인 사랑은 아마도 에머슨의 인생에서 가장 친밀하면서도 복잡했던 관계였을 것이며, 그 관계가 지속되는 동안 이것은 두 사람 모두에게 주신 신의 선물이었다. 풀러는 에머슨의 인생에서 최초로 그의 견고한 경계선을 존중하지 않은 사람이었다. 그녀의 무단침입은, 무단침입이 으레 그러하듯, 몹시 거슬렸고 공격적이었기 때문에 에머슨은 엉망이 된 자신의 정서를 억지로 견뎌야 했고, 그것이 그에게는 새로웠으며 (잦은 불편함과 더불어) 매우 큰 즐거움을 선사했다.

마거릿 풀러의 명석함에 넋을 잃고, 그녀의 동행이 즐거웠던 에머슨은 그녀의 성적 매력에는 전혀 영향-주디스 서먼의 기사에 의하면 그녀의 외모와 성격은 당시에도 지금도 그리 매력적이지 않은 것처럼 보인다-을 받지 않았다. 그리고 그것이 풀러에게 상처를 주었고 그녀를 절망하게 했다. 에머슨은 이미 결혼했음에도 불구하고 그를 향한 그녀의 사랑은 정신적이었으며 동시에 성적이었다. 당대의 관념을 부수고, 한 세기 뒤에나 탄생한 성 유동성(gender fluidity, 어느 쪽으로도 성별을 확정하지 않는 것)을 주장했던 풀러는 두 사람 간의 관계에 깃든 위험과 애매모호함을 즐긴, 완전한 현대 여성이었다. 결혼한 남성과 결혼하지 않은 여성 간의 우정이 금기시된 시대에 에머슨과 지속한 그녀의 위험한 접촉은 사회적 예의의 선을 넘는 것이었다. 그녀의 관심에 우쭐해진 에머슨은 그녀를 초월주의 클럽으로 초대해 문학 비평지 〈다이얼The Dial〉의 편집을 맡겼다. 그는 마치 상사병에 걸린 사람처럼 서정적인 언어로 편지를 썼다. "오, 신성한 언어, 사람을 낚는 어부, 모든 신이 마녀의 개암나무 지팡이를 준 이에게… 나는 오직 당신의 것이리라."[11] 그러나 그녀와 같은 공간에 있을 때면 그의 정열은 갑작스레 메말랐다. 그의 거부로 인해 풀러는 에머슨의 도서관 주변을 배회했고, 그가 가진 책들의 등만 하염없이 쓰다듬었다.

그러나 에머슨은 제멋대로 굴고 위협적으로 느껴지는 감정들이 실상 친밀함의 대가라는 것을 그녀를 통해 배웠고, 이 정서적인 교육은 그에게 매우 값진 것이었다. 에머슨은 자신의 방어벽을 무너뜨리기 위해서 얼마나 큰 정서적 철퇴가 필요한지 알게 되었다. 그는 이렇게 적었다. "정신이 한 시대에 걸쳐 자신의 사고를 깊이 숙고하더라도 사랑의 열정이 하루 만에 가르쳐주는 지식보다 더 많은 지식을 얻지는 못하리라." 그녀를 향한 그의 복잡한 감정은 쉽게 일반적으로 이해될 수 있는 일은 아니었다. 그는 "가장 가까이에서 볼 때 늘 경탄하고, 가장 존경하는 여성, 그리고 가끔은 사랑하는 여성, 그러나 사이가 가까워질 때면, 얼어붙게 만드는 여성, 그리고 침묵 속으로 얼어붙게 하는" 그녀에 대한 양가감정을 인지하면서도 둘 사이의 "이상한, 차갑고 따뜻한, 매력적이면서도 끔찍스러운 대화"[12]를 무척 소중히 여겼다.

결국 마거릿 풀러의 공격적인 전진에 에머슨은 가까웠던 관계에서 후퇴했다. 그녀는 노력했지만, 자신의 감정까지 제어할 수는 없었다. "이 화살 같은 몸짓, 멈추지 않는 불길은 누그러질 것이고 이내 꺼질 것"이라고 약속했으나 약속을 지키지는 못했다.[13] 끝내 에머슨은 자신의 극단적인 자기방어를 지켜주길거부한 그녀에게 감사했다. "나는 다시는 나의 오랜 차디찬 습관으로 돌아가지 않을 것이오." 그는 편지로 약속했고, 그녀를 향한 그의 존경 어린 사랑은 단 한 번도 약해지지 않았다.[14] 풀러가 그녀의 나이 40세에 뉴욕 해변에서 수백 야드 떨어진 난파선에서 그녀의 이탈리아인 남편, 그리고 어린 아들과 함께 사망했을 때, 에머슨은 추모사에서 그녀의 천재성과 독창성을 기렸다. 그녀를 기억하며 그는 이렇게 말했다. "마거릿 풀러는 그녀의 동정심과 우정의 띠로 내가 알고 사랑하는 모든 이를 묶어주었습니다. 많은 이들이 잘 몰랐던 그녀의 마음은 우리 모두가 다 아는 그녀의 정신만큼이나 위대했습니다."[15] 그들의 우정에 문제가 많았던 만큼 그 중심에 있었던 사랑의 핵심, 그 핵심은 그들의 개인적인 문제들에도 불구하고 온전한 채 남아 있었다.

사랑은
개인적이지 않다

사랑의 정점은 자기초월임을 에머슨은 알게 되었다. 사랑과 자기중심주의는 서로 배척되는 관계다. 존 키츠John Keats의 시구인 "심장이 지닌 애정의 거룩함"에 대해서 이야기하자면 내용이 형식보다 더 중요하다.[16] 두 사람의 우정의 모습은 바뀌었어도 풀러에 대한 에머슨의 애정은 그 본질이 늘 동일했다.

진정한 사랑이란 시간을 초월하며, 형식이 없고, 목적이 없으며, 단순하고, 회복할 힘을 준다. 그리고 자연과 밀접하게 관련되어 있다. 사랑의 이러한 개인적이지 않은 힘은 우리가 부담감에 마음의 문을 걸어닫지 않고도 친밀함이란 시험을 잘 견뎌낼 수 있도록 도와준다. 사랑의 형이상학적인 특성에 대한 깨달음은 우리와 영혼 사이의 불완전한 결합을 채운다. 갈등은 겸손, 열린 마음, 통찰력을 위한 기회가 된다. 에머슨은 사랑하는 이들을 성장하고 있는 영혼으로 보고, 관계를 영적인 실천으로 보라고 우리를 격려한다. 그렇게 하면 사랑인 한 존재의 모습이 고난

이 닥쳐와도 결코 약해지지 않으며, 주는 행위를 통해 빛을 발하는 영혼이 드러날 것이다.

다시 말해서, 사랑은 개인적이지 않다. 더 나아가 사랑은, 비록 사랑의 표현이 즐거울 수는 있겠지만 그렇다고 해도, 감정이 아니다. 관계가 다른 감정과 다른 감각을 불러일으키더라도 이러한 반응 뒤에 있는 영혼은 동일하다. 스스로를 소중히 여기는 자아는 그 자신의 특별함과 상충되므로 이러한 생각을 거절한다. 그럼에도 사랑은 서로 다른 상황에서 다르게 모습을 드러내지만, 그것의 본질만큼은 형태가 없음이 진실이다. 중력이 모든 천상의 신체를 떠받칠 때, 사랑은 인간의 신체가 그 궤도를 지키도록 지탱한다. 조로아스터교를 포함해서 어떤 영적 전통들은 중력과 사랑이 하나이며 동일한 것이라 이야기한다. 은하가 우주를 누빌 수 있게 해주는 힘은 인간의 끌림을 추동하는 힘과 같다는 것이다. 에머슨은 우리는 이 신비로운 왕국을 지나가는 여행자로서 "성性을 모르고, 사람을 모르며, 편애도 모르는 사랑을 훈련받게 된다"고 이야기한다. 사랑은 우리가 개인적인 한계를 넘어서도록 우리를 밀어붙일 때, 나와 타자 간의 거짓된 분리에 다리를 놓아줄 때, 그리고 내면에 있는 영혼과 친밀함을 나눌 때 진정한 목표를 달성한다. 에머슨은 이러한 교감을 대화재에 비유했다.

사랑은 불이다. 누군가의 가슴, 그 조용한 구석진 곳에 작은 불씨를 붙이고, 다른 이의 심장에서 떠돌던 불꽃에 붙잡힌 불씨는 점차 빛나고 점점 커져 수많은 인간에게 빛을 비춰 그들을 따뜻하게 해준다. 전 세계 모든 이들의 가슴에. 그렇게 빛은 그 마음씨 넓은 불꽃으로 온 세계와 모든 자연을 밝힌다.

영적인 사랑은 사랑의 부분들을 합한 것보다 더 크다. 이것은 우리가 우리의 가정과 관습에 대한 믿음을 넘어설 수 있도록 부추긴다. 사랑하는 사람들은 처음 두 사람을 함께하게 한 친밀감을 재발견하며, 거짓과 진리를 구별하는 법을 알게 된다. 관계라는 옷을 입은 창문이 떨어져나가면서 그 아래에 있던 영적인 형태가 모습을 드러내는 것이다. 에머슨은 신혼부부를 예로 들며 이것을 설명했다. 사랑이 성숙해지면 남편과 아내는 그들을 가장 황홀하게 했던 "한때는 너무도 소중했던 특징들, 매력이라는 마술을 부렸던 것들이 집 지을 때 쓰는 비계처럼, 곧 떨어질 낙엽이었음을" 깨닫게 된다. 그들은 "한 해 한 해 지나며 더 정제되는 지성과 마음이 진실한 사랑임을, 그리고 이것은 첫 순간부터 예견되었던 것이며, 그들의 의식을 완전히 초월한 것임을" 깨닫는다. 이것은 "사랑이 영혼을 정제하며 정화한다"[17]는 플로티노스Plotinus의 믿음을 환기시킨다. 신뢰가 쌓일수록 우리는 상대방의 보답 유무와는 상관없는 관용을 베풀 수 있게 된다. 계속 점수를 매기지 않고도 우리를 통해 흘러가는 사랑을 나눌 만큼 여유롭고 자유로워지는 것이다.

받는 사람의 마음이 드넓지 않다는 애석함 때문에 나 자신을 막을 이유가 무엇이란 말인가? 태양은 빛을 고마워하지 않는 공간에 드넓게 떨어져 다 소용없어졌다고 불평하지 않으며, 빛을 반사해내는 부분에 조금 떨어진다고 불평하지도 않는다.

대신 우리는 "서툴고 차가운 동반자를 (우리의) 위대함으로 교육"해야 한다. 우리는 사랑이 대단한 갈망을 받는 객체가 아니며, 우리의 중심으로부터 발하는 빛임을 배운다. 더 이상 사랑을 트로피나 상을 서로 주고받듯 측정되고, 분실되고, 교환되는 상품이라 보지 않는다. 이러한 소유적이고 경쟁적인 기만이 사라질 때, 사랑은 오직 자유로울 때만 공유할 수 있는 선물이 된다. 에머슨은 이렇게 썼다. "되돌려받지 못하는 사랑은 망신스러운 것으로 생각되지만, 위대한 사람은 알 것이다. 진정한 사랑은 되돌려받을 수 없다는 것을." **거부도 고통도 두려워하지 않는 신의 사랑처럼 우리가 사랑한다면, 친밀한 관계에 대한 우리의 생각은 교환에서 초월로 바뀔 것이다.**

나는 비참한 이별 후에 이 사실을 직접 배웠다. 나는 오리건에서 같이 캠핑을 했던 그 무시무시한 인간에게 결국 차였다. 분노와 슬픔을 끊임없이 오가던 나에게 또 다른 감정이 나타났다.

내 안에 있는 무언가를 잃어버렸다는 것에 대한 강렬한 고통. 그것은 아마도 사랑에 대한 믿음, 혹은 그렇게까지는 아니더라도 최소한 나라는 사람에게 사랑할 능력이 있다는 믿음이었다. 이 관계가 끝났다는 사실이 슬픈 게 아니었다. 나를 가장 슬프게 했던 것은 내가 상처 입었다는 감정, 마치 내 심장의 일부, 그것도 기꺼이 약함을 드러내고 열어젖히려 했던 부분이 도난당한 듯한 느낌이었다.

그렇게 헤어지고 몇 주가 지난 후 유난히 마음을 다잡을 수 없던 날, 나는 아파트를 나와 목적 없이 도시를 배회했고, 혼란스러운 생각 속에 갇혀 있었다. 결국 더 멀리 걸을 수조차 없을 정도로 지쳤을 때, 나는 한적한 길거리에 있는 벤치를 발견했다. 눈을 감은 내 얼굴에 닿는 햇살이 느껴졌다. 그리고 몇 분 뒤 눈을 떴을 때, 그날이 얼마나 아름다운 날인지 그제야 깨달았다. 살결에 닿는 따스함은 황홀했고, 머리 위로는 수정처럼 투명한 하늘이 드리워져 있었다. 부드러운 바람이 불기 시작했고, 재스민 향이 바람에 실려 나에게 왔다. 내 눈앞에 놓인 세계의 눈부신 아름다움에 곧 나의 어두움이 사라지는 것이 느껴졌다. 나는 크게 소리 내어 말했다. "더는 이렇게 못 살겠다." 내 마음속에 갑작스레 두 개의 질문이 떠올랐다. 당신이 느끼는 슬픔의 진짜 근원이 무엇인가? 그리고, 그래서 당신이 가진 사랑할 수 있는 능력이 실제로 사라졌는가? 두 번째 질문의 통찰에 나는 머리를 세게 맞은 듯했다. 나는 그때 너무도 고통스러워하고 있었지만, 그럼에도 나의 마음은 여전히 온전함을 뚜렷이 느낄 수 있었다. 나는 여전히 사랑하는 사람이었으며, 내 마음의 문을 여는 나를 누구도 막을 수 없었다. 나는 주저함 없이 자유롭게 사랑할 수 있었으며, 누구도 나를 막을 수 없었다. 나는 (나의 전 연인을 포함해) 누구든 내가 원하는 만큼 사랑할 수 있었고, 그들의 허락은 필요하지 않았다. 나의 명치께에 묶여 있던 매듭이 풀리는 것이 느껴졌다. 다시 나로 돌아온 느낌이 들기 시작했다. 지금 이 상황에서 나는 피해자가 아니며, 누구도 사랑하겠다는 나의 열망을 꺾을 수 없다. 새로운 힘이 다시 건강하게 차오르는 것이 느껴졌다. 비록 20년 전 일이지만, 사랑은 개인적인 것이 아니라는 그때의 깨달음을 나는 이날까지도 간직하고 있으며, 지금도 관계가 힘들어질 때 이 깨달음이 때때로 도움을 준다.

에머슨은 우리의 서로 다른 겉모습이 거짓임을 알려주는 상호 간의 유대감을 상기시키는 것이 바로 사랑이라고 말한다. 이러한 사랑의 망網을 지탱하는 것은 뜨거운 감정보다는 사심 없는 의도다. 이것은 개인적인 애착과 투사投射가 배제된 세계를 우리가 더 친밀하게 느끼도록 한다. 우리는 도처에 존재하는 이 친밀함에 대한 두려움으로부터 우리가 얼마나 우리의 마음을 지키려 애쓰고 있는지, 그리고 이러한 자기방어가 무감각으로 어떻게 이어지는지 깨닫게 된다. 스토아 철학자들은 심파테이아sympatheia(그리스어로 '연민'을 뜻함), 즉 '유기적인 전체에 대한 각 부분의 친밀감'이 자아실현으로 나아가는 문이라 가르쳤다. 심파테이아는 서로를 향한 유대감의 핵심이며, 우리는 이것을 통해 우리의 완전한 인간성으로 나아갈 수 있다. 마르쿠스 아우렐리우스는 이렇게 썼다. "우주는 서로를 위해 이성적인 생명체를 만들었다. 서로에게 해를 끼치는 것이 아니라, 진정한 가치를 바탕으로 모두에게 좋은 이익을 추구하는 눈을 가진 생명체." 또 다른 곳에 그는 이렇게 덧붙였다. "벌집에 좋지 않은 것은 꿀벌에게도 좋지 않다."[18] 사랑은 탐욕과 무관심, 고립과 자기중심주의를 제어한다. 우리의 안녕이 다른 이들의 안녕과 분리되어 있다는 환상을 부순다.

자연에 있는 모든 존재는 다른 존재들과 연결되어야 존재할 수 있으므로, 만일 다른 존재들과의 연결이 끊긴다면 그것은 이내 소멸할 것이다. 누군가를 소멸하려면, 그를 격리하라. 세계 없이는 누구도 삶을 펼칠 수 없고, 살 수 없다.

고립은 자기애가 결여된 고독이다. 고독은 영혼을 풍요롭게 하지만, 고립은 생명력을 상실하게 하는 이유다. 고립은 외로움에 가깝다. 조사에 따르면, 외로움은 인지 기능, 사회친화적 행동, 동기 부여, 수명을 감소시킨다고 한다. 개인주의의 그림자인 외로움은 자신과 타자 사이에 간극을 형성한다. 안타깝게도 우리의 경쟁적인 문화는 심파테이아에 관해 복합적인 메시지를 전달한다. 능력주의라는 혹독한 환경에서는 의존이 너무나도 자주 나약함으로 받아들여진다. 동정심은 국가가 시스템을 입맛대로 이용하는 사람들의 응석을 받아주는 "과잉보호 국가nanny state"임을 드러내는 증거라며 비난받는다. 보수주의자들은 너무 많은 대중의 사랑을 매우 회의적으로 보며, 공공정책의 근간이 되는 원칙인 상호의존을 의심한다.

우리가 개인적인 관계를 이야기하든, 아니면 사회계약에 관해 이야기하든, 의존에 대한 과장된 공포는 사랑을 추방해버린다. 관용과 연약함은 별 관심을 받지 못한다. 그러나 강한 사람도 도움을 구하고, 자신이 다른 사람들의 지지를 받고 있다는 것을 신뢰한다. 사실 자신의 필요를 표현하기 위해 요구되는 겸손은 자기신뢰를 높인다. 두려움과 자만심은 심파테이아를 이해하기 어렵게 만든다. 우리가 친절함에 마음을 열지 않는다면, 그때까지 우리의 마음은 싹을 틔우지 못하고 그 비좁은 곳에서 갑갑하게 갇혀 있을 것이다. 에머슨은 다시금 이렇게 말했다. "자비로움이라는 감정은 그것이 열정적인 사랑으로 인한 높은 수준의 자비로움이든, 선한 의지가 지닌 낮은 수준의 자비로움이든, 사랑을 달콤하게 한다." 사람들 사이에 흐르는 눈에 보이지 않는 연민의 흐름은 우리가 함께 존재한다는 사실을 통해 밀려든다. "우리는 우리가 말로 하는 것보다 훨씬 더 많은 친절함을 지녔다." 사랑의 길은 역동적이어서 냉담한 무뚝뚝함도 사랑을 얼어붙게 하기에는 역부족이다. 에머슨은 이렇게 적었다. "동풍처럼 쌀쌀맞은 이기주의를 막으면 세상은, 온 인류는 정제된 에

테르 같은 사랑이라는 요소로 몸을 깨끗이 정화하게 될 것이다."

우리는 우리의 집에서 얼마나 많은 사람을 만나는가. 우리가 존경하고, 또 우리를 존경하지만, 거의 이야기를 나누는 법이 없는 사람들! 우리는 길거리에서 얼마나 많은 사람을 만나고, 혹은 교회에서 함께 앉는가. 비록 말은 하지 않더라도 함께해서 따스히 기쁜 사람들! 이 배회하지만 반짝이는 시선들의 언어를 이해하라. 심장은 안다.

관계는 변하고, 애정도 변하고, 슬픔도 왔다가 가지만, 인간을 한데 묶어주는 실은 그 어느 때보다도 튼튼하다. 우리는 성격, 자존심, 두려움을 넘어서서 열린 공간에 있는 서로와 닿는다. 루미는 약속했다. "옳고 그름의 개념 저 너머에 들판이 있소. 우린 거기서 만납시다." 이 자기초월의 들판은 에머슨의 목적지이기도 하다. 우리가 지구에 다녀가는 이 짧은 시간, 우리는 서로를 보고 사랑하기 위해 이곳에 있다. 시절이 유독 어려울 때, 친밀함은 구원의 길이 된다.

요약

사랑은 존재의 궁극적 선이다. 동시에 인생에서 가장 어려운 과제 중 하나이기도 하다. 사랑할 능력의 결여는 고통의 근원이다. 이것은 자신이 혼자이며, 사랑받을 수 없다는 자아의 두려움을 확증해준다. 우리는 진실과 다정함, (그 관계가 어떤 종류의 관계인지에 상관없이) 친밀함이라는 필수불가결한 추동력으로 신속하게 날조를 막는다. 우리가 다른 이와 영혼 대 영혼으로 만날 때, 깨달음의 길에서 만난 동반자로 만날 때 반드시 필요한 것은 정직한 소통이다. 사랑의 영적인 본성을 깨달을 때 인간의 유대는 고양되며, 심지어 신성해진다. 사랑은 개인적인 것이 아님을 깨닫게 되며, 당신이 부모에게, 친구에게, 혹은 연인에게 느끼는 모든 사랑은 (당신의 마음은 한마음에서 나오는 것이므로) 동일한 다정함에서 나온 동일한 사랑임을 깨닫게 된다. 조건 없는 사랑은 요원한 듯 보이더라도 자기초월적 사랑은 언제나 가능하다. 인간의 겉모습 너머, 사람들의 정수를 만지고, 당신 안에 있는 타자를(또한 타자 속에 있는 당신 스스로를) 알아보게 된다. 이것은 어렵지만, 만물에 깃든 신을 알아보는 법을 배우는 것은 굉장히 보람찬 과정이다. 스스로 고립되고 싶은 마음을 거부하고 "상호의존하는 존재inter-being"임을 기억하는 것은 반드시 필요한 일이다. 고통의 시간일수록 더욱 그러하다. 우리에게는 우리를 지지해주고, 보살피며, 우리에게 힘을 주는 다른 사람들이 있다. 그리고 그렇기 때문에 당신은 반드시 당신과 함께하는 사람들이 어떤 품격을 갖춘 사람들인지 늘 조심히 경계해야 한다.

역경
충분히 어두워야 별을 볼 수 있다

+++

고난의 시간에는 과학적인 가치가 있다.
훌륭한 학생은 그를 놓치지 않는다.

고통의 집

에머슨은 고난을 자연이 바로잡는 과정, 고통을 통찰력으로 바꿀 기회라고 생각했다. 삶에서 피할 수 없는 상실을 받아들이는 것에 관해서는 옛 스토아 철학자들만큼이나 감상적이지 않은 관점을 취했다. 역경을 통해 우리는 선견지명을 갖게 되고, 모든 것이 상실된 것처럼 느껴질 때, 그곳에서 성장의 가능성을 탐지할 능력을 갖게 된다. 시인 시어도어 로스케Theodore Roethke는 이렇게 썼다. "어둠이 찾아오면, 눈은 비로소 보기 시작한다."[1]

관점을 바꾸고 미래에 대한 부정적인 예측들은 부디 그 입

206

을 다물게 한다면, 불운은 당신을 더 높은 곳으로 데려가 놀라운 결과를 당신에게 안겨줄 것이다. 에머슨은 위로라는 보드라운 담요를 주지는 않는다. 대신 자유를 얻을 수 있는 거친 사랑을 처방한다. 고난의 이면에는 숨은 목적이 있다는 사실을 우리가 깨닫는다면 비통과 고통에 좀 더 잘 대비할 수 있다.

사랑하는 친구, 아내, 형제, 연인의 죽음은 그저 상실, 그 이상도 그 이하도 아닌 것 같지만 조금 시간이 지나고 나서 보면 그것의 안내자적 측면이, 뛰어난 측면이 드러난다. 왜냐하면 이러한 것들은 공통적으로 우리 삶의 방식에 혁명을 일으키고, 문을 닫고 그 안에만 들어가 있고 싶어 하는 유아적이고 어린아이 같은 시기를 종결하기 때문이다.

앞에서 언급했듯이, 위기는 현재를 흔든다. "늘 하던 일, 가정, 혹은 삶의 방식"을 떠나 "한 인간의 성장에 좀 더 잘 어울리는 새로운 것들"을 일으켜세울 수 있게 해준다. 탄생, 죽음, 변화라는 보편적 순환에 대해서 말하자면, 우리는 결국 마지막 단계에만 영향을 줄 수 있을 뿐이다. 일시적인 상황으로 인해 더 드넓어질 것인가, 작아질 것인가는 우리가 선택하는 것이다. 고통을 기회로 자신을 동정하며 스스로를 고립시킬 수도 있고, 과거에 매인 것을 정당화하는 핑계로 고통을 이용할 수도 있다. 혹은 고통받는 또 다른 존재들과 유대를 형성할 기회로 이용할 수도 있다. 인간은 상실을 알지 못하고서는 성숙해질 수 없다. 결국 "고통의 집House of Pain을 보지 못한 자는 우주의 절반만 보았을 뿐인" 것이다.

인생에 관한 어떤 이론도 생의 조건에 내재하는 고통을 말하지 않는다면, 그것은 유효할 수 없다. "악, 고통, 질병, 가난, 불안, 불화, 두려움, 그리고 죽음"의 가치를 받아들이지 않는다면 삶의 가장 핵심적인 교훈을 놓치는 것이라고 에머슨은 주장했다. 결국 "자연은 적대감에 의해 지탱된다." "열정, 저항, 위험은 스승이다. 우리는 우리가 극복한 것만큼의 힘을 얻는다." 인생이 주는 실망감에 원망하기보다는 우리의 기대치를 낮추고, 다가올지 모를 더 많은 것들에 대비하는 편이 현명하다. 마르쿠스 아우렐리우스는 매일 아침을 각성하는 훈련으로 시작하라고 우리에게 권고한다. "아침에 일어나면 스스로에게 말하라. 오늘 내가 만날 사람들은 간섭하려 들 것이며, 감사할 줄 모르고, 거만하며, 거짓을 일삼고, 질투심에 가득 차 있고, 성질머리 또한 고약할 것이다."[2] 최악의 상황에 대비하면 당신의 행보에 깃드는 모든 일들이 아주 행복한 놀라움이 될 것이다. 우리는 언제든 변하게 마련이고, 궁극적으로는 필멸하는 인간과 사물에서 지속적인 만족감을 추구하는 것이 끔찍한 잘못임을 이미 배워 알고 있다. 그보다는 가벼움을 잃지 않고도 온갖 종류의 문제들을 흡수하고 지속시키는 영혼을 든든한 토대로 삼는 것이 훨씬 더 현명하다. 에머슨은 이렇게 썼다. "영혼은 스스로에게 진실하다."

강바닥이나 해저 바닥에서 수천 파운드에 달하는 물의 무게를 바스라질듯한 유리종이 받치고 있듯, 더 바랄 것 없는 행복만큼이나 재난 속에서도 마음 편히 살아가는 법을 배운다.

우리를 설레게 하는 것은 영혼이다. 영혼 없이는 인생의 시험과 고난에 바스라질 가능성이 크다. 우리는 초월적이지 못한 채로 물질주의자들의 가치관에 억눌려 있다. 우리가 우리 스스로를 현실주의를 가장한 비관적 세계관에 고통받도록 내버려두는 것이다. (이것에 관해서는 다음 장에서 더 자세히 이야기하겠다.) 그러나 우리가 만일 이 변화를 받아들인다면 윌리엄 블레이크William Blake가 확신하듯 "우리를 고통스럽게 하던 것들의 용광로가 별안간 생명의 원천이, 인류의 도약이 될 것이다."[3] 에머슨은 구체적으로 다음과 같이 설명한다. "만일 사람들이 이러한 작은 불행들을 가볍게 만들 수 있는 기쁨과 저항력을 어느 정도 가지고 있다면, 상처는 빠르게 아물고 그 위에 더 단단한 새살이 돋아날 것이다."

매우 심각한 위기가 닥쳤을 때, 영적인 인식이 없다면 그에 대한 창의적인 해결책을 찾기가 더 어렵다. 그래서 보상의 법칙이 물질주의자들을 옳지 못한 방향으로 몰아가는 것이다. 영성을 받아들이지 않는 사람들은 역경에도 긍정적인 면이 있을 수 있음을 곧잘 부정한다. 물질주의는 비관주의로 이어지고, 불행을 즐거워하는 기질을 갖게 된다고 에머슨은 경고한다. 그리고 이것은 인생이 우리를 책략할 때, 매우 심각한 약점으로 작용한다. 에머슨은 확실하게 이야기해두었다. "비극은 사건이 아니라, 기질로 구성되어 있다." 어떤 특정 부류의 사람들은 "비통한 사건을 갈망한다."

기쁨은 충분히 강하지 않으니 그들은 고통을 갈망한다. 어떠한 번영도 그들의 불규칙적이고 정돈되지 못한 공허를 진정시킬 수 없다. 그들은 올바르게 듣지 못하고, 올바르게 보지 못한다. 그들은 의심하고 두려워한다. 이들은 울타리 안의 모든 풀과 덩굴을 쳐버리고, 목초지의 뱀은 모두 짓밟는다.

초월주의는 우리가 목초지에 있는 뱀을 조력자, 조언자, 현자로 바꿀 수 있도록 돕는다. 그 도움을 받지 않으면 대상의 표피, 우리를 불행하게 만드는 "외형적 삶"에 갇혀 그곳에 머무르게 된다. 우울은 외형적 삶에 속한 것으로, 정신과 영혼을 부정하는 사람들은 그곳에 가능한 한 오래도록 매달린다. 에머슨이 서술한 것처럼, 결국 역경은 그러한 환영을 계속 붙들고 있을 수 없게 만들어버린다.

인간의 올바른 근원인 영적인 삶에 뿌리내리지 못한 인간은 사회를 향한 애정이라는 덩굴손에 들러붙는다. 그러다가 어떤 충격이라도 가해지면, 어떤 혁명이라도 일어나면 그가 생각했던 영원함이란 즉시 흔들리고 만다.

사실 상실은 영혼에 그 어떤 얼룩도 남기지 않는다. 물질적 변화가 상대적으로 그다지 중요하지 않다는 것을 받아들이고 나면, 상처는 좀 더 견딜만한 것이 된다고 에머슨은 말한다. 아들 월리가 죽은 후 에머슨은 이 뜻밖의 깨달음에 도달했다. 이루 말로 표현할 수 없이 슬픈 상실이었음에도 불구하고 에머슨은 그의 내면 일부가 전혀 영향을 받지 않는다는 것을 깨닫고 매우 놀라워했다. 그의 내면에서 삶의 핵심이 되는 것들은 전혀 사라지지 않았다. 심장은 갈기갈기 찢어지는 듯했어도, 그의 영혼은 온전했다. 그는 자신의 일기에서 이 역설을 탐구했다.

그러니까 이 재난이 그러하다. 나를 건드리지 않는다. 내가 좋아했던 그 무언가는 나의 일부였다. 나를 찢어발기지 않고서는 떨어져나가지 않았고, 나를 풍요롭게 하지 않고서는 더 커지지 못했는데, 나에게서 떨어져나가 아무런 상처도 남기지 않는다.

우리 스스로에게 묻는다. 이것이 어떻게 가능할까? 이 역설을 이해하기 위해서는 정서적인 현실과 영적인 현실을 분명히 구분 지을 필요가 있다. 정서적인 현실은 외형적 삶에 속해 있고, 영혼은 내적인 차원을 특징짓는다. 그곳에서는 사랑이 꺼지지 않고, 그 무엇도 상실되지 않는다. 다만, 소중히 여기는 형식의 모양이 바뀔 뿐이다. 외적 상실이 아무런 문제가 되지 않는다는 뜻은 아니다. 단지 우리가 믿는 것보다 훨씬 덜 중요하다는 것이다. 에머슨은 이 다름을 매우 즐거워했다. "고통이 나에게 가르쳐준 단 한 가지는, 그것이 얼마나 얄팍한지를 알게 된 것이다."

다른 모든 것들이 표면적이듯 (심지어 월리의 죽음도) 결코 나를 현실-그것에 접촉하기 위해 우리가 자녀, 그리고 사랑하는 사람이라는 값비싼 대가를 치를지도 모를-로 데려가지 않는다.

에머슨은 무슨 뜻으로 이런 말을 했을까? 단순하게 말해서, 사랑스럽고 선한 우리의 정신적 본성이 일시적인 감정적 유대감보다 우리에게 훨씬 더 소중하다는 뜻이다. 감정적으로 이것이 냉담한 것처럼 들릴지 모르겠으나, 영혼은 에머슨이 진실을 말하고 있음을 알 것이다. 그의 평정심은 아버지로서 그의 사랑에 흠이 있었음을 보여주는 것이 아니다. 오히려 지독한 상실 이후 찾아온 영적인 깨달음을 진솔하게 고백하는 것이다. 경이에 찬 그는 이렇게 적었다. "아들의 죽음 앞에서, 나는 아름다운 대지를 상실한 것 같다. 더 이상, 나는 더 가까이 다가갈 수 없다."

　비통함은 하나의 커다란 덩어리가 아니고, 움직일 수 없는 것이 아니고, 영영 변하지 않는 것도 아님을 이해한다면, 또한 내면의 다양한 부분에서 이 경험을 각기 다르게 다룰 수 있음을 이해한다면, 상실에 대한 복합적인 반응에 당혹스러워하지 않을 것이다. 6년 전, 나의 절친한 친구가 세상을 떠났을 때, 나는 그에 다면적으로 반응하는 나를 보며 적잖이 놀랐다. 우리는 수십 년 동안 우리의 인생에서 가장 중요했던 시기를 함께 보냈다. 수차례의 위기를 겪을 때, 우리는 서로의 조력자가 되어주었다. 친구는 갑작스럽게 암 선고를 받고 3개월 만에 세상을 떠났다. 로버트가 죽음을 향해 가고, 또 사망한 그 이후에 나는 이런 슬픈 시기에 내가 으레 경험할 것이라고 예상했던 감정들이 부재함을 인식했다. 나는 로버트가 매일 그리웠지만, 그의 죽음에 대한 나의 슬픔은 그를 향한 나의 애정에 일말의 생채기도 내지 못했다. 그가 세상을 떠날 때, 나는 평안했다. 로버트는 풍성하고 의미 있는 삶을 살았다. 그는 사랑했으며 사랑받았고, 자기 분야에서 누구보다 뛰어났으며, 세계를 여행했고, 자신의 내면을 깊이 탐험했다. 그가 아직 여기에 남아 늘 그랬던 것처럼 수다나 떨었으면 좋겠다는 나의 바람과는 반대로, 나의 조금 덜 이기적인 부분은 친구의 죽음을 슬퍼하지 않는다. 40년 동안 그와 함께 행복했던 나날들에 대한 기억, 그리고 그것에 대한 감사가 우리가 잃어버린 시간에 대한 쓸쓸함보다 훨씬 크다. 사랑하는 아들에 대한 에머슨의 소중한 기억들이 그의 절망보다 훨씬 더 빛났고, 아들의 죽음은 죽는 날까지 그에게 늘 영감이 되어주었다. (그의 마지막 말이 "저 아름다운 소년"이었다고 전해진다.) 마음은 찢어지는 듯했으나 애석해하지 않았다. 에머슨은 마음은 부서지라고 있는 것이라는 오래된 격언을 믿었다. 그리고 그것이 바로 신이 세상에 슬픔을 보낸 이유다.

우리가 결코 선택한 적 없는 것을 포함해, 있는 그대로의 모든 것에 대한 감사는 자기신뢰의 근본이다.

모든 것에 감사하라

에머슨은 억울함이 아닌 감사함으로 상실과 고통을 감내하는 것이 가능하다고 우리를 가르친다. 자기신뢰는 우리에게 진정한 감정을 억누르라고 청하거나 우리의 비통함을 그럴싸해 보이는 다른 것으로 덮으라고 하지도 않는다. 에머슨은 감사가 우리의 정서적 삶에서 초월적인 관점을 유지하게 해주는, 절망을 치료하는 해독제라 이야기한다. 감사는 우리를 극단적인 자기중심주의와 쓸쓸함에서 벗어날 수 있게 해준다. 북아메리카 오지브와 족에게는 이 세계에서 그들의 진정한 자리가 어디인지 상기해주는 기도가 있다. "가끔 내가 나를 동정하기 시작하면, 그때마다 강한 바람이 나를 저 하늘 너머로 데려간다." **인간은 태생적**

으로 고난을 타고 태어났고, 그것을 어깨에 짊어질 준비도 되어 있다. 수피교의 한 기도문도 이것을 아름답게 표현하고 있다.

당신에게 고난이 찾아오거든, 그것이 무엇이건 극복하라. 왜 나하면, 당신에게 짐 지워진 고통의 강도를 전부 다 당신에 게 맡기지는 않기 때문이다. 세상의 어머니가 자신의 심장에 세상의 고통을 지고 살 듯, 그러므로 그녀의 심장의 일부인 우리 각자는 어느 정도의 보편적 고통을 받게 된다. 당신은 그 고통의 총체를 나눠 지고 있는 것이다. 당신은 동정이 아닌 기쁨 속에서 이것을 맞이해달라는 청을 받았다.

물질주의자들은 기쁨으로 불운과 만난다는 생각만으로도 이것이 말도 안 되는 소리라 생각할지 모르겠다. 그러나 고통은 그것이 얼마나 혹독하든지에 관계없이 외형적 삶에 속한 것이며, 당신이 과거에 매달려 있지 않는 한 당신을 지속적으로 해할 수는 없다고 에머슨은 명료하게 이야기한다. "모든 상실, 모든 고통은 특별하다. 우주는 상처받지 않은 마음으로 남아 있다." 감정은 날씨와 같아서 광활한 하늘에 아무런 흔적도 남기지 않는다. 그러나 우리는 곧잘 감정을 의미나 목적과 혼동하고, 극단적인 감정 속에서 길을 잃는다. 극적인 드라마는 내가 살아 있다는 놀라운 충격을 선사하는 법이다.

고통을 갈구하는 어떤 기분들이 있다. 이 기분 속에서 우리는 현실을, 날카로운 정점을, 그리고 진실의 칼날을 찾으리라는 최소한의 희망을 갖는다. 하지만 이내 이것은 채색된 장면, 위작으로 드러난다.

당신이 고통을 고통으로 볼 때, 과거는 더 이상 당신을 통제하지 못하며, 고통이 의미를 가져다준다는 근거 없는 믿음도 마침내 사라질 수 있다.

에머슨과 스토아 철학자들은 우리가 우리의 과거와 어떤 식으로 함께할 것인지 선택할 수 있는 권한이 우리에게 있다고 강조했다. 우리 마음에 기쁜 대로 원하는 틀에 우리의 기억을 넣을 수 있는 자유가 있으며, 우리의 삶을 풍성하게 할 자유도, 축소시킬 자유도 있다. 인생에 벌어진 사건들에 경중을 달리 매길 수 있는 능력이 우리에게 있으며, 우리가 잃어버린 것의 아름다움을 기억할 능력도 있다. 세네카는 이렇게 말했다. "당신이 삶에서 파생된 큰 즐거움을 누리고 있다는 것을 인정한다면, 당신이 할 일은 빼앗긴 것에 대해 불평하는 것이 아니라 당신이 받은 것에 대해 감사하는 것이다."[4] 한탄 속에서 스스로를 잃어버렸을 때, 당신은 과거의 기쁨을, 기쁨의 기억이 가진 아름다움을 잃어버릴 위기에 처한다. 당신은 고통 때문에 사랑의 여운을 흐릿하게 만들어버릴 수 있다. 끝없이 슬픔에 빠져 있는 것은 슬픔 이외의 모든 것을 지워버리는, 사랑하는 사람과의 추억을 모독하는 것이다. "그렇다면 당신에게 그러한 친구가 있었다는 사실은, 아무것도 아니라는 말인가?" 세네카는 묻는다.

그 숱한 세월 동안, 개인적인 관심에 대한 그토록 친밀한 교감 이후 아무것도 남은 것이 없다는 말인가? 당신은 당신의 친구와 함께 그와의 우정도 땅에 묻은 것인가? 믿어도 좋다. 비록 그들은 이제 운에 따라 이곳에 없지만, 우리가 사랑했던 것의 가장 위대한 부분은 여전히 우리에게 머물러 있다. 과거는 우리의 것이다. 그리고 이미 있었던 사실들보다 우리에게 더 확실한 것은 없다.[5]

세네카는 어떻게 그 무엇보다도 과거가 '확실'하다는 말을 할 수 있었을까? 과거를 보는 방식은 우리의 선택에 달린 것이며, 기억을 무엇으로 채울지 결정하는 것도 우리의 선택에 달린 것임을 상기해보자. 감사와 환원을 통해 당신의 상실을 구원할 수 있는 힘을 가진 것은 오직 당신뿐이다. 누구도 "수천 개의 기쁨과 수천 개의 슬픔"으로 살아온 생에 감사하려는 당신을 방해할 수는 없다.

감사의 심리적, 신체적 이점은 잘 알려져 있다. 감사는 우리의 정서를 책임지는 신경전달물질인 도파민과 세로토닌의 레벨을 높이며, 건강과 행복으로 이끄는 신경 연결 통로를 강화한다. 감사는 뇌 기능을 향상하며, 오랜 기간에 걸쳐 건강하지 않은 감정들을 줄여준다.[6] 감사한 마음을 다른 사람에게 표현하느냐, 하지 않느냐는 상관없다. 이러한 통계 결과는 그에 관계없이 동일하게 나타난다. 청소년 1,000명을 대상으로 한 연구에서 밝혀진 바에 따르면 감사한 것들을 일기에 적은 학생들은 눈에 띄게 너그러워졌고 물질주의에 훨씬 덜 주의를 기울이는 것으로 나타났다. 더 나아가 계속 감사 일기를 쓴 통제 집단은 일기를 쓰지 않은 집단에 비해 소득의 60퍼센트, 혹은 그 이상을 자선 단체에 기부했다.[7] 키케로는 감사를 "인간이 가지는 모든 감정의 모체"라고 불렀는데, 이것은 감사가 다른 사람들을 보살피려는 마음을 불러일으키기 때문이다.[8] 감사는 무언가 좋지 않은 일이 벌어졌을 때 그것이 우리의 마지막이 아님을 인지하고 우리가 받은 축복을 잊지 않게, 고통에 눈이 가려지지 않게 우리를 돕는다.

파멸 후에는
반드시 부활이 있다

현명하게 기억하는 영적인 훈련을 계속하면 더 이상 과거의 잔해 속에 갇히지 않을 것이다. 우리는 파괴 이후의 회복을 자연스러운 과정으로 알고 있다. 에머슨은 자신의 일기에 이렇게 적었다. "나는 늘 패배한다. 그러나 나는 승리하기 위해 태어났다."[9] 그 회복의 일부는 우리의 "기질과 탄성"이다. 에머슨은 다시금 알려준다. "우리를 영영 일어나지 못하게 만들 것처럼 위협했던 그 충격을 우리는 얼마나 빨리 잊었는가." 결국 "자연은 가만히 있지 않는다." "새로운 희망이 샘솟고, 새로운 사랑이 휘감으며, 부서진 것은 다시금 온전해진다."

이러한 회복이 일어날 수 있으려면 반드시 그 가능성에 마음을 열어야 한다. 사진작가 존 더그데일John Dugdale은 일련의 충격적인 상실로 고통받고 회복하면서 이 교훈을 집약적으로 배웠다. 1988년 에이즈 진단을 받은 후 존은 세 번의 심각한 뇌졸중과 다섯 차례 폐렴을 겪었으며, 톡소플라스마증, 말초신경병증, 카포시 육종과 그의 거의 모든 시력을 잃게 한 CMV 망막염을 앓았다. 그리니치빌리지의 아파트에서 그는 나에게 이렇게 이야기했다. "이제 막 커리어를 시작한 참에 시력을 잃는 것, 저는 그것이 가장 무서웠어요." 존은 각진 턱에 완벽한 코와 짙은 색 머리칼이 왕관 같은, 존 싱어 사전트John Singer Sargent의 초상화를 떠올리게 하는 눈에 띄게 잘생긴 사람이다.

"모든 사람들이 저에게 사진작가로서의 인생은 이제 끝이라고 말했어요. 하지만 저는 만일 내가 시력을 잃게 된다면, 링거에 매달리는 대신 카메라 삼각대를 끝까지 붙잡고 좀 더 대범하게 이 상황을 맞기로 결심했어요."

병원에 입원해 있는 7개월 동안, 그는 만일 자신이 죽지 않고 산다면, 세계 첫 시각장애인 사진작가가 되겠노라고 다짐했다. 그는 이렇게 설명했다. "비전과 시력은 다른 것이니까요. 받아들이지 않는다면, 살아남는 건 의미가 없어요. 역설적이지요." 존이 그의 안내견을 쓰다듬기 위해 몸을 숙였다. "틀린 것도 받아들이고 그걸 나의 것을 만들어야 해요. 그걸로 당신에게 무언가 의미 있는 것을 만들어야 합니다. 감추려고 하거나 무시하려고 하잖아요? 그럼 그게 당신을 집어삼켜버릴 거예요. 상황이 그저 있는 그대로이길 바라면서 이 일이 대체 왜 일어났나, 어떻게 이런 일이 있을 수 있나 계속해서 생각한다면, 그리고 이걸 어떻게 하면 제대로 돌려놓을 수 있을지를 생각한다면, 방황하게 되는 겁니다."

우리의 경험 속으로 깊이 들어갈 때 찾아오는 변화의 기회는 그 누구도 결코 방해할 수 없는 것임을 존은 배웠다. "만일 이것을 적절하게 사용하기로 선택한다면, 무한한 힘이 될 거예요. 하지만 새로운 모습의 자신을 꿈꾸지 못한다면 실패할 겁니다. 내면적으로든 외면적으로든 비극이 일어나기 전의 내 모습으로 돌아갈 생각을 한다면, 그건 불가능해요. 일단 그 불구덩이를 빠져나왔으면, 당신은 제련된 거예요. 빠져나왔을 때 당신이 금이 되어 나오지 않는다면, 그건 못 빠져나온 겁니다." 의사의 말이 틀렸음을 증명하듯, 사진작가로서의 커리어는 끝났다는 말을 들은 이래로, 존은 전 세계에서 40여 차례의 단독 전시회를 열었다. "그리고 내 최고의 작품은 아직 탄생하지 않았습니다." 존은 그렇게 믿고 있다.

이 재기의 과정에서 겸손은 핵심적인 부분이다. 에머슨은 이것을 이렇게 풀어 이야기한다. "위대한 사람은 언제나 기꺼이 작아진다." 또한 그러한 사람은 불편함조차 기꺼이 감수하려고 한다. 왜냐하면 그것이 자신을 강하게 할 것임을 알기 때문이다. 에머슨은 이렇게 썼다. "편한 방석 위에 앉아 있다가는 잠이 들고 말 것이다. 떠밀리고, 고통받고, 패배해야 무언가 배울 기회를 얻는다." 아들이 죽고, 에머슨은 그의 정신적 충격을 걱정한 한 추종자로부터 위로의 편지를 받았다. 그는 그녀의 걱정에 감사하면서도 이 친절한 여성에게 "영혼의 힘은 그 필요에 따라 발휘되는 것"[10]이라 그의 정신과 마음은 온전하다고 확신을 담아 답했다. 비극적인 사건이나 사고가 일어났다고 해서 우리는 과거의 노예가 되거나 우리를 치유하는 자연의 힘을 잊을 필요는 없다.

슬퍼해야 할 때가 있고, 보내야 할 때가 있다. 너무 오랫동안 슬픔 속에 머물러 있으면 회복할 힘을 잃을 수 있다. **새로 시작하는 마음으로 하루를 맞이할 수 있도록 회복력을 기르려면 지금 이 순간을 인식해야 한다.** 에머슨은 길의 마지막 발자국마다 이곳이 여정의 끝이라 생각하라고 우리에게 가르친다. 또한 "좋은 순간을 최대한 많이" 사는 것이 지혜로운 것임을 기억하라고 가르친다. 에머슨의 관점에서는 "오늘의 5분이 다음 천년의 5분만큼이나 가치가 있다." 당신의 힘은 "과거에서 새로운 상태로 변화하는 순간, 격차를 마주할 때, 목표를 향해 돌진할 때"에만 존재한다.

한창 힘들 때는 내가 치유되고 있는지 그렇지 않은지 알기 어렵다. 회복의 열쇠는 인내와 신뢰다. 에머슨은 "우리가 나태했던 시기에도 나중에 돌이켜 보면 많은 것들이 성취되었고, 또한 많은 것들이 우리 안에서 시작되고 있었음을 알게 될 것"이라고 썼다. 인생을 뒤바꿀 위기를 겪어본 사람이라면 자신이 나아지고 있는지 아닌지를 알기가 얼마나 어려운지 알 것이다. 불가사의한 힘이 우리를 통해 일한다. 그 힘이 우리의 내면 세계를 이해하고, 우리가 우리의 새로운 표준을 맞이할 수 있도록 준비시킨다. 외상 후 성장에 관한 연구를 보면 불확실한 시기가 변화의 가장 적절한 때임을 확인할 수 있다. 심리학자들은 매우 중요한 상실 이후에 '긍정적 해체(positive disintegration, 개인이 자신이 누구인지 그리고 그 시점까지 성취한 것에 만족하지 않는 상태)'가 일어날 수 있으며 "우리가 그 사건을 둘러싼 자신의 고유한 생각과 감정을 들여다볼 때" 그가 성장할 수 있는 최고의 잠재력이 발현된다고 설명한다.[11] 인지적 탐색이 호기심을 발동시키고 고난 속에서 개인적인 의미를 찾는 우리의 역량을 강화한다.

성찰은 당신이 숲속에서 나올 수 있게 이끌고, 세상은 그 사랑스러움을 되찾는다. 우리는 우리가 신의 자녀임을 기억한다. "우리가 우리 자신을 생각의 빛 안에서 볼 때, 우리는 우리의 인생이 아름다움에 둘러싸여 있음을 발견하게 된다." 장막이 걷히고 지금 이 순간이 드러나며, 고통은 그 병적인 매력을 잃는다.

우리가 앞으로 나아갈 때, 우리의 뒤에서는 마치 저 먼 구름처럼 모든 것들이 기쁨의 형식을 띨 것이다. 익숙하고 진부한 것뿐만 아니라 심지어 비극적이고 끔찍한 것까지도, 기억의 사진 속에서 이들은 다 어여쁘다.

칠흑 같은 어둠 속에 있더라도 우리는 "일하고 고통받는 것은 오직 유한한 것이며, 무한한 것은 미소 지으며 휴식하고 있다"는 것을 알아야 한다. 우리가 이 지식 안에 굳건히 설 수 있다면 우리는 슬픔의 덧없음을 깨닫게 될 것이다.

몸부림칠 필요도, 분노에 치를 떨 필요도, 절망할 필요도 없다. 두 손을 맞잡을 필요도, 이를 갈 필요도 없다. 우리가 우리의 악을 잘못 만들었을 뿐이다.

에머슨에 따르면, 고통을 넘어서길 거부하는 것은 "자연의 낙관을 방해하는 것"이다. 그것을 거부한다면, 새롭게 태어나는 힘으로 앞을 향해 나아가는 삶의 흐름에 우리는 다시 들어가지 못할 것이다.

요약

고통을 모른다면 온전함도 없다. 진정한 연민과 덧없음에 대한 인내심을 기르고 싶다면 반드시 인생의 어두운 면인 비통함과 상실과 실망, 고통을 맛보아야 한다. "고통의 집"에 들어갈 때, 주변을 잘 둘러보고 빛이 들어올 틈을 발견하는 것, 그리고 어렵고 힘든 일을 극복함으로써 사람의 특징이 형성되고 또한 강해진다는 사실을 기억하는 것이 매우 중요하다. 자신에 대한 동정은 감사로 극복할 수 있다. 살아 있음에 감사하는(즐거워하는) 태도를 기르고, 혹여 즐거울 것이 없는 상황이더라도 아모르 파티(amor fati, 자신의 운명을 사랑하라)를 실천하며 삶의 소소한 것들에 축복받는 법을 배운다면 그는 영적으로 성장할 것이며, 그와 신의 관계는 더욱 깊어질 것이다. 불운의 시기를 포함한 삶의 순환은 "여행자가 알지 못하는 비밀의 목적지"로 이끄는 것임을 알고 그것에 자신을 내맡겨야 한다. 창조와 파괴는 하나다. 무너진 것들은 새로운 형태로 다시 일어서고, 잃어버린 폐허에서 솟아오른다. 부활은 우리의 본성과 결부되어 있다. 세상 모든 것의 죽음은 새로운 성장과 앞으로 피어날 번영을 위해 반드시 필요하다.

낙관
영혼은 한계를 거부한다

+++

거부함으로써 스스로를 낭비하지 말고,
옳지 않은 것에 소리치지도 말며,
그저 선한 것의 아름다움을 찬미하라.

가벼워지기

에머슨이 살던 시기에는 인간의 악human evil이라는 종교적 도그마가 전성기를 구사하고 있었다. 청교도 혈통의 후손이었던 뉴잉글랜드 사람들은 인간의 선함이 (그리고 일반적인 의미에서의 행복이) 보통의 사람들이 추구할 만한 목표라는 주장에 의구심을 품었다. 그들에게는 속죄를 위한 고행, 자발적인 고통, 독실한 비판이 도덕적 표시였다. 비관과 수치 속에서, 에머슨은 인간을 태어날 때부터 죄라는 주홍글씨가 새겨진 채 태어나는 존재, 지옥으로 떨어질 수밖에 없는 육욕의 덩어리, 타락한 생명체로

225

보는 세계관을 배웠다.

이 비관적인 관점에 에머슨은 극도로 분개했고, 그것이 어느 정도는 영국인 정착자들이 가진 유전자 속 우울의 탓으로 생각했다. 오랜 선조의 악기를 자신의 서재에 두고 있던 에머슨은 이렇게 썼다. "비극은 이올리언하프aeolian harp의 현처럼 영국인의 정신, 뇌의 반구 모두에 들러붙어 있다." 그가 믿기로 비관은 믿음의 적이었고, 인간이 가진 잠재력의 길에 놓인 바위였다. 그는 가장 타락한 인간일지라도 그 안에 선함이 있고 아직 개발되지 않았을 뿐이라고 주장했다. 빛과 그림자로 구성된 세계에서 우리의 천성은 더 밝아지는 것이며, 무지에서 자기이해로 나아가는 여정을 걷는다. 에머슨은 말한다. "더러운 진창 속에서도 무언가는 늘, 늘 노래한다."[1] "정신 건강의 척도는 모든 곳에서 좋은 것을 찾으려는 기질이다." 선함, 아름다움, 진리에는 우리가 더 높은 천사들의 말을 듣는 법을 배울 때 비관과 자기비난self-condemnation의 그늘에서 우리를 빠져나올 수 있게 안내해 줄 힘이 있다.

자신의 음울함을 쫓아낼 수 있는 위협적인 생각은 거부해 버리는 냉소주의자들의 비관주의에 에머슨은 도전장을 내밀었다. "거부함으로써 스스로를 낭비하지 말고, 옳지 않은 것에 소리치지도 말며, 그저 선한 것의 아름다움을 찬미하라." 그는 비관주의자들이 스스로를 현실주의자로 참칭하면서 자신들의 부정적인 성향을 곧잘 방어하는 것이 문제임을 알고 있었다. 객관적인 척하는 것이 비관주의의 기발한 장치다. 사기라고 해도 될 정도다. 당신이 비관하면 비관할수록, 당신은 분명 훨씬 더 현실적인 인간일 것이라 말하는 날조다. 에머슨은 이러한 가짜 현실주의와 그것의 부정적이고 전혀 창의적이지 않으며 악함에 사로잡힌 정신을 거부했다. 에머슨은 비관론자들이 낙관론자들에 대한 공격을 멈추고 그 많은 시간과 에너지를 자신들의 자기실현적 예언을 검토하는 데 쓴다면, 인간의 삶이 극적으로 향상되리라 주장했다.

에머슨은 최악을 생각하는 건 오만이라고 우리에게 이야기한다. 세상에는 우리의 생각이 미치는 것 이상의 수많은 변수가 존재한다. 인생의 불가사의한 수수께끼에 대해 그저 찰나의 인식뿐인 자신들의 제한된 지식에 놀라지 않으며 자신들이 모르는 그 모든 것에 겸허해하지 않는지 그는 의아해했다. 비관주의는 사실상 상상력의 실패, 인간 정신에 대한 치명적 배반, 그리고 그것에 대한 과소평가를 보여주는 것이라 볼 수 있다. 에머슨은 물질주의적인 관점이야 말로 우리가 가진 가장 강력한 윤리적 족쇄임을 깨닫게 되었다. 에머슨도 익히 알고 있었을 만한 이야기인데, 힌두교에는 물질주의자를 어두컴컴한 우물 바닥의 개구리 마을에 비유한 우화가 있다. 그곳에 사는 대부분의 개구리들은 그들의 축축하고 좁은 거처가 현실의 전부라고 믿는다. 그러나 용감한 개구리 한 마리는 그것을 믿지 않는다. 자신의 호기심을 더 이상 참을 수 없었던 이 반항아 개구리는 우물 벽을 타고 올라가 절벽의 끝자락을 뛰어넘어 자신의 볼록한 눈이 닿는 곳 저 먼 데까지 펼쳐진 광활하고 반짝이는 대양을 발견하게 된다. 이 "계몽된" 개구리가 돌아와 자신이 발견한 것을 다른 개구리들에게 이야기하지만, 이 끈적끈적한 집단 중에서 반항아의 말을 믿는 개구리는 아무도 없다. 이들의 반응은 비관주의자들이 그들에게 좋은 소식을 전해주려고 시도하는 낙관론자들을 대하는 방식을 닮아 있다. 합의된 관점을 위협하는 정보는 이념적 비주류로 강등된다.

이것은 잠시 바다를 본 적이 있는 반항아, 원하는 것이라고는 초월주의적 지혜를 의심하는 문화 전반에 좋은 이야기를 퍼뜨리는 것, 그것 이외에는 없었던 에머슨 자신이 지닌 딜레마이기도 했다. 에머슨과 동시대를 살았던 교육자 존 듀이John Dewey는 에머슨의 메시지를 들을 준비가 되어 있던 사람들에게 그 메시지가 어떤 영향을 끼쳤는지에 대해 다음과 같이 묘사했다. "따분한 하늘 아래에 살고 있던 사람들에게 에머슨의 등장은 구름을 뚫고 나오는 햇살 같았다." 존 듀이는 이어서 이렇게 적었다. 그는 빛에 굶주렸던 수많은 이들을 위해 "태양을 가리고 있던 장애물을 치워주었다."[2] 하지만 당시에는 에머슨의 낙관주의를 조롱하는 사람들도 많았고, 그들은 그림의 떡처럼 느껴지는 에머슨의 예상을 받아들이느니, 자신들이 가진 쭉정이를 선택하겠노라고 했다. 소설가 허먼 멜빌Herman Melville은 개인적으로는 에머슨을 존경했지만, 인류를 향한 그의 희망적인 시각은 경멸하는 반대론자였다. 허먼 멜빌은 동료 작가 너새니얼 호손Nathaniel Hawthorne과 함께 반초월주의Anti-Transcendentalist 그룹을 창설했는데, 이 그룹의 미션이란 (반초월주의자들의 시각에서 보았을 때) 에머슨과 그의 동료들 사이에 만연한 영적 부재의 위험성에 반대하는 것이었다. (이에 대해 작가 마이클 맥러플린Michael McLoughlin 다음과 같이 기록했다. "나는 그가 초월주의, 신화, 수수께끼 같은 이야기들을 잔뜩 늘어놓는 것을 들었다. 놀랍게도, 이해하기 쉬운 말들이었다." "나는 물속에 뛰어드는 모든 인간을 사랑한다. 물고기라면 무엇이든 수면 근처에서 수영할 수 있다. 하지만 5마일, 혹은 그 이상 깊이 내려갈 수 있는 건 거대한 고래뿐이다." 이러한 반초월주의자들의 유물론적 사고는 리처드 도킨스의《이기적 유전자》와 현대의 신무신론자New Atheists로 곧장 이어진다.) 반초월주의자들은 이기주의, 악, 탐욕, 증오가 인간 본성의 핵심이라 보았다. 그들은 구약성서의 인간 혐오에 믿음을 두고 에머슨이 악의 문제와 인간의 가장 어두운 충동을 무시한다며 그를 힐난했다.

이것은 그들의 치명적인 오해다. 보편적 낙관론은 악의 문제를 결코 경시하지 않는다. 에머슨은 뉴잉글랜드에 사는 그 누구보다도 인간이 초래하는 파멸을 매섭게 노려본 사람이다. 다만 그는 선한 것이 악한 것보다 비교할 수 없이 더 강함을 믿었고, 사악한 이들이 저지른 최악의 실수로 그들에 대한 판단을 결론짓지 말아야 함을 믿었다. 심각한 정신적 질병을 앓고 있는 소시오패스가 아니고서야 교화가 아예 불가능한 죄인은 드물다.

고대의 스토아 철학자들처럼 그는 영적인 바탕 위에서 악을 보았다. 우리가 서로에게 아무리 심각한 해를 입힌다고 해도 이 "존재의 근본ground of being"은 결코 훼손되지 않는다. 마르쿠스 아우렐리우스는 "자연을 따르는 것이라면 무엇도 악이 아니"라고 말하며 다음과 같이 덧붙였다. "악의 존재는 세상에 해를 끼치지 않는다."[3] 그리고 반초월주의자들은 이것이 어불성설이라 믿었다. 당연히 에머슨과 스토아 학파 철학자들도 악이란 어떤 이유로든 용납될 수 없는 것이고 반드시 적절한 처벌을 받아야 한다는 생각에 동의한다. 그러나 악은 세상의 다른 모든 것처럼 지나간다. 영원하지 않은 존재라는 것, 외적 삶의 일부로서 악의 중요성은 반드시 인식해야 하지만 과장해서도 안 된다. 에머슨은 다음과 같이 지적했다. "악은 단순한 결여일 뿐, 절대적인 것은 아니다. 이를 테면 단순히 열기가 결여된 추위 같은 것이다."

에머슨은 외형적 삶을 신봉하는 사람들은 오로지 그들이 볼 수 있고, 들을 수 있고, 만질 수 있고, 맛볼 수 있고, 냄새 맡을 수 있는 것만 믿기 때문에 이러한 초월주의자들의 생각이 주류에서는 등한시된다는 것을 잘 알고 있었다. 에머슨은 이상주의적이긴 해도 결코 몽상가는 아니었다. 에머슨의 대자代子이자 유명한 심리학자였던 윌리엄 제임스William James는 에머슨이 죽고 20년이 지난 후에 한 추모사에서 이것을 다음과 같이 설명했다. "신성은 어디에나 깃들어 있다는 신념은 그 무엇에든 부정적인 말을 하지 못하는 감수성 짙은 유형의 낙관론자를 낳기 쉽다." 그러나 "에머슨은 다름에 대한 그의 급진적인 통찰 덕분에 늘 이러한 연약함에서 가장 반대되는 곳에 서 있었다." 그는 계속해서 다음과 같이 분명하게 뜻을 전달했다. "에머슨의 낙관론과 월트 휘트먼 때문에 우리가 친숙하게 떠올리는 우주를 향한 무분별한 환호 사이에는 단 하나의 공통점도 없다." 오히려 에머슨의 탁월함은 인간 존재가 가진 결함이 정죄하지 않고 악을 인정할 수 있었던 능력에 있으며, 전후 관계를 따져 악함이 부정적인 삶의 조건으로부터 드러나는 것임을 볼 수 있었던 능력에 있다고 윌리엄 제임스는 청중에게 이야기했다.

어떤 것이 이런 식으로 행동하고, 또 어떤 것이 진정한 관계를 맺는 데 실패하는지 아는 것은 선지자의 비밀이다. 에머슨은 진정한 선지자였다. 그는 개별적 사실의 누추함을 모두 이해할 수 있었고, 그러나 동시에 그의 변화 또한 볼 수 있었다.[4]

상충되는 관점을 동시에 고려할 수 있는 능력이야말로 지혜의 핵심 중 핵심이라고 우리는 배운 바 있다. 희망적이면서도 동시에 현실적일 수 있게 해주는 것은 모순되는 것들을 연결할 수 있는 능력이다.

희망의 본질

역사학자 케이트 보울러Kate Bowler는 목숨이 위태로웠던 위기를 지나며 진정한 희망과 어리석은 낙관론에 관한 교훈을 배웠다.[5] 그녀는 고등학교 때 사귀었던 남자 친구와 결혼한 한 살배기 아이를 둔 엄마였고, 학계에서 커리어를 쌓으며 행복한 나날을 보내던 중 서른다섯 살 되던 해에 위암 4기 진단을 받았다. 의사는 그녀에게 집으로 돌아가 삶을 정리할 것을 권했다. 잔혹할 정도로 아이러니했던 것은 케이트가 그때 막 번영복음Prosperity Gospel의 역사를 추적하는 '축복Blessed'이라는 제목의 책을 썼다는 점이었다. 번영복음은 긍정적인 사고에 관한 미국 철학으로 1960년대에 인기를 누렸다. 번영복음에 따르면, 신은 우리가 옳은 일을 하고 바른 믿음을 지닐 때 우리에게 상을 베푼다. 케이트는 이렇게 설명한다. "신을 믿고 선하게 살면 신이 건강과 부, 그리고 셀 수 없이 큰 인생의 행복을 준다는 거예요. 저도 이 복음처럼 살았습니다. 이 복음이 더 이상 통하지 않게 되기 전까진 말이죠."

자신에게는 번영복음이 도움이 안 된다는 것을 깨달은 케이트는 낙관주의에 관한 자신만의 믿음을 좀 더 깊이 들여다볼 필요가 있음을 깨닫게 되었다. 케이트는 이렇게 이야기한다. "내 인생이 종이로 지어진 집이라는 사실을 인정해야 했어요. 그렇다면 다른 모든 사람들의 집도 그럴 거란 생각이 들었죠." 그녀는 뉴욕타임즈 기고문 페이지를 통해 대중에 자신의 상황을 알렸고, 이후 독자들로부터 수많은 편지를 받았다. 그녀가 암에 걸린 것에는 '뜻'이 있을 것이며, 그것은 일종의 '신의 계획'일 것이라 그녀를 설득하는 내용이었다. 그러나 케이트는, 많은 사람에게 영감을 줬던 TED 토크에서 이야기했듯, 이것을 전과 다르게 보기 시작했다. 그녀는 청중에게 이렇게 말했다. "4기 암환자로 살면서, 내가 얼마나 노력하느냐와 실제 내 수명은 별개라는 점을 알게 됐어요."

이 예기치 못한 통찰에 놀란 것은 그녀도 마찬가지였다. "이제 곧 죽는다는 확신이 들었을 때, 화가 나지 않았어요. 사랑받는 느낌이었습니다. 살면서 경험한 것 중에 가장 오묘한 일이었어요. 신에게 버림받았다고 생각해야 마땅한 순간에, 저는 무너지지 않았습니다." 오히려 케이트는 자신의 시련이 고통을 겪고 있는 다른 사람들과 그녀 스스로를 더 강하게 이어준다는 것을 깨달았다. "어쩐지 같은 상황을 겪고 있는 사람들과 더 강하게 연결되어 있는 느낌을 받았어요." 이를 통해 그녀는 번영을 구성하는 것에 관해 덜 의지적이고, 덜 결과지향적이고, 덜 거래적인 관점을 갖게 되었다. "경이롭고도 끔찍하며, 아름답고도 비극적인 사건들로 충격을 받는 세상을 보게 돼요. 제가 믿는 번영복음의 일부는 어둠 속에서, 그러니까 심지어 어둠 속에서조차 아름다움이 있을 것이며, 사랑이 있을 것이고, 때때로 그것이 차고 넘치도록 많다는 것을 느끼게 될 거라는 겁니다."[6]

에머슨은 (마술적 사고와 반대되는 개념으로서의) "앎에 기반한 희망"이 정서적인 건강과 영적 건강에 좋음을 강조했다. 윌리엄 제임스가 신체적 질병, 우울증으로 자살 충동이 이는 계속되는 힘겨움을 연료 삼아 선구적으로 매진했던 연구에서 그는 낙관주의가 인간이라는 종의 생존에 필수적인 역할을 해왔음을 지적했다. "인간의 정신과 감정은 이 비관적인 철학을 위해 만들어진 것이 아니며, 이 비관적인 철학과 함께해서는 온전한 정신과 건강한 몸으로 살 수 없다." 우리의 영향력이 미치는 범위가 작을 수도 있고, 또한 우리는 우리가 제어할 수 없는 힘의 영향을 받을 수밖에 없는 존재이기도 하지만, 그래도 우리에게 (도울 수 있는 선택을 포함해) 몇 가지 선택권이 있음을 기억한다면 "무쇠가 견뎌낼 수 있는 것 이상으로 압력을 이겨낼 수 있다."[7]

에머슨의 시대만큼이나 오늘날에도 팽배한 냉소주의는 희망의 적이다. 부정의와 부패, 사회적 불공평이 만연하지만, 여하튼 자랑스러운 이상에 기초해 세운 이곳에서 환멸은 늘 고질적인 문제였다. 에머슨은 비통해하며 이렇게 말한 바 있다. "많은 미덕이 있음에도, 그들은 믿음 아니면 소망만을 택한다. 나는 이 두 단어만큼 의미를 잃어버린 다른 단어를 알지 못한다." 에머슨은 이 영적인 천박함이 허풍과 자축의 탓이라 생각했다. 그는 이렇게 말했다. "우리는 피상적이라는 불명예를 지니고 있다. 위대한 인간, 위대한 국가는 허세를 부리거나 광대처럼 우스워지지 않는다. 그저 삶의 공포를 인식하려 할 뿐이다. 그리고 그에 맞서기 위해 철저히 대비한다." 우리는 자만한 자존심 대신 겸허함을 겸비하고, 우리의 낙관주의를 자기이해의 끈으로 묶고, 자만심의 덫을 피해야 한다.

낙관주의로 이어지는 감정의 무리에서 그 중심을 차지하고 있는 것은 희망과 감사다. 감사가 그러하듯, 희망도 잃어버린 것의 긍정적인 면에 초점을 맞추기보다는 이미 존재하는 것의 좋은 점을 더 강조한다. 희망은 눈에 띌 정도로 심리적, 신체적 건강을 증진한다. 조사에 따르면 희망의 핵심 요소인 신뢰와 기대는 뇌 속에 있는 신경펩티드neuropeptides의 분비를 촉진해 신체적 고통을 막는 것으로 알려져 있는데, 모르핀과 비슷한 효과를 낸다. 이들 모두 신경계를 보조하며 긍정적인 결과를 향상하는 호르몬들의 분비량을 증가시킨다.[8] 단, 희망이 치유 효과를 발휘할 수 있게 하려면 장애물 또한 고려해야 한다. 의사이자 작가인 제롬 그루프먼Jerome Groopman은 수십 년간의 임상을 통해 도움이 되는 희망과 독이 되는 희망의 차이를 알아냈다. 그는 다음과 같이 썼다. "거짓된 희망은 무절제한 선택을 초래하고 결함이 있는 의사결정을 내리게 한다. 진정한 희망은 존재하는 현실적 위험을 고려하고, 그것을 고려한 상태에서 최적의 길을 찾아가게 한다."[9]

현실적인 희망의 가치가 얼마나 큰지는 스톡데일 패러독스Stockdale Paradox[10]로 설명 가능하다. 베트남전쟁 때 포로로 잡혀갔던 제임스 스톡데일은 결코 견딜 수 없는 역경 속에서 그 상황을 부정하지 않으면서도 동시에 희망을 잃지 않는 방법을 찾아냈다. 스톡데일 패러독스는 우리에게 주어진 현실에서 가장 잔인한 사실에 맞서며 동시에 우리가 끝내 이기리라는 강한 믿음을 잃지 않는 것이 가능함을 보여준다. **앎을 기반으로 하는 낙관은 희망의 문을 늘 열어놓으며, 우리가 가장 혹독한 겨울의 시간을 보낼 때도 우리를 가능성이라는 따뜻함으로 보듬는다.** 이러한 희망은 신학에 바탕을 두고 있지는 않지만, 그것과는 별개로 신앙과 크게 다르지 않다. 이것은 우리의 삶 그 자체에 치유하고, 재구성하며, 다시 시작하는 힘이 있다는 것을 믿는 신앙이다. 이 신앙은 타고르가 비유했던 "여전히 어두운 새벽에도 빛을 느끼고 노래하는 새"와 비슷하다.[11] 낙관주의의 핵심은 어둠의 시간에 노래할 수 있는 능력이다. 영적인 의식은 불가능한 것처럼 보이는 것(비관론자들은 이것을 그들의 토대로 삼는다)을 초월할 수 있게 도와주고 긍정적인 변화에 마음을 열어놓을 수 있게 도와준다.

우리는 부정 편향만큼이나 긍정 편향도 함께 지니고 태어났음을 잊지 말아야 한다. 긍정 편향과 부정 편향은 모두 우리의 건강과 생존을 위해 작동한다. 우리에게 익숙한 부정 편향은 위험한 환경으로부터 우리가 살아남을 수 있게 보호하고, 긍정 편향은 우리로 하여금 또 다른 현실을 상상하게 함으로써 불가능한 상황에서 살아남을 수 있게 한다. 한 연구자는 이렇게 말했다. "이러한 편향은 우리를 보호하고, 우리에게 영감을 준다. 이 편향 때문에 우리가 높게 솟아오른 바위가 아니라 전방을 향해 나아가는 것이다."[12] 좋은 것과 좋지 않은 것이 거듭되는 환경 속에서 만일 우리가 변화를 희망한다면, 우리는 반드시 긍정적인 결과를 상상할 수 있어야 한다. 1960년대 꽃의 아이들(flower children, 히피를 이르는 말로 그들이 대개 꽃으로 몸을 장식하거나 들고 다녔던 것에서 유래된 표현)이 지녔던 사랑에 대한 낙관적인 비전은 베트남전쟁에 대한 그들의 증오에서 나온 것이었다. 베트남의 작은 마을에서 비롯된 공포와 영웅들의 죽음에 괴로웠던 히피들은 우리를 에덴으로 되돌려달라는 열렬한 간청으로 그에 응답했던 것이다.

봄이 움틀 때 비관주의자가 되기는 쉽지 않다. 악마의 거래로부터 우리를 자유롭게 하기 위해서는 반드시 자연 세계의 순수함으로 돌아가야 하며, 우리의 신뢰와 낙관주의를 지켜야 한다. 가장 위대한 초월주의자 중 한 명인 마틴 루터 킹 주니어 목사(그가 정의를 향해 구부러진다던 "우주의 호"는 에머슨의 신조에서 비롯된 것일 수도 있다)는 에머슨의 언어를 빌려 "벌고 쓰는 쳇바퀴"에서 그만 내려오라고, 삶과 우리 사이에 이어진 신성한 연결을 잊지 말라고 우리에게 애원하며 이렇게 설교했다. "우리는 언제부터인가 우리가 살기 위해 사용하는 수단들이 우리가 살아가는 목표를 훨씬 더 앞지를 수 있게 허락하고 있습니다."[13] 그는 부유한 사회가 그들을 번영하게 하는 수단에 대한 올바른 관점을 잃어버리고 그것을 올바르게 인지하는 과업에 실패한다면 그 사회는 공동의 정신을 희생하게 될 것임을 알고 있었다.

에머슨은 당시 조국이 나아가고 있던 방향을 무척이나 마뜩잖아 했지만, 그럼에도 불구하고 당대의 세대가 앞선 세대보다는 더 우월함을 전적으로 믿었고, 미래 세대 또한 그들의 조상을 능가할 것이라는 희망을 지켰다. 에머슨의 가르침이 유독 진보적인 것은 이러한 신뢰 때문이다. 우리는 그가 지켰던 번영하는 세계의 상속자이며, 희망은 인간인 우리가 태어날 때부터 획득한 권리다.

도덕 감정

에머슨은 "도덕 감정moral sentiment"을 혹여 우리가 항상 느낄 수는 없을지라도 "결코 그 우월함을 잃지 않는" 선함의 능력이라 묘사했다. 도덕 감정은 "사람이 자신의 마음과 정신을 열어 선행의 감정을 받아들일 때 나타나는 비밀, 달콤함, 그리고 모든 것을 압도하는 아름다움"과 동시에 생겨난다.

그러고 나면 자기 자신 너머에 무엇이 있는지 배워 알게 된다. 그는 자신의 존재가 매이지 않았음을 배운다. 그는 좋은 것을 위해, 온전함을 위해 태어났다. 그러나 지금 그는 악함과 연약함이란 낮은 곳에 누워 있다. 비록 그가 아직 깨닫지 못했지만 그가 공경하는 것은 여전히 자신만의 것이다.

도덕 감정은 ("사물의 본질에 대한 행동을 고수하는") 미덕과 동행하는 것으로, 우리의 긍정성과 새로운 창조의 힘과 연결된다. 이렇게 동시에 일어나는 현상으로 우리는 더 큰 안정감, 그리고 우리가 우주에 소속되어 있다는 더 큰 소속감을 느끼게 된다. 에머슨은 이렇게 썼다. "마음속에 선행의 감정이 피어날 무렵, 신성한 법Law이 온 세상을 다스리는 통치자임을 확신하게 된다. (…) 시공간이, 현세와 내세가 기쁨에 겨워 발광하는 것처럼 보인다." "영혼이 먼저 자기 자신을 알게 되는" 최고의 축복을 통해 창조의 중심에 있는 기쁨이 드러나는 것이다.

에머슨은 영혼을 평생토록 한 사람과 동행하는 육신 없는 몸이라고 묘사한다. 이것은 위대한 지성이 우리를 자아실현으로 이끄는 것과 매우 유사하다. 영혼은 우리의 본질로서 우리를 절대 포기하지 않으며, 우리의 탄생이 신성한 것이었음을 상기시켜준다. 마르쿠스 아우렐리우스 같은 스토아 철학자들에게 영혼이란 '평정을 이루는 영역'으로, 자기기억(self-remembrance, 자신의 존재에 대한 의식)을 통해 온전해진, 완성된 균형의 통합체다. 무언가를 애써 쥐려고 하지도 않고, 그렇다고 내면으로 숨어버리지도 않으며, 외부 세계에서 스스로를 잃어버리지 않은 것의 결과다. 단, 자기이해를 향한 열망에 관해서만큼은 "빛으로 활활 불타올라, 안팎으로 진리를 바라본다."[14] 에머슨은 영혼이 "한계를 거부하고 언제나 비관주의가 아닌 낙관주의를 단언한다"는 것을 알고 있었다. 그리고 도덕 감정이 이 낙관주의의 언어가 되며, 이것이 "영혼의 법의 완전함에 대한 통찰"을 제공한다고 믿었다.

영혼은 추구하는 목적에 따라 실현되는 방식이 달라진다는 에머슨의 관찰은 특히 날카롭다. 에머슨의 말에 따르면 영혼이 "지성이라는 공기를 들이쉬면 그것은 천재성이 된다. 영혼이 의지를 공기 삼아 들이쉬면 그것은 덕망이 된다. 그리고 영혼이 애착을 통과해 흘러가면, 그것은 사랑이다." 영혼은 우리가 탁월함으로 나아가게 하며, 탁월함은 종종 자아의 눈에는 보이지 않는다. ("삶에서 이것이 작동한다는 것을 우리는 느리게 감각하겠지만 영혼은 이미 잘 알고 있다.") "어디에서나 작동하는 본질적이고 민첩한 에너지, 틀린 것을 바로잡는 것, 겉으로 드러난 것들을 다듬는 것, 그리고 사실과 생각이 조화를 이루도록 하는 것"이 영혼의 증거가 된다.

우리는 충만함을 무시해온 것만큼 평범해졌고, 건강과 행복도 곤두박칠쳤다. "이 본래적 믿음의 부재로 우리는 타락한다." 지금 우리는 영혼이 박탈되고, 영적으로 타락한, 자기이해에 대한 탐구를 우선하지 않는 세상을 목도하고 있다. 에머슨은 복종과 배금을 자양분으로 하는 이 도덕적 붕괴에 관심을 기울일 것을 촉구했다. 그는 이렇게 적었다. "신성한 자연의 원칙은 잊히고 혐오가 우리의 기질을 감염시키고 위축시킨다."

한때 인간이 모든 것이었다면, 이제 인간은 부속물이며 걸리적거리는 존재다. (…) 우리는 영감의 원칙을 잃었다. (…) 기적, 예언, 시, 이상적인 삶, 거룩한 삶은 이제 단지 고대의 역사 속에나 존재할 뿐이다. 믿음에서도, 사회의 염원 속에서도 그것은 존재하지 않는다. 그런 것을 조금이라도 말하려고 한다면, 우스워 보인다.

도덕 감정이 그 지위를 잃을 때 "존재의 고결함은 더 이상 보이지 않고, 삶은 '우스워지거나 초라해진다.'" 우리는 그 어느 때보다도 근시안적이고 피상적이며 "감각에 영향을 주는 것"에 예민하다. 또한 그것들을 초월하는 것에는 무지하다. 그리고 이것은 비관주의적인 성향에 큰 영향을 준다. 마르쿠스 아우렐리우스는 우리가 멀리 보지 못하는 것을 신선한 샘을 발견했음에도 고여 있는 물웅덩이밖에 보지 못하는 남자에 비유해 설명한 바 있다. 깊은 곳의 맑고 달콤한 물을 들이키지는 않고, 수원이 가득 차 있음에도 그 샘을 저주한다. 급기야 그 안으로 진흙, 오물을 퍼담는다. 그러나 물줄기는 이것을 떠내려보내 스스로 정화하며, 늘 그렇듯 다시 깨끗해진다. 마르쿠스 아우렐리우스가 "수조가 아니라 영원히 마르지 않는 샘"이라고 말한[15] 마음이라는 물줄기에 비관주의자는 그가 원하는 만큼 더러운 찌꺼기를 잔뜩 퍼담을 수 있다. 그러나 자연의 물줄기는 이것을 깨끗하게 치우고는, 그에게 (물론 그에게 볼 의지가 있다면) 그의 생각이 잘못됐다는 것을 보여줄 것이다.

스스로에게 묻고 답하는 영적인 훈련을 통해 우리는 이 진 창을 쉽게 뛰어넘을 수 있다. 철학적인 질문들은 인지의 거름망을 형성하고, 이 거름망을 통해 우리는 우리의 정신 속에 있는 것들을 걸러내며, 문제가 되는 것들을 따로 떼어내 그곳에서 당신이 찾은 것을 자세히 들여다볼 수 있다. 이렇게 거름망에 거르는 일이 늘 기분 좋은 일이 될 수야 없겠지만, 이것은 지혜를 얻기 위한 피할 수 없는 대가다. 에머슨은 스스로에게 묻고 답하는 것을 영적 위생spiritual hygiene의 한 형식이라 여겼으며, 자아탐구를 향한 여정에서 우리가 내딛는 모든 걸음은 그 자체로 보상이라는 점을 강조했다. 소로는 이 과정을 뼈를 우걱우걱 씹는 개에 비유한 바 있다. 그의 비유에서 개가 열심히 씹는 뼈는 자기이해다. 소로는 이렇게 적었다. "당신이 사랑하는 것을 알라. 당신 스스로의 뼈를 알라. 이것을 씹어라. 땅에 묻어라. 다시 꺼내고 또 다시 묻어라."[16] 외부의 소용돌이가 아닌 자신의 내면으로 눈을 돌리면 통찰력이 분명해지기 시작한다. 당신의 행복에 책임이 있는 사람은 바로 당신 자신이라는 것이 그 어느 때보다도 선명하게 보일 것이다. **당신이 상황에 의해 피해자가 될 수는 있겠으나, 여전히 그 피해자로 남아 있는 것은 당신의 선택이다.** 이러한 책무 앞에서 우리는 압도당하는 느낌에 사로잡힐 수 있다. 그러나 평소보다 조금 더 용감한 날이라면, 그보다 더 다행인 일이 없다고 느껴질 것이다. 내면과 외부의 현실을 탐구하려는 마음,

세상이 작동하는 방식을 알아내려는 마음이 우리를 슬픔과 침체로부터 구해줄 것이다.

과학과 낙관론

1859년 《종의 기원》이 출간되기도 전에, 에머슨은 찰스 다윈이 주장한 진화론적 원칙의 일부를 자기개발self-development에 적용했다. 과학의 원대한 정신은 인간의 마음을 역동적으로 변화하는 것, 우리의 이해를 넘어선 힘에 의해 움직이는 것으로 생각한 에머슨의 이해와 맞닿아 있다. 에머슨은 물질적인 현실에 관한 과학의 이해를 인정하는 것과 인간이 알 수 없는 형이상학적 원류에 대한 인식을 기억하는 것 사이에서 아무런 갈등도 느끼지 못했다.

그에게 과학이란 영성의 부분 집합이었다. 영적인 것을 추구하는 사람들처럼 과학자들도 실험과 진실을 밝혀내겠다는 열망으로부터 힘을 얻는 사람들이다. 영적인 것을 추구하는 사람들과 과학자들은 현실을 숨기는 겹겹의 껍질을 벗겨내고 그 깊숙한 곳을 들여다볼 수 있기를 간절히 바란다. 에머슨은 영적 영역에서도 육체의 진화와 유사한 진화가 이뤄진다고 믿었다. 인류는 장구한 세월을 지나며 육체의 구조와 지식에 관해서는 위대한 도약을 이뤘으나, 영적인 발달에 관해서는 그만큼의 지식이나 노력을 달성하지 못했다. 그리고 이것은 인류의 죽음과 다름없다.

과학은, 영적인 훈련이 그러하듯, 신비의 가장 앞자리에 앉아 있다.

구시대의 신조를 가다듬고, 온갖 새로운 개념으로 우리의 유아적인 교리 문답서를 부순다. 그리고 반드시 믿음이 더 광대한 궤도에 상응하게, 믿음이 스스로 드러내는 보편적 법칙에 상응하게 한다. 그러나 도덕 감정에는 이런 것들이 새로운 일이 아니다. 그것은 아주 오래전부터 더 큰 통찰을 기대하며 기다리고 있었다.

우리가 코스모스 안에서 우리의 균형을 지키도록 돕는 과학은 자연이 과학을 위해 복무하는 것이 아니라 과학이 자연을 위해 복무하는 것임을 기억해야 한다. 이것을 기억하지 않으면 과학자들은 자신이 신이 된 양 착각하는 위험에 빠질 수 있다. 이 미끄러운 윤리적 비탈은 이미 몇 차례 끔찍한 결과를 초래한 바 있다. 과학을 진정한 종교로 여기면, 우리는 통제의 권한을 쥐고 있는 것이 누구인지(혹은 무엇인지) 잊게 된다. 우리는 "석공을 만들고 집을 지은 것은 자연"이라는 사실을 간편하게 무시한다. 과학이 그의 영적인 기능을 충족하기 위해서는 자연과 영혼 사이를 가르는 날조가 반드시 지금으로부터 영원히 끝나야 한다. 또한 과학이 인간 노력의 정점에 있으며, 마치 과학의 지배력이 우리가 얻을 수 있는 가장 신적인 것인 양 믿는 지극히 인간본위적인 믿음도 끝나야 한다. 과학에 한계가 있음을 우리가 기억한다고 해도 과학의 우수함에 대한 우리의 존경심에 일말의 상처가 나는 일은 없을 것이다. 영적인 스승이 나에게 이렇게 말한 적이 있다. "정신은 정신 너머에 무엇이 있는지 알 수 없다." 에머슨은 "모든 자연적 사실"이 영적인 사실의 상징이라고 설명했다. "자연에서 겉으로 드러나는 모든 것은 정신의 어떤 상태에 상응한다."

다른 사람들이 분리하고 나누는 세부 사항에 집중할 때, 에머슨은 학문적 범주들을 훌쩍 뛰어넘어 모든 곳에서 통합된 패턴을 발견했다. 예를 들어, 자연선택설을 알게 되기 한참 전부터 에머슨은 자연이 스스로의 풍성한 번식을 위해 희생하는 것을 발견하고 깊은 감명을 받았다.

식물은 꽃이나 나무에서 하나의 씨앗을 던지는 것으로 자족하지 않는다. 씨앗을 남김없이 뿌려 대기를 가득 채우고, 그렇게 수천 개가 죽으면, 수천 개가 땅에 심기고, 그중 수백 개가 어쩌면 땅 위로 올라와, 그중 수십 개가 만성할지 모른다. 그렇게 최소한 한 개쯤은 그의 모체를 대신하는 것이다.

이러한 차고 넘치는 풍성함이 희망의 증거라고 그는 믿었다. 이것이 낙관론자들이 갖는 세계관의 핵심이다. 자연은 비옥하며 그의 독창성은 그칠 줄을 모른다. 자연의 이러한 창조적인 과정에서 발현되는 천재성은 우리 안에서도 볼 수 있다. 모든 분야의 예술가들과 창작자들은 수많은 아이디어를 떠올린다. 새로운 생명을 세상에 내놓는 여정에서 그중 대다수는 살아남지 못하지만, 이들은 여전히 무언가를 만드는 과정에서 다종다양한 방법들을 실험한다. 사랑하는 사람을 만나 결혼하고 가정을 꾸리고 싶어 하는 사람들은 대개 자신과 맞는 사람을 찾기 위해 사랑의 그물을 먼 데까지 던져두곤 한다. 영적인 것을 추종하는 사람들은 자신에게 맞는 훈련법을 찾아 빠르게 그 실현에 가닿기 위해 이곳저곳 문을 두드리고 셀 수 없이 많은 가르침을 시도한다.

이러한 역동성에 대해 쓸 때, 에머슨은 아마도 다중우주에 생명을 낳는 힌두교의 시바(Shiva, 파괴의 신)와 샤크티(Shakti, 우주의 활동적인 힘)를 묘사한 것이 아닐까 싶다.

온 세상이 떠들썩하게 원주민을 압박하더니 이들은 스스로 체제 곳곳에서 번성한다. 원자 단위로 번성하고, 모든 종류의 생명체를 통해 번성하고, 모든 인간의 역사와 성과를 통해 번성한다.

에머슨은 창조 세계의 태곳적 힘, 생명의 에너지로 들끓는 자연이 목소리를 낼 수 있게 하고 있다. 그는 어쩌면 물질과 에너지, 그리고 그 둘이 어떻게 하나일 수 있는지를 고민했던 아인슈타인, 슈뢰딩거를 비롯한 여타의 과학자들이 발견한 것을 예견하고 있었는지도 모른다. "별, 모래, 불, 물, 나무, 사람을 혼합해보자. 이것은 여전히 하나의 물질이다. 그리고 같은 특질을 배반한다." 그는 이렇게 적었다. "전기가 없다면 공기는 부패할 것이다." 우리도 우리의 배터리를 충전하지 못한다면, 영적인 것을 추구하는 우리의 열망도 그만큼 빠르게 식어버릴 것이다.

패배 대신 희망을 선택하는 것에는 치유력이 있다. 과학이 영혼을 구원하는 힘을 발휘할 수 있는 것은 그것이 우리 안에 있는 탐험가, 모험가, 영웅에 대해서 말하기 때문이다. 과학은 우리에게 우리의 감각 너머에 존재하는, 우리의 눈에 보이지 않는 세계에 대한 이야기를 들려준다. 우리 정신의 문이 빼꼼히 열려 있을 때, 저 무한함을 향해 열려 있을 때, 희망은 숨을 쉴 수 있다. 그렇지 않고서야 왜 인도주의적 필요가 절실한 나라들이 수십조를 들여 우주를 탐험하겠는가. 아이들이 굶주리고 지구가 위험에 처했는데 화성에 헬리콥터를 보내야 한다고 하는 사람이 누구인가? 답은 이성적이지 않다. 답은 영적이다. 우주여행은 우리의 한계를 초월해 미지의 세계로 나아가 자유를 찾고 싶다는 집단적 염원을 충족시킨다. 인간이란 자신들의 영적 생존을 위해 위험과 상상에 의존하는, 폐소공포증을 앓는 종種이다. 이렇게 하지 않으면 우리는 존재론적 충격에 얼어붙거나, 쌓이고 쌓였다가 한순간에 무너져내리는 불안과 비관주의에 숨이 멎을 것이다. 우리 스스로를 확장하는 능력, 경이를 경험하는 능력이 우리를 이 덫에서 빠져나올 수 있게 해준다. 과학자들과 영적인 것을 추종하는 사람들은 이 인간 해방의 창구를 열어놓기 위해 헌신하는 사람들이다. 에머슨은 이렇게 썼다. "인간은 경이를 사랑하고, 이것이 과학의 씨앗이다." 경이로움은 인간과 신을 이어주는 다리다.

요약

현실적인 낙관주의는 자기신뢰의 핵심이다. 이러한 현실적인 낙관주의는 모든 일이 잘될 것처럼, 우리가 영원히 행복할 것처럼 행동하지 않는다. 현실적인 낙관주의는 현실에 기반한 사실을 부정하지 않으며, 여기에는 인간의 파괴성과 악함에 대한 정의로운 분노가 필요하다는 사실도 해당된다. 낙관주의는 우리의 지식이 부족하다는 것, 미래를 예측하는 능력이 부족하다는 것에 대한 겸허한 인식에 의지한다. 또한 자연에 있는 모든 것들은 끊임없이 변화한다는 사실에도 기댄다. 불운은 희망적인 결과를 낳을 수도 있으며, 파괴가 새로운 방식의 성장을 견인할 수도 있다. 상상력을 거세한 비관주의는 사람을 거만하게 한다. 특정한 결과를 희구하는 집착적 희망은 도움이 되지 않는다 하더라도, 영적인 희망은 인생을 구원하며 운명의 뜻하지 않은 변화와 잠재적인 새로운 가능성에도 마음을 열 수 있게 해준다. "도덕 감정"은 당신의 보다 선한 천사와 한계를 거부하는 영혼과의 유대감을 계속해서 간직할 수 있게 해준다. 미덕은 침잠하는 정신을 추켜올려 그의 기원이 무한히 확장하는 신성한 것에 있음을 다시금 상기시켜준다. 이 야심 찬 영혼의 결과물인 과학은 진리를 찾고 오해를 부수며 탐험을 향한 우리의 필요를 충족시키고 무지의 횡포로부터 자유롭게 하는 길로서, 태생적으로 낙관적이다. 과학의 영적인 토대가 잊히고 과학자들이 자신을 신이라 착각하지 않는 한, 과학은 결코 우리의 행복과 안녕을 위협하지 않는다.

경외
우리에게 필요한 감정은 경탄이다

+++

지구는 꽃으로 웃어 보인다.

놀랍다면 표현하라

1871년 봄, 에머슨은 미국 서부로 여행을 떠났다. 요세미티국립공원에 방문할 목적이었다. 그가 요세미티에 방문하게 된 이유는 두 가지였다. 먼저 국립공원의 중앙에 있는 거대한 엘캐피턴El Capitan을 눈에 담는 것이었고, 다른 하나는 그 명성이 콩코드에까지 전해질 만큼 드높았던 서른세 살의 전직 군인, 존 뮤어John Muir를 만나는 것이었다.

존 뮤어는 3년 전에 요세미티에 도착했고, 그 이후로 요세미티의 수호성인이 되었다. 스코틀랜드 태생의 존 뮤어는 샌프

란시스코를 향해 서부를 여행하던 중 한 협곡에서 멈춰섰다. 그는 그곳의 풍광에 완전히 매료되어 그곳에 터를 잡고 살기로 결심한다. 그는 자신의 일기에 이렇게 적었다. "이 협곡이야말로 이곳의 명성에 걸맞은 곳이다." 존 뮤어는 "어렵사리 가파른 절벽을 내려오면 폭포를 더 가까이에서 볼 수 있다. 이 꽃에서 저 꽃으로 지칠 줄 모르고 뛰어다니는, 함성을 내지르고 아우성치는 장관"[1]이라 묘사했다. 그는 요세미티크릭Yosemite Creek을 따라 작은 오두막을 짓고 낮이면 "양철컵 하나, 찻잎 한 줌, 빵 한 덩이, 그리고 에머슨의 책"[2]만 갖고서 자연 속에서 장엄한 아름다움에 둘러싸여 있었다.

그가 가장 사랑하는 문학가가 곧 도착한다는 사실을 알았을 때, 존 뮤어는 에머슨을 너무나도 존경한 나머지 차마 다가가지 못했다. 존 뮤어는 당시를 이렇게 회상했다.

나는 그렇게 행복해본 적이 없는 사람처럼 행복했다. 마치 천국에서 천사가 직접 내려와 시에라네바다에 불을 밝혀준 듯, 내 심장이 쿵쾅댔다. 하지만 나의 경이로움과 그에 대한 존경심이 너무 커서 나는 감히 그에게 다가갈 수도, 그에게 말을 걸 수도 없었다.[3]

대신 존 뮤어는 에머슨에게 자신이 지역을 안내해주겠다는 쪽지를 남겼다. 에머슨은 기뻤다. 그렇게 닷새 동안 두 사람은 협곡 주변을 함께 돌아다녔다. 존 뮤어는 요세미티의 자연경관이 선사하는 경이로움을 쉴 새 없이 자랑스럽게 소개했고, 일흔한 살의 노인 에머슨은 그의 이야기를 귀담아들으려 최선을 다했다. 이 건장한 스코틀랜드 남성은 소로만큼이나 자연에 관한 해박한 지식을 갖추고 있었고, 에머슨은 작가 인생 막바지에 이르러 그가 너무도 오랫동안 기다렸던 선지자적인 자연주의자를 발견한 것에 무척 흡족해했다.

존 뮤어에게 에머슨의 방문은 "안수按手를 받는 것"이었다. 최고의 문인이 자신의 작품에 축복 기도를 해준 것이었다. 이듬해 봄, 존 뮤어는 그의 새로운 친구에게 편지를 보내며 그가 다시 협곡에 방문하도록 달콤한 말을 늘어놓았다. "작년에 받았던 세례만으로 만족할 수 없지 않은가요." 그는 에머슨에게 다음과 같이 호언장담했다.

그것은 그저 몇 방울에 지나지 않았습니다. 와서, 물에 잠기십시오. 당신이 경험할 영혼의 소생과 씻김을 생각해보세요. 그 이후에 빛날 당신의 인생을 생각해보세요. 이곳은 우리의 모든 영원이 깃든 해안입니다. 이곳에서 우리는 더 쉽게 신을 볼 수 있어요.[4]

경이로움, 그리고 이 새로운 이민자가 표현하듯 "물질주의에 완전히 굴복해버린 영혼을 구하기"[5]위한 임무로 두 사람은 함께했다. 뮤어는 자연적 풍요로움 때문에 "가진 미덕과 평화에 비해 너무 빠르게 성장"하는 것에 심히 걱정했다. 그리고 "땅은 국가적 보물로 보호받으며 신중하게, 그리고 합법적으로 사용됨이 마땅한데 야만적인 강도, 저주받은 종족에 의해 약탈당하지 않을지"[6] 두려워했다. 두 사람은 탐욕이 신의 계획을 망칠 수 있는 위협 요소라는 신념을 공유했으며, 숭배와 경탄의 깨달음이 만연해져야 영혼이 보전될 것이라는 믿음을 공유했다.

비록 존 뮤어가 선택한 곳이 보기 드물게 유독 아름다운 곳이긴 했지만, 에머슨은 사람이 세상의 신비와 아름다움에 경탄하기 위해 반드시 자연의 경이로운 경관이 필요한 것은 아님을 분명히 했다. 그는 "변하지 않는 지혜의 핵심은 보통의 것에서 기적을 발견하는 것"이라고 가르친다. 우리가 스스로 경험한 것에 완전한 주의를 기울일 때, 그리고 시간을 들여 그것이 끼친 영향력을 숙고할 때, 그때 비로소 그러한 경이가 가능해진다. "우리의 정신 속에서 반추의 행위가 일어날 때, 사고의 빛 안에서 스스로를 볼 때" 우리는 세상의 신비를 다시금 발견하게 된다고 에머슨은 적었다. 잠시 멈춰 우리가 경험한 것들을 집중해 볼 때, 그것만으로도 우리는 경이로워하기에 충분한 조건을 갖춘 것이다. 한순간의 명료한 시선만으로도 심장이 반으로 갈라지고 마음이 열리는 일이 일어날 수 있다. 그 누구보다 견고히 냉소적인 사람도 마찬가지다. 지극히 물질주의적인 사람(에머슨이 "확고한 자본주의자"라고 말한)도 인생의 회계장부에서 눈을 돌려 그를 둘러싼 모든 곳곳에 깃든 신비를 바라본다면 그는 곧 초월주의자가 되리라고 에머슨은 생각했다. 그의 집이 올라서 있는 지반, "퀸시Quincy의 화강암이 얼마나 깊고 반듯한지에 상관없이" 그가 생각하는 평범한 세계는 환상에 불과하다는 것을 인지하고 나면, 그의 눈에서 비늘이 벗겨질 것이다. 그는 마침내 자신의 존재 기반이 마련되었다는 것을 스스로 결국 깨닫게 될 것이다.

(존재의 기반은) 구조와 각이 맞는 정육면체가 아니라 알 수 없는 물질 덩어리, 탄탄함, 그 중심은 어쩌면 붉게 뜨거울 수도 있고, 또 푸르게 뜨거울 수도 있는 것임을. 이것은 거의 완벽에 가까운 구형으로 완성되었고, 포근한 대기 중에 둥둥 떠 있으며, 소용돌이치며 날아가 둑과 인부들을 시속 수천 마일의 속도로 끌고 간다. 그는 어디로 향하는지 모른다.

매일 일상을 살면서 우리는 우리가 어디에 발붙이고 있는지 안다고 믿고 있지만, 사실 우리는 우리가 상상할 수 없는 커다랗고 텅 빈 구멍, 그 끝자락에 있는 작은 3차원의 공간을 통과하는 "점멸하는 점의 표면에서 춤을 추고 있을 뿐이다." 경외심은 우리의 성장하는 천재성을 소멸시켜 우리의 생각을 협소하게 만드는 오만한 세상이 거짓임을 보여준다. 우리가 눈을 뜨고 이 "야생의 열기구"에 올라탄다면, 우린 언제나 경이로움에 닿을 수 있다. 생각을 집중한다면, 우리가 이미 존재하는 이 생각지도 못할 기적 같은 일에 압도되지 않을 사람은 거의 없을 것이다. 에머슨은 이렇게 썼다. "어떻게 우리는 침묵 속에서 나와 이 청각의 세계로 들어왔을까. 이것이 경이로움 중의 경이로움이다. 다른 모든 놀라움들은 이보다 못하다." **우리가 오직 경이로움으로 이 짧은 우리의 생애와 만날 때, 비로소 인생은 진정한 의미를 지니게 된다.** "끝없는 공허라는 거품이 우리를 집어삼키기 전에" 우리는 "손을 높이 뻗어 코스모스를 외치며 우리의 경이로움을 표현해야 한다."[7]

코스모스, 즉 아름다움은 물질이라는 렌즈를 통해 잠시 맛보는 영원이다. 더 높은 의식으로 통하는 문이다. "모든 아름다운 것에는 모종의 측정할 수 없는 신성이 깃들어 있다"고 에머슨은 우리에게 이야기한다. 그리고 이 아름다움이 깃들 때, 모든 존재가 가진 자신만의 고유한 사랑스러움을 발견하는 투시력透視力이 생긴다. "강렬한 빛조차 아름다움을 드러내지 못할 정도로 더러운 것은 이 세상에 없다."

우리가 하고 있는 이 인생이란 평범한 게임, 그 아래에는 어리석어 보이는 자잘한 것들, 우리를 놀라게 하는 원칙들이 여기에 있다.

놀라움에 대한 의지의 유무에 따라 우리의 정신은 밝아지기도 하고 빛을 잃기도 한다. 놀라움은, 에머슨의 표현을 따르면 "광채", 즉 우리의 정신을 고양시키는 높은 인식의 섬광을 향한 길을 준비하는 것이다. 우리의 인생에 찾아오는 크나큰 변곡점들은 그저 사건에 지나는 것이 아니라고 그는 우리에게 이야기한다. 이것은 우리의 시각을 변화시키는 빛의 순간이다.

시간이 멈추다

빛을 발하는 순간들은 정신의 산만함을 저지하고 시간에 대한 우리의 습관적인 감각을 바꿈으로써 우리를 변화시킨다. 우리가 겪는 존재의 충격은 우리의 감각을 온전히 일깨우고 "영원한 현재"의 광활함을 인식할 수 있게 경종을 울린다. 이렇게 일깨워진 상태는 무언가를 보는 우리의 일반적인 방식과 너무나도 달라서, 이를테면 이런 "잠깐 빛을 발하는 순간들"은 결코 지워지지 않는 것이 되어 우리가 잊은 것처럼 보이는 것들을 일깨운다. 에머슨은 정신이 고요할 때 우리는 "우리가 살고 있는 깊은 힘, 우리 모두에게 허용된 축복을 가진 그 힘"에 닿게 된다고 설명했다. 이렇게 환히 빛나는 상태가 되면 존재의 비이원론적 성격을 알게 되고 환상에 불과한 장애물들은 더 이상 눈에 보이지 않게 된다. 그리고 그때 "보는 행위와 보여지는 대상, 보는 사람과 광경, 그리고 주체와 객체는 하나"가 된다. 에머슨은 이러한 경험들은 자연스러운 것이며, 주파수를 맞춘다면 그 빈도 또한 증가한다고 말한다. 에머슨은 이렇게 예언했다. "나는 그 황홀경이 일상적인 것이 되는 때가 오리라 믿는다. 돌이 떨어지고 강이 흐르는, 똑같이 부드러운 중력이 작용하는 조금 더 높은 평원인 것처럼."

미국의 심리학자 에이브러햄 매슬로Abraham Maslow는 절정경험peak experiences에 관한 그의 획기적인 연구에서 의식의 고양된 상태를 연구한 바 있다. 윌리엄 제임스의 통찰에 착안한 매슬로는 경외와 경탄이 과학적 연구의 진지한 주제로 자리매김하는 데 도움을 주었다. 비록 그는 초월주의자로서의 역할을 거부했고, 절정경험을 자연 속에서의 영적인 경험이라 여기는 것도 거부했지만, 그럼에도 불구하고 매슬로의 연구는 에머슨의 철학과 놀라울 정도의 유사성을 보인다. 매슬로는 30년에 걸쳐 수천 명의 환자를 연구했고, 그 결과로 절정경험이 그가 "경험자에게 신비롭고 마법 같은 영향을 끼치는, 현실을 이해하는 발전된 양식"[8]이라 부르는 것을 만들어낸다는 사실을 발견했다. 뿐만 아니라, 이러한 초월적인 절정경험은 굉장히 현실적이며 삶을 향상시키는 이점을 제공하기도 한다. 절정경험을 경험하는 사람은 다른 그 어떤 때보다도 스스로를 자신의 행동에 관해 책임감이 있고, 적극적이며, "창조적 중심"이라 인식할 가능성이 크다.

(외부의 영향에 흔들리고, 의존적이고, 수동적이고, 연약하기

보다는) 삶의 책임자로서 스스로 결정한다. 자신의 주인이 곧 자기 자신임을 느끼며, 온전히 책임을 다하고, 자신의 의지로 행동한다. 그 어느 때보다도 자기 운명의 주인으로서, 주체로서 "자유의지"를 발휘한다.[9]

매슬로는 우리가 보통의 삶에서 경험하는 결핍 인지Deprivation Cognition에 반대되는 의미로 존재 인지Being Cognition라는 용어를 사용해 그것의 경험자들에게 발생한 인지 변화를 설명한다. 이 존재 인지 속에서 그들은 시간 및 공간과의 변화된 관계를 체험한다. 또한 내면의 갈등에서 자유로운 완전함과 화합을 느끼고, 자신의 모든 능력을 사용하고 있으며, 가진 역량을 최대치로 발휘하고 있다는 감각을 느끼게 된다. 또한 부담감이나 어려움 없이 크게 힘을 들이지 않고도 잘 수행하고 있다는 느낌을 받는다. 매슬로는 존재 인지를 체험하는 사람은 "사회적 관습에 제약되지 않은, 자연스럽게 흐르는 행동"을 보여주며, 더 즉흥적이고 감정도 더 많이 드러낸다고 설명한다. 존재 인지를 경험하는 사람은 창조적인 아이디어에 새로이 마음을 열며, "과거의 경험, 혹은 예상되는 미래의 경험에 구애받지 않고" 그저 현재를 열렬히 인식하며, 결코 기억에서 잊히지 않을 놀라운 방식으로 유연해지고, 자유로워지며, 주의를 기울이게 된다.[10]

이렇게 시간의 영향을 받지 않는 차원으로 들어가는 문에는 명상, 요가, 기도, 환각적 도취 상태, 극한의 고통, 육체노동,

(성적인) 친밀감 등이 있다. 심지어 성가를 부르거나 황홀경에 이른 듯 자유롭게 몸을 움직일 때도 포함된다. 생각하는 정신을 잠시 멈추기 위해 당신이 어떤 방법을 사용하든, 이 방법들은 모두 비슷한 목적을 이룰 수 있게 도와준다. 바로, 당신의 마음을 열어 영원으로 뻗어나가는 현재를 받아들이게 해주는 것. 나는 30년 전 인도를 방문했다가 한 성인의 무덤에서 이 영원함을 느끼는 강렬한 경험을 한 적이 있었다. 퐁디셰리에서 나는 오래전에 세상을 떠난 이의 무덤을 보기 위해 길게 줄을 선 수백 명의 다른 순례자들 사이에 서 있었다. 나보다 몇 앞선 곳에 독일인 어머니가 한 분 있었고, 그녀는 장애를 가진 자신의 아들이 대리석 무덤가에 무릎을 꿇을 수 있게 도와주고 있었다. 열두 살도 채 되지 않았을 것으로 보이는 소년은 무릎을 구부리는 것이 어려운 듯했다. 마침내 어머니의 도움을 받아 소년은 땅에 무릎을 댈 수 있었고, 몸을 숙여 무덤 위에 이마를 가져다 대었다. 나는 차가운 대리석을 맨발로 느끼며, 무덤 위에 수북이 쌓인 꽃의 향기를 맡으며, 소년의 평온한 표정을 보았다. 그 순간, 나를 깊은 평안으로 이끄는 거대한 침묵이 내 마음 위에 내려앉은 것 같았다. 나는 내 안에서 박동하는, 살아 있는, 강렬한, 그리고 완전하게 충만한 순간을 느꼈다. 나와 세계 사이의 마음의 소란이 일시에 사라졌다. 그 장면을 마치 커다란 조리개를 통해 보고 있는 것 같았던 나는 그곳에 있었으나, 동시에 그곳 너머에 있었다.

마침내 소년은 눈을 뜨고 다시 어머니의 도움을 받아 일어섰다. 나의 두 눈은 무덤 위쪽에 놓인 성인의 사진 근처에 흐드러지게 피어 있는 금잔화로 향했다. 햇빛을 받아 밝게 빛나는 금잔화는 나를 그들의 반짝이는 빛으로 이끌었고, 주변의 다른 것들은 눈에 들어오지 않았다. 그때였다. 시간이 멈췄다. 그것은 너무도 강렬한 경험이었다. 몇 년 후, 에베레스트에 오른 한 팀의 팀원이었던 남자가 쓴 글을 읽게 되었는데, 그 글을 읽고 나는 인도에서의 그 순간을 떠올렸다. 다른 산악인들과 함께 정상에서 내려오던 중, 그는 극히 감명 깊은 풍경을 보기 위해 잠시 발길을 멈췄다. 눈을 돌려 땅을 보았다. 그리고 그곳에서 눈 속에서 자라고 있는 작고 파란 꽃들을 보았다.

그때 벌어졌던 일을 내가 무엇으로 설명할 수 있을까. 모든 것이 열리더니 함께 흘러갔고 그렇게 매우 낯선 감각을 불러일으켰다. 그리고 나는 완전한 평온에 이르렀다. 내가 얼마나 오랫동안 그 자리에 서 있었는지 기억나지 않는다. 몇 분이었을 수도 있고, 몇 시간이었는지도 모를 일이다. 시간이 녹아내렸다. 그러나 내가 그 산에서 내려왔을 때, 내 인생은 달라져 있었다.[11]

우리가 처한 환경보다 경이에 대한 우리의 민감도가 더 중요한 것임을 에머슨은 알고 있었다. 가장 무미건조한 만남조차도 우리를 "반짝임"으로 데려다줄 수 있다. 1836년의 어느 날 오후에 에머슨은 연로한 퀘이커교도 메리 로치Mary Rotch를 방문한 후 기대치 않았던 굉장한 깨달음을 얻게 되었다. 메리 로치와의 만남 후 혼자 응접실에 있던 에머슨은 그날의 경험을 일기장에 적었다. "눈을 뜨고, 보이는 것들이 눈을 통과해 영혼으로 들어오도록 받아들였다."

나는 케임브리지나 보스턴과의 관계를 더 이상 보지 않았다. 나는 시계가 가리키는 몇 분, 혹은 몇 시간을 더 이상 신경 쓰지 않았다. 내 눈에는 그저 내가 태어난 고귀한 지구와, 그것을 따뜻하게 해주고 일깨워주는 위대한 별만이 보였다. 소나무는 반짝이며 나에게 그들의 수수께끼를 맞춰보라 도전장을 내밀었다. 참나무 잎들은 공중제비를 돌고, 바람은 머리 위 높은 곳에서 부산스레 움직였다.[12]

똑딱거리며 흐르는 시간, 걱정스러운 마음, 그 너머에서 이 초월적인 관점은 언제나 가능하다. 그러나 이것이 워낙 어디에나 있고 필수적이기 때문에 오히려 대부분 우리의 시야에 들어오지 않는다. 이곳이 바로 경외심이 찾아오는 곳이다. 우리가 자연 속에 푹 빠져 있든, 음악을 듣든, 예술 작품을 감상하든, 아이와 놀든, 사랑을 나누든, 기쁨 혹은 슬픔 속에서 다른 사람들과 유대감을 형성하든, 맑은 하늘을 올려보든, 우리가 경이로워할 때 정신은 고요해진다. 그때 마음의 창이 미끄러지듯 열리며, 우리의 일상적인 시야 너머에 있는 빛나는 세상에 들어갈 수 있는 자격을 준다. 경외심은 우리가 일부러 만들어낼 수 있는 종류의 것은 아니다. 그러나 우리가 조용한 마음으로 더 높은 인식에 주의를 기울이는 환경을 조성한다면, 경외감을 일으킬 수 있는 순간들이 우리에게 찾아올 수 있다.

긍정심리학은 매슬로의 연구 결과를 그대로 받아들여 발전시킨 분야로 경외감에 대해 많은 것을 이야기하고 있다. 경외감의 경험은 친사회적 행동, 비판적 사고, (낮은 스트레스 레벨, 면역계 기능 강화, 그리고 관절염, 당뇨, 임상우울증, 심장 질환 발병률 저하를 포함한) 높은 심리적 기능과 연결되어 있다.[13] **경외는 아무 생각 없이 보내는 평범한 일상에서 우리를 흔들어 깨워 세상의 아름다움을 있는 그대로 보여주는 자연의 알람 시계다.** 우리는 감각하게 되고, 굳건히 서게 되며, 온전해진다. 에머슨은 인생에서 많은 시간을 이러한 상태를 경험하며 보냈다.

나는 동틀 녘에서 일출 때까지, 우리 집 근처에 있는 언덕 꼭대기에서 아침의 장관을 본다. 천사라면 알아줄지도 모를 감정으로.

이 성례聖禮 같은 광경은 평범한 순간에 신을 향한 인식을 더함으로써 우리 삶의 방식을 바꾸어놓는다.

우리는 결국 그 만들어진 과정 속에서 모두 신비로운 존재다. 경외는 인간의 생물학적 요소 중의 하나인 것이다. 시간을 초월하는 것을 느끼는 경험, 비선형성의 경험, 신성함의 경험은 우리가 웃고 밥 먹는 것처럼 일반적인 것이다. 프랑스의 철학자 생 마르탱Louis-Claude de Saint-Martin은 우리에게 상기시킨다. "모든 신비는 같은 모국에서 온 터라, 모두 같은 언어로 말한다."**14** 이 것은 우리의 공통된 기원이기도 한 한마음, 바로 우리가 연결되는 곳, 우리의 영적인 고향이다. 우리는 다른 사람들에게 경외심을 불러일으키는 법을 배우며, 그들과 함께하는 것을 추구한다. 바로 이 점이 경이로움 또한 여타 모든 감정들처럼 전염되는 것임을 증명한다. 정서적 지능 분야의 선구자인 대니얼 골먼Daniel Goleman은 나에게 이렇게 말했다. "마치 감기에 걸리듯, 우리는 다른 사람들의 감정에 감염됩니다." 이 감염이 경외에도 적용되는 것이다.

그가 하버드에서 박사 후 연구원으로 있던 시절, 인도에서 만난 영성 전문가를 연구하던 중 이러한 특징을 발견했다고 이야기한다. 널리 인정받은 스승들은 충격적인 상황 속에서도 "활발하고, 적극적이며, 극히 현재에 집중하고 그 순간에 참여하며, 대개 유머러스하고, 그러면서도 매우 평화롭고 침착하다"는 것이 골먼이 발견한 사실이었다. 그들은 다른 세상에 멀리 떨어져 있는 신비라는 전형적인 생각을 거부했다. 사실 그들이 보여준 특징(산스크리트어로 '기쁨'을 뜻하는 수카sukha라 하는 것)도 독특한 존재감을 드러낸다. 골먼은 "그들과 함께 시간을 보내고 나면 늘 기분이 한결 나아지고 그 기분이 지속된다"고 말했다.

　매슬로를 알던 사람들의 말에 따르면, 매슬로도 이러한 특징을 지닌 사람으로 열정과 호기심, 연민, 관용, 사랑이 넘쳐흘렀다고 전한다. 절정경험을 체험한 사람들과 만나면 만날수록 그도 점점 더 행복한 사람이 되었던 것 같다. 극심한 어머니 콤플렉스에 시달렸던 브루클린에 사는 우울한 꼬마. 그 꼬마가 자라서 인간의 잠재력에 대한 연구를 통해 경이로움과 경외를 대변하는 사람이 된 것이다. "자기실현self-actualizing을 하는 사람들은 동시에 가장 개인주의적이고, 가장 이타적이며, 사회적이고, 모든 인간을 사랑하는 것은 진실이다." 매슬로는 이렇게 믿게 되었다.[15] 에머슨의 삶에도 이와 비슷한 자가치유 과정이 있었다. 그도 우울하고 스스로를 혐오하는 '아무짝에도 쓸모없는 놈ne'er-do-well'에서 영적인 사람이 되는 괄목할 만한 변화를 이뤘다. 에머슨의 이웃이자 반초월주의자였던 너새니얼 호손조차 중년의 남성인 에머슨이 뿜어내는 전염성 강한 경이로움, "빛나는 옷을 입은 듯 널리 광채를 발하는 그의 존재"[16]에 놀라워했다. 스페인의 철학자 조지 산타야나George Santayana도 유사한 관찰을 한 바 있다.

　사람들은 그에게 벌떼처럼 몰려들어 그의 말을 듣는다. 그러나 그의 말의 완전한 의미를 듣고자 함이 아니요, 마치 신성한 음악을 듣듯 거기에서 느껴지는 순백, 순수, 고요의 분

위기를 느끼고자 함이다. 더 높은 세계와 상통하는 진귀하고 아름다운 영혼의 현존을 느끼는 것이다.[17]

충격과 경외

인간의 유전자 지도를 완성하고, 우주로 여행을 가고, 전자기기를 이용해 지구 반대편에 있는 사람과도 연결될 수 있는 작금의 세대는 역사상 그 어느 세대보다도 이 모든 것에 경탄을 금치 못해야 함이 마땅한 세대다. 그러나 우리는 오히려 경이로움으로부터 멀어져가는 것처럼 보인다. 쉴 틈 없이 생겨나는 놀라운 기술적 성취들에 수적으로 압도당하고 선택에 압도당하는 우리는 경외의 감각을 다시 얻을 수 없다. 우리는 이 모든 혁신의 중심에 서 있지만, 새로움, 다양한 변화, 일시적인 만족감에 중독되어 점점 더 즐거움이나 행복을 느끼지 못하고 깊은 만족감을 느끼기 어려워한다. 이 현상을 유대인 신학자 아브라함 헤셀Abraham Joshua Heschel은 이렇게 설명한다. "우리가 충분히 경탄하지 못한다는 것도 충격적이지만, 충격할 만한 일에도 충분히 충격받지 못한다는 점이 또한 충격적이다."[18] 소비주의는 우리에게 많은 쾌락을 주지만 즐거움은 주지 못하고, 넘쳐나는 정보는 주지만 지혜는 주지 못하며, 끊임없는 참신함은 줄지언정 경이로움은 그다지 주지 못한다.

경이로워하는 마음이 줄어들면 불안이 활개를 친다. 앞서 배운 바와 같이 공포는 우리의 마음을 좁게 만들어 행복하고 건강한 삶으로 향하는 길을 막아버린다. 경이는 감각의 문을 열어 그 안으로 초월적인 것이 들어올 수 있게 해준다. 결핍 인지는 현실을 데이터값으로 축소시키고, 찬란한 전체를 흐릿하게 만든다. 존재 인지는 물질주의자의 단어를 사용해 현실을 정의하는 우리의 세속적인 경향을 뒤바꿔 우리의 영혼을 우리 존재의 중심으로, 즉 그가 있어야 할 바른 자리로 되돌려놓는다. 엘리엇T. S. Eliot은 이렇게 썼다. "우리 정신의 습관에 따르면, 우리는 기적의 언어로 자연을 설명하는 것보다 자연의 언어로 기적을 설명하는 것을 더 쉽게 여긴다. 이것이 우리 영혼이 쇠락하는 원인이다."[19]

신비주의자였던 에머슨은 이중은폐(double-blind, 환자와 의사 양쪽에 치료용 약과 플라시보의 구별을 알리지 않고 제3자인 판정자만이 그 구별을 알고 있는 약효의 검정법) 실험이 필요하지 않은 곳, 즉 우리가 재고 측정하는 것보다 현실이 더 클 때 그곳에 또 다른 차원이 존재한다는 것을 알았고, 이것을 아는 지식에 한 인간이 종래에 살던 방식을 급진적으로 바꿀 수 있는 힘이 있음을 알았다. 에머슨은 우리에게 말한다. "당신의 눈이 영원을 향하고 있다면, 당신의 견해와 행동은 다른 그 어떤 배움도, 다른 어떤 이점도, 혹은 그 어떤 인간도 대적할 수 없을 아름다움을 갖게 될 것이다." 경이가 펼쳐진 곳에서 당신은 새롭게 태어난 의미, 인식, 역량, 꿈, 가능성, 힘, 통찰력을 갖게 된다. 당신은 이 세상의 새로운 정신의 지도를 그릴 수 있고, 새로운 방식으로 앞날을 상상할 수 있다. 소설가 제임스 조이스James Joyce가 현현epiphany이라고 정의한 "불현듯 사소한 것들의 위대한 의미를 깨닫게 되는 것"[20]처럼, 당신은 자연에 내재한 화음을 느끼고, 그 화음으로 인해 당신은 영혼의 리듬과도 박자를 맞추게 될 것이다.

신비주의는 이 화음을 구체적으로 표현한다. 신학자 이블린 언더힐Evelyn Underhill은 신비주의를 "초월적 질서와의 완벽한 화음을 향한 인간 정신의 경향"이라 설명했다.[21] 사회의 가치가 이 화음과 충돌하거나 화음을 방해할 때, 파괴가 당연히 그 뒤를 이을 것이다. 경외, 경이, 계시, 현현과 같은 높은 단계의 인간 감정은 우리의 문화 속에서 굉장히 낯설게 여겨지게끔 만들어졌다. 인간 경험이라는 메뉴판이 있다면 이러한 감정들은 메인코스가 아니라 특이한 재료인 것이다. 작가 프레드릭 비크너Frederick Buechner는 이러한 불균형을 비크너 자신만의 세속적인 삶과 연결해 설명한다. "우리는 모두 우리가 믿거나 혹은 믿기로 선택한 것보다 훨씬 더 신비주의적이다."

결국, 인생이란 그것이 본래 그러하듯 충분히 복잡한 것이다. 아름다운 순간들, 혹은 고통의 순간들, 즉 우리의 인생에 갑작스럽게 생긴 전환의 순간을 통해 우리는 적어도 성인뽀ㅅ들은 눈멀게 하는 희미한 불빛을 발견한다. 그때 비로소 우리는 성인들과는 달리 마치 아무 일도 없었던 것처럼 곧잘 삶을 지속한다.[22]

프레드릭 비크너는 마치 어떤 일이 벌어진 것처럼 삶을 살아가기 위해서는 "종교를 따르는" 삶의 차원으로 들어가야 한다고 말했다. 에머슨이 우리에게 전하는 메시지도 마치 어떤 일이 일어났던 것처럼 당신의 삶을 살라는 것이다. 신비로운 부분을 놓치지 말라. 매슬로는 인류의 이야기를 "자기 자신의 진정한 가치를 이해하는 데 실패한 남성과 여성의 이야기"로 받아들였고, 우리는 이런 식으로 우리의 잠재력을 스스로 기만한다.[23] 우리는 실패를 두려워하는 것보다 우리 앞에 펼쳐진 초월과 자유의 가능성을 더 두려워한다. 그에 따르면, 우리는 "우리 안에 있는 무시무시하고 고약한 부분"을 알게 되는 것도 두려워하지만 "우리 안에 있는 신성한 부분을 알게 되는 것을 훨씬 더 두려워한다."[24] 이 공포는 우리가 우선 영적인 존재이자, 그다음으로 자본주의자이자 소비자, 물질주의자임을 기억함으로써 극복될 수 있다.

잠자는 영혼을 깨우는 것은 경외다. 그리고 이 경외가 일어날 때 영혼은 빛을 발하기 시작한다. 무지의 베일을 벗으면 우리는 우리 스스로가 그 무엇도 아닌 신ᄈ임을, 그리고 우리가 할 수 있는 가장 고결한 행동은 경배임을 깨닫는다. 조화와 경이의 주파수에 우리를 맞추면, 우리는 신의 눈으로 세상을 보게 된다. 에머슨은 보스턴커먼공원을 산책하다가 광대한 통찰력을 갖게 되었던 어느 날을 《자연》에서 서술했다. 그때 현실은 자신의 화려하게 반짝이는 얼굴을 드러내며 에머슨을 오버소울Over-Soul과 연결해주었다.

헐벗은 땅에 서서, 나의 머리는 행복한 공기에 씻겨 무한한 공간에 희망에 차고, 심술궂은 자기중심주의는 전부 사라졌다. 나는 투명한 눈이 된다. 나는 아무것도 아니다. 나는 모든 것을 본다. 보편적 존재의 흐름이 내 온몸을 흐른다. 나는 신의 일부요, 그의 입자다.

그리고 이것은 우리 모두에게도 진실이다.

요약

경외는 당신에게 존재의 경이로움을 알려주기 위해 자연이 설계한 알람 시계다. 경외함이 없다면 당신의 인생은 그 힘을 잃게 된다. 존재의 신성한 측면을 잊어버리고, 이 땅에서 경험하는 일들의 기적적인 측면을 잊어버린다. 경이로움, 경외, 고양, 놀라움, 황홀함, 경배, 초월 등, 보다 고차원적인 인간 감정은 우리가 번영하기 위해 반드시 필요한 것이다. 이러한 고차원적인 감정이 없다면 우리는 우리가 누구인지를 잊고, 즉 우리가 영적인 존재임을 잊고 절망으로 가라앉는 위험을 무릅쓰게 된다. 당신이 물질의 렌즈를 통해 존재를 보고 외형적 삶에 주안점을 둘 때 지각은 협소해진다. 경외로 가득 찬 순간, 시간은 멈춘 듯하고 당신은 영원한 현재, 보다 높은 의식, 높아진 감성 속으로 빠져든다. 그리고 우리의 인생에 끼어든 이러한 순간들은 기억에서 결코 지워지지 않는다. 이렇게 경외를 받아들인 정신은 새로운 아이디어와 비전, 영감을 얻게 되고, 그렇게 변화를 위한 조건들을 갖추게 된다. 절정경험은 예상치 못한 순간에 찾아오지만, 우리가 결연히 지금 이 순간에 주의를 기울일 때 체험의 가능성을 높일 수 있다. 기술(과 대부분의 현대적 삶)의 기적들은 너무나 많은 다양함과 너무나 많은 선택, 그리고 현재에 머무르지 못하게 방해하는 기타 많은 것들로 주의집중력을 약화시키고 산만함을 추동하며 삶의 단순성을 망가뜨림으로써 때때로 경이로움과 경외를 방해한다.

깨달음
당신이 어디에 가든
당신의 거인이 당신과 함께한다

+++

그대가 인간임을 알라. 그러면 신이 될 것이다.

이성적 초월

에머슨은 라틴어 격언 'Ne te quaesiveris extra(자신 밖에서 자신을 구하려 하지 말라)'로 《자기신뢰》의 포문을 열었다. 그는 일말의 망설임 없이 인간이 종교를 통해 찾으려 하는 것은 이미 인간 안에 있다고 설파했다. 이러한 신성 모독적 주장으로 인해 에머슨은 그가 이미 거부했던 교회로부터 그들의 가장 극악무도한 공공의 적으로 지목되었다. 많은 사람의 분노를 자아냈던 그의 하버드 신학대학 연설 이후로 그의 상처에는 모욕까지 덧대어졌는데, 그는 이 연설을 계기로 이후 30년 동안 자신의 모교로부터 제명되었다.

에머슨은 목회를 준비하는 소수의 학부생들을 대상으로 연설을 해줄 것을 부탁받았다. 그는 이 연설에서 예배학을 공부하는 학생들을 독려하기보다는 이 청년들에게 종교적 교육은 불필요하며 그들이 성직자들로부터 배우고 있는 것들은 허튼소리라고 경고했다. 그는 교회의 교리와 정면으로 충돌하며, 신과 소통하는 것은 내면의 일이고(즉, 매개자는 불필요하다), 종교적 신조가 우리의 전념을 방해하며, 직접적인 영적 경험이 그들이 성서에서 발견하는 그 어떤 것보다 더 가치 있다고 확신에 차 이야기했다. 에머슨은 그의 말을 듣고 있는 어린 청중들에게 성직의 꿈을 던져버리고 대신 자연이 들려주는 복음을 연구하라고 권고했다.

신의 빛이 종교적 권위자들에 의해 드러나기를 기다리지 말고, 자기 안에 이미 존재하는 빛, 발견되기를 기다리고 있는 그 빛의 존재를 인정해야 한다고 에머슨은 말했다. "무엇보다 혼자 가십시오. 좋은 선례를 거절하십시오. 그것이 상상할 수 있는 가장 신성한 인간일지라도 거절하십시오. 그리고 매개자를 거치지 말고, 베일을 쓰지 말고, 대범하게 신을 사랑하십시오." 그의 메시지가 신학교 학생들에게는 얼마나 혼란스러운 것이었을지 우리로서는 상상만 가능할 뿐이다. 이러한 바람을 일으키는 것이 에머슨에게는 큰 기쁨이었고, 이러한 저항적 분노는 그와 늘 함께하며 그가 순회 강연을 다니는 동안에도 큰 도움을 주었다. 그는 강연에서 스스로 생각하고 결정하며 초월주의적인 길을 추구하고자 열망하는 청중들에게 아무런 제약 없이 자신의 생각을 이야기할 수 있었다. 그는 자기신뢰가 신과의 만남을 통해 받은 힘, 그 힘의 영적인 훈련임을 청중들에게 명명백백하게 이야기했다. 자기신뢰는 신에 대한 신뢰라고 그는 이야기했다. 비록 우리가 "폐허에 떨어진 신"일지 몰라도, 우리의 무너져내리는 건물들도 그 토대는 영원히 신성하다. **우리는 우리의 잠재력을 매일 배반하지만, 그럼에도 우리가 지닌 신성의 기초선은 결코 약해지지 않는다.** 모든 개개인은 "모든 지혜와 신이 머무르고 있는 신전의 얼굴"이며, 에머슨의 추종자들 중 많은 이가 혼란스러워했음에도 불구하고, 그는 그들 스스로에게도 숨겨진 정체성이 있음을 그들이 깨달을 수 있도록 일깨워주는 일을 결코 중단하지 않았다.

우리가 배웠듯, 신은 자연을 통해(자연으로서) 인간에게 말한다. 그리고 그렇게 함으로써 요동치는 마음들을 진정시켜준다. 우리는 우리의 리듬을 자연 세계의 리듬에 맞추는 법을 배우고, 육체를 통해 삶의 신성함을 경험한다. 에머슨은 이렇게 설명했다. "영혼은 그 스스로 집 짓고, 집 너머에 세상을 건설하며, 세상 너머에 천국을 세운다." 깨달음을 얻은 인식이 거주하는 이 천국의 집은 우리가 누구인지에 대한 진리를 발견하려는 의식, 그 끝없이 계속되는 치밀한 노력을 통해 세워지는 것이다. 옛 스토아 철학자들은 이 자기자각self-awakening의 과정을 "이성적 초월rational transcendence"이라는 말로 표현했는데, 이 이성적 초월은 우리가 강해지기 위해서는 자기중심주의를 극복해야 한다고 권고한다.

고대인들은, 그리고 에머슨은, 오늘날의 우리와는 다른 방식으로 이성을 정의했다. 그들이 생각하기로 이성은 분석적인 사고와 관련되어 있을 뿐만 아니라 제3자의 시점에서 자신의 삶을 관찰할 수 있는 능력과 관련된 것이기도 했다. 우리는 이러한 인식을 통해 경험을 성찰하고, 자기이해를 바탕으로 조건을 최적화하며, 우리 존재의 의미를 찾고, 목적을 지닌 훈련을 함으로써 영적인 인식을 강화할 수 있는 것이다.

스토아 철학자들은 우주에 형태와 의미를 부여하는 것은 이성이며, 깨우침이 가능해지는 것도 이성 때문이라 믿었고, "이성적 초월"은 한 사람의 개별적인 정신을 신의 '한마음'에 연결함으로써 가능해진다고 믿었다. 또한, 이렇게 한마음에 자신의 정신을 나란히 두기 위해서는 스스로를 마주하는 것을 피하는 사람들에게서 찾아보기 어려운 모종의 헌신이 반드시 필요하다고 강조했다. 인류에게 비극적인 결함이 있다면, 그것은 스스로를 알고 인식하는 것을 외면하는 것이다. 스토아 철학자들은 이것이 세대를 거듭하면서 점점 더 커져가는, 이루 말로 표현할 수 없는 고통과 무지를 양산하는 것이라 생각했다. 비극에 관한 에머슨의 관점도 이와 정확하게 일치했다. 에머슨이 죽고 50년이 지났을 때, (에머슨의 먼 조카인) 영국의 작가 올더스 헉슬리Aldous Huxley는 이 어려운 문제를 직접적으로 이렇게 이야기했다.

이것은 우리가 누구인지 우리 스스로가 모르고 있기 때문이다. 천국이 우리 안에 있음을 모르기 때문이다. 대체로 우리는 어리석게 행동하고, 종종 터무니없는 행동을 하고, 때로는 극악무도한 행동을 하기도 하는데, 그것이 너무나도 인간적인 특성임을 모르기 때문이다.[1]

헉슬리는 불가지론자로, 그의 희망은 이성적 초월의 가능성에 그 토대를 두고 있었다. "우리가 여태껏 인식하지 못했던 선함이 우리에게 이미 내재해 있었음을 인식함으로써, 또한 우리의 영원한 토대로 돌아감으로써, 우리가 늘 자리하고 있었음에도 인식하지 못했던 그곳으로 돌아감으로써, 우리는 깨닫게 되고, 자유로워지고, 구원을 받게 된다."[2]

이렇게 영적으로 다시 균형을 잡기 위해서는 이성이 반드시 필요하다. 에머슨은 이렇게 설명했다.

타고 태어난 힘이 있다는 것을 아는 사람, 자기 자신으로부터 선한 것을 찾아왔기 때문에, 또한 주저함 없이 자신의 이성을 향해 자기 자신을 내던지기 때문에 스스로가 약함을 아는 사람, 이런 사람은 즉각적으로 자신을 바로잡고, 몸을 꼿꼿이 세우고, 자신의 팔다리를 통제하며, 기적을 행한다.

두 발로 서는 사람이 머리로 서는 사람보다 더 강한 이치와 같다.

우리는 우리의 정신과 마음을 더욱 강건하게 함으로써 거꾸로 뒤집힌 삶을 바로잡을 수 있다. 우리는 "몸을 꼿꼿이 세우고" 우리 안에 있는 최선을 끄집어내는 법을 배운다. 이것을 해내겠다는 포부는 그리스 철학이 이상적으로 생각했던 아레테arete와 관련이 있다. 아레테는 "탁월함excellence"으로 번역된다. 심리학자 조너선 하이트Jonathan Haidt의 말에 따르면 칼의 아레테는 잘 자르는 것이다. 눈의 아레테는 잘 보는 것이다. 인간 존재의 아레테는 스스로 깨우쳐 알고 자기 자신을 신뢰하는 삶을 사는 것이다.[3]

탁월함에는 초월적인 측면을 인지하는 것도 포함된다. 이러한 영혼의 관점이 없다면, 이 믿을 수 없게 놀라운 우주의 광대함과 그 세계 속에 있는 우리를 깨닫는 것이 불가능해진다. 에머슨의 표현을 빌려 표현하자면, 아레테는 우리 안에 있는 거인을 이렇게 정의한다. "소유되지 않고 소유할 수 없는 무한함." 이 거인은 당신의 중심에 1조 와트의 빛을 쏘는 전구에 비유할 수 있다. 에머슨은 이렇게 말했다. "내부에서 빛을 발하든, 뒤에서 빛을 발하든, 이 빛은 우리를 통해 만물을 비춘다. 우리는 아무것도 아니며, 다만 이 빛이 전부임을 우리로 하여금 깨닫게 한다."

언어가 가진 색채로는 이것을 채색할 수 없다. 이것은 너무나도 미묘하다. 정의할 수 없고 측정할 수 없으나 우리는 이 것이 우리 안에 만연하여 곧 우리가 이것의 일부됨을 안다. 우리는 안다. 모든 영적인 존재는 인간 안에 있다.

"우리는 느릿한 소리와 빛의 파동이자 우주에 주파수가 맞춰진, 걸어다니는 파동 덩어리다." 아인슈타인이 인간 존재에 대해 서술한 것이라 전해지는 이 말은 에머슨의 생각과 깜짝 놀랄만큼 유사하다. 아인슈타인은 계속해서 이렇게 적었다. "우리는 신성한 생화학의 옷을 입은 영혼이며, 우리의 육체는 우리의 영혼이 우리의 음악을 연주하기 위해 사용하는 악기다."[4] 이 빛이 성격(외부로 드러나는 삶)은 부수적인 것이 아니라 오히려 핵심적인 것임을 드러내기 위해 에머슨이 "개별 인간의 무한함"이라고 불렀던 것을 이해하기 쉽게 설명하고 있다. 이 지식은 역설적이게도 우리에게 큰 힘을 준다. "만물의 기초가 되는 원칙", "우리의 내면에서 평화로이 살고 있는 단순하고 조용하고 기술되지 않으며 기술할 수 없는 존재"라고 설명될 수 있는 방대함, 그 방대함을 대상으로 우리의 개인적인 자아는 나름대로 자신만의 부분을 분명 차지하고 있다.

이 합일된 장場으로 들어갈 때, 우리는 이 거대한 존재의 망網에서 우리가 차지하는 지극히 작디작은 위상을 인식하게 된다. 또한 영적인 내려놓음의 필수불가결함을 다시 한번 깨닫게 될 것이다. 에머슨은 말했다. "당신은 이루는 존재가 아니다. 당신을 통해 이루게 하는 존재다. 행하는 존재가 아니다. 행해지는 존재다." 상황이 그가 뜻하는 바대로 흘러갈 수 있게 우리가 허락한다면, 우리는 "광대하고도 갑작스러운 힘"을 얻게 된다. 그중에서도 가장 위대한 것은 우리의 타고난 실용적이고도 상식적인 지능이다. 에머슨은 이 지능이 "거짓 신학"의 치료제라고 생각했다. "책과 전통은 잊으라. 그리고 그 시간에 대한 당신의 도덕적 지각을 따르라."

우리의 타고난 지성으로 인해 한 단계 성숙해진 행동은 우리의 노력에 기품을 더하고, 그와는 반대로 겸손 없는 야망은 자기밖에 모르는 이기적인 고군분투가 된다. 외형적 삶에 마음과 뜻을 다하다 보면 평범하고 순응적인 인간이 되는 불행한 결말을 맞게 된다. 에머슨은 우리에게 다시금 이야기한다. "위대한 사람을 따라함으로써 위대함을 갖추려고 하는 것이 중대한 실수다." 다른 사람보다 더 많은 이득을 취하는 것을 성공이라 생각하는 것 또한 실수다. 자기신뢰는 "모든 선함의 원천은 우리 안에 있으며" "다른 모든 인간들이 그러하듯, 똑같이 이성의 깊은 곳으로 이어지는 길"임을 다시금 우리에게 상기한다. 이성적 초월은 우리와 신 사이에 존재하는 것처럼 보이는 분리로 인해 생긴 상처를 치료하는 치료제다.

더 이상
과거를 숭배하지 말라

우리는 우리 스스로를, 혹은 우리의 성취를 과거의 성공에 귀속된 것으로 생각하지 말아야 한다. 모든 순간이 갓 생겨난 새로운 것이기 때문에 과거를 향한 반추, 향수, 강한 충성심은 모두 자연에 반하는 것이다. "앞으로 다가올 것만이 신성한" 것이고, 과거는 "이미 집어삼켜지고 잊혀진 것"이다.

죽은 자를 모방하기보다는, 우리는 우리 자신이 되는 것에 초점을 맞춰야 한다. "온전히 확실한 것은 삶, 변화, 그리고 활기가 넘치는 영혼뿐"이라고 에머슨은 가르쳤다. 과거를 곱씹어 생각하는 것은 자기파괴적이고 스스로 정체되며 "만인의 쇠퇴와 사회에 대한 신뢰의 상실"을 야기할 수도 있다. 오늘날 우리가 목도하고 있듯이, 전통에 과도하게 의존하는 것은 진보를 방해하고 근본주의자들의 교리와 전체주의에 힘을 싣는 일이다. 지금 이 글을 쓰고 있는 동안에도 아프가니스탄을 점령한 탈레반은 시민들, 그중에서도 특히 여성들과 여자아이들에게 14세기의 종교적 법에 따라 살기를 강요하고 있으며, 이 법을 따르지 않는 사람들에게는 야만적인 고통을 가한다. 미국의 백인 우월론자들은 인종과 성적 지향 등에 대한 차별이 만연했고 총기 소유가 무제한적이었던 과거의 미국을 가장 이상적인 국가로 칭송하며 나라 곳곳을 무기고로 만들고 있다. 그들은 노예를 소유하고 있던 백인 남성들이 300년 전에 만든 문서인 헌법을 신의 말씀처럼 떠받든다.

과거에 있었던 편협한 신념을 되살리려는 시도들은 이 시도들이 소용없는 것만큼이나 위험한 것이기도 하다. 지나친 종교적 독실함은 영성과 적대적 관계에 있으며, 거룩한 성서는 도덕적 범죄를 지속하는 데 이용되고 만다. **우리가 영적으로 늘 살아 있기 위해서는 미래의 표징을 위해 과거를 바라보는 것은 중단하고 각자가 자기 믿음의 명령을 따라 자신만의 예배에 참예해야 한다.** 영혼과 맺고 있는 나의 고유한 관계를 발견하는 것이 전통의 발자취를 따라가는 것보다 훨씬 더 필요한 일이다. 개인적인 영성은 당신이 당신의 연약한 두 발로 길 위에 서도록, 그리고 그 길에 있는 빛을 발견하도록 당신의 등을 떠민다. 그러한 영적인 자기신뢰가 스토아 철학의 기초다. 에머슨은 이러한 개인적인 접근 방식이 어렵다는 것을 이해하고 있었다. 그리하여 그도 "스토아 철학 중에서 이보다도 단호하고 큰 부담감을 지워 주는 것은 없을 것"이라고 썼다.

이것은 인간을 그의 한가운데에 있는 고독의 고향으로 보낼 것이다. 이 사회적 태도, 애원하는 태도를 부끄럽게 할 것이다. 그리고 많은 시간 자기 스스로를 그의 친구에게 보내야 한다는 것을 알게 할 것이다.

다시 말하면, 신의 현현 앞에 홀로 설 수 있도록 우리가 스스로를 신뢰해야 한다는 것이다. 일요일마다 교회에 출석하는 이들에게는 이것이 매우 두려운 임무일 것이다. ("그밖에 달리 무엇을 해야 할지 알지 못하는 우리는 우리의 선조를 흉내 낸다.") 에머슨은 자신이 가진 영적 권위를 포기하려는 사람들을 격렬한 어조로 비판했다.

(조직으로서의 종교는) 어두운 시대의 거창한 종교의식으로 휘청거리며 퇴보하고, 신의 이상理想을 믿는 이가 아니라 화학, 고기, 와인, 부유함, 기계, 증기기관, 발전기, 터빈휠, 재봉틀, 그리고 여론을 믿는 이들에게 양식을 제공한다.

기독교는 스스로의 변화라는 과제에서 처참할 정도로 낙제점을 받았다는 것이 에머슨의 주장이었다. 영적인 면에서 말하자면, 기독교는 연료가 다 떨어졌고 그 상황이 오늘날까지도 이어지고 있다. 최근 퓨리서치센터에서 실시한 설문조사에 따르면 어떤 종교에도 참여하지 않는 미국인의 숫자가 센터가 이 설문조사를 실시한 이래 역대 최고로 높았다. 그러나 설문조사 응답자 중 75퍼센트에 달하는 사람들이 자신은 신을 믿는다고 말했고, 또 다른 40퍼센트는 스스로를 "종교적이지는 않지만 영적인 사람"이라 설명했다.[5] "믿음이 평안을 줬던 구시대를 지나, 이제 종교는 그들의 힘을 다 써버린 것 같다." 그리고 우리는 방황하는 영혼들을 곳곳에서 본다. 에머슨은 마치 지금 우리 시대가 겪고 있는 영적 위기에 관해 말하듯, 이렇게 관찰했다. "모든 이들이 종교를 찾아나섰다." 그러나 곧잘 빈손으로 돌아온다. "이들은 모두 신 없이 살아가며, 물질화되었다. 유대감도, 동질감도, 열정도 없다." 이 만연한 혼란은 에머슨을 어리둥절하게 만들었다. ("이렇게나 목적이 없는데, 이 사람들은 대체 어떻게 계속 살아갈 수 있는 것인가?") 단, 이 혼란의 원인은 지극히 명백했다. "지적 능력을 배척하는 무지한 종교"가 그 원흉임은 의심의 여지가 없었다. "노예를 소유하고, 노예를 사고파는 종교, 순백의 의례로 음란한 만족감을 덮는 곳." 규격화된 종교가 남긴 공허함을 채우기 위해 사기꾼과 위선자들이 달려들고, 그렇게 사태는 점점 더 심각해진다. 에머슨은 신을 갈망하는 신자들의 신실함이 악용되는 세태를 뉴에이지(New Age, 점성학에 기반해 현대 서구적 가치를 거부하는 신문화운동) 박람회에서 벌어지는 영적 곡예에 비유했다.

공작의 펼친 꼬리 같은 의식주의, 예수쟁이의 행태를 그대로 답습하는 퇴행, 몰몬교도들의 횡설수설, 추악한 최면술, 큰 소리로 지껄이는 섬망, 쥐의 계시, 탁자 서랍에서 나는 쿵 소리, 흑마술처럼, 기이하고 화려하다.

우리도 알다시피 구도자들의 간절한 바람을 악용하는 사기

꾼들은 도처에 널렸다. 에머슨은 바른길을 찾아가는 도중에 분별력을 잃어서는 안 된다고 경고했다.

종교를 떠나는 일에는 분명한 장점이 있다. 태어날 때부터 믿었던 종교를 떠나면 영적으로 엄청난 성장을 이룰 만큼 성숙해진다. 그 옛날 메이플라워호 시절부터 성직자의 가문이었던 집안의 자손으로서 에머슨이 내린 교회를 떠나겠다는 선택은, 그렇기 때문에 더욱 극적이다. 그가 교회의 갑갑한 담장을 벗어나 바깥세상을 탐험하기 시작했을 때, 그의 가족과 친구들은 대부분 경악을 금치 못했다. 메리 고모는 에머슨이 동양 철학에 매력을 느끼자 그것을 사탄 숭배에 비유했다. 그녀는 그의 정신을 더럽히는 "불타는 루시퍼의 범신론이라는 교리"를 비난했고, "상상의 후광 속에서 길을 잃은" 자신의 조카가 원래 있던 자리로 다시는 돌아오지 않을까 봐 몹시 두려워했다. (결과적으로 그녀의 걱정은 사실이 되었다.)[6] 그러나 에머슨이 만일 바가바드기타(Bhagavad Gita, 힌두교의 성전 중 하나)와 사랑에 빠지지 않고, 비이원적 가르침에 몰두하지 않았다면, 그는 결코 《자기신뢰》를 집필하지 못했을 것이다. 예수를 향한 그의 헌신은 일생토록 흔들린 적이 없었다. 에머슨이 격노했던 대상은 삼라만상을 사랑하는 그리스도의 범애汎愛적 메시지를 흐릿하게 만드는, 위협적인 우상숭배적 도그마였다. 종교적 권위는 권위일 뿐, 교회가 스스로 옹호하는 예지를 설파할 때, 우리는 그것을 선지자의 메시지로 착각하지 말아야 한다.

어떤 사람이 자신이 신을 알고 신과 상통한다 주장하면서 당신을 다른 세계, 다른 국가, 어떤 오래되고 부패한 나라의 어법으로 데리고 가려고 하거든, 그를 믿지 말라. 속이 꽉 찬 완전한 참나무보다 도토리가 낫겠는가? 자신의 성숙한 존재를 내던진 아이보다 부모가 낫겠는가? 그렇다면 이 과거의 예배는 어디로부터 오는가?

교회가 계시를 구시대의 유물처럼, 즉 "마치 신이 이미 죽은 것마냥 그저 오래전에 주어졌고 이미 끝난 일인 것처럼" 하찮게 여길 때, 오히려 교회는 더 이상 쓸모없는 진부함의 나락으로 떨어진다. 종교가 가진 단 하나의 목적은 인간과 신의 무너진 관계를 회복할 수 있게 도움을 주는 것이며, 영적인 자기기억에 필요한 도구를 제공하는 것이다. 이것을 제외한 여타의 종교적 도그마는 모두 "진정한 기독교"의 빛을 가리는 겉치레이자 시시한 장식품일 뿐이다. 그리고 이러한 일이 벌어질 때 "인간의 무한함 속에 있는 그리스도와 같은 믿음은 상실된다."

(이처럼 신이 없는 풍조 속에서는) 아무도 인간의 영혼을 믿지 않는다. 그런데 몇몇 사람들, 혹은 늙은이들, 혹은 떠난 사람들은 믿는다. 비밀 속의 신은 피하면서 이 성자, 저 시인에게는 떼를 지어 몰려간다.

종교적으로 순응적인 사람들은 "자신의 영혼보다 사회가 더 현명하다고 생각하고, 하나의 영혼, 그리고 자신들의 영혼이 온 세상을 다 합친 것보다 현명하다는 것을 모른다."

에머슨은 우리가 과학에 대해 알고 있는 것과 물리적인 우주에 대해 알고 있는 것들을 포함하는 새로운 창세기가 필요하다고 설명한다. 신앙의 전통이 높은 방어벽을 세우고서 앞으로 나아가기를 거부하고 시대의 흐름과 함께 발전하기를 거부하는 한 영적으로 피폐해지는 것은 거부할 수 없는 수순이고, 곰팡이가 핀 부정否定의 토대 위에 살아 있는 신앙을 짓겠다는 것 또한 어불성설이다. "우리가 결코 저항할 수 없는 코페르니쿠스 천문학의 효과는 인간 구원이라는 위대한 책략을 정말이지 믿기 어려운 일로 만들었다는 것"이었음을 에머슨은 깨달았다.[7] 조직화된 종교로부터 탈출하고 있는 최근의 이 거대한 출애굽 행렬은 고릿적 동화가 진리를 깨닫고자 하는 요즘 사람들의 열망을 전혀 채워주지 못하고 있음을 보여준다. ("과학적인 정신은 과학적인 신앙을 갖게 마련이다.") 에머슨은 과학적인 세계관과 형이상학 사이에는 그 어떤 어긋남도 없음을 확신했다. "영혼의 진정한 의미는 현실"이라고 에머슨은 주장했으며 그와 동시대를 살던 종교 지도자들에게 그들의 신성한 내러티브를 개선해야 한다고 촉구했다.

이제 스스로 그 증거가 되지 못하는 것들은 아무것도 갖지

말자. (…) 감정적이고 애처로운 단정과 반쪽짜리 진실에
공연히 시달리지 말자.

현대의 지식이 받아들여질 때여야만 비로소 거짓 믿음의
돌무더기 아래에서 초월이 그 모습을 드러내는 것이다. ("신은
자신의 성전을 마음속에, 교회와 종교의 폐허 위에 짓는다.") 점점
명확해지는 이 과학 친화적인 믿음은 우리에게 영적인 정직함
을 위해 교리와 복종은 잊으라고 청한다. 에머슨에 따르면, 다행
히도 믿음의 씨앗은 이미 우리 안에 있다. "우리는 믿음과 함께
태어난다. 나무가 사과를 품듯, 인간은 믿음을 품는다." 같은 맥
락에서, 나무에 달린 열매는 지금 받을 수 있는 햇빛의 영양분을
받아 오직 지금 이 순간 익어가듯, 자발적이고 지속적인 집중이
라는 빛의 영양분을 받는 영혼도 오직 지금, 이곳에서만 가장 충
만한 달콤함으로 성숙해져간다. 영원한 지금, 시간 너머의 영적
인 차원이라 이를 수 있는 이러한 점을 에머슨은 그의 가장 유명
한 글귀 중 하나에서 꽃을 예시로 들어 명확히 설명한다.

창가 아래에 피어나는 이 장미는 이전의 장미나 더 나은 장
미에 관해 말하지 않는다. 이들은 그저 저 자신의 있음을 위
해 있을 뿐이다. 이들은 오늘의 신과 함께한다. 이들에게는
시간이 중요하지 않다. 그저 단순명쾌하게 장미가 존재하는
것이다. 이 장미가 존재하는 모든 순간, 이것은 완벽하다.

자, 이제 다음 글귀를 읽기 전에 크게 숨을 두 번 들이쉬라.

인간은 미루거나 혹은 기억한다. 그는 지금 이 순간에 존재하지 않는다. 뒤를 돌아보며 과거를 애통해하거나, 그를 둘러싼 풍요로움에는 눈길을 주지 않고, 미래를 내다보려 까치발을 선다. 그는 시간, 그 위에 있는 현재 속에서 자연과 함께 살지 않는 이상 행복할 수도, 강해질 수도 없다.

지금 우리가 살고 있는 착취적인 문화, 주의력이 결핍된 문화 속에서 마음챙김 훈련이 들불처럼 번지고 있는 것은 너무나도 당연한 일이다.[8] 우리는 영원에 닿게 해주는 지금 이 순간에 굶주려 있고, 고대 철학자들이 설명한 두 가지 종류의 시간에 따라 '멈춰 있는 현재nunc stans(고대 로마 말기의 철학자 보에티우스가 주창한 '지나가는 현재nunc fluens'에 내포된 똑딱똑딱 흐르는 시간에 반대되는 의미)'에 닿고자 열망한다. 하지만 마음챙김 수행도 서양 철학사에서는 그다지 새로운 것이 아니다. 마르쿠스 아우렐리우스의 다음 인용문을 보면 마음챙김의 선구자 존 카밧진 박사가 떠오를 것이다.

자신의 모든 주의와 의식을 지금 이 순간에 쏟고 있는 사람은 지금 이 순간 그가 모든 것을 가졌다고 느낄 것이다. 지금 이 순간 그가 존재의 절대적 가치와 도덕성의 절대적 가

치를 지녔음을 느낄 것이다. 더 이상 바랄 것이 없다. 평생
의 삶과 모든 영원함이 그에게 더 큰 행복을 가져다줄 수 없
다.[9]

에머슨은 이 단순하고 직접적인 접근 방식을 믿음에 관한
자신의 생각에도 적용한다. 그는 이렇게 썼다. "그들은 이것을
기독교라 부르고 나는 이것을 의식이라 부른다."[10] 에머슨은 기
독교 역사의 가장 큰 실수(예수의 신화화와 정본 성서에 대한 미
신적 숭배)가 우리가 신과 직접적으로 연결되는 것을 방해한다
고 주장했다. 다른 신들은 모두 거짓이라고 분개하면서 오직 자
신들의 신과 자신들의 선지자들만이 신성을 지닌 유일한 존재
라고 믿는 유일신 신앙은 구시대적이며, 기대했던 것과도 전혀
다른 효과를 낳는다. "나 자신에게 나를 주는 것, 그것이 늘 최선
이다."

위대한 스토아 철학의 신조, 그대 자신에게 복종하라. 이것
때문에 탁월한 아름다움이 내 안에서 생동한다. 내 안에 있
는 신을 보여주고, 나를 강하게 한다. 내 안에 있는 신을 겉
으로 보이는 것은 나를 무사마귀와 종기로 만든다.

영혼과 생명 활동은 서로 연관되어 있다. 프랑스의 고생물
학자이자 성직자였던 테야르 드 샤르댕Pierre Teilhard de Chardin은

만일 "오메가 포인트Omega Point", 즉 최후의 화합을 향해 모든 생명체가 소용돌이치며 가까워지는 지점으로 향하고 싶다면, 우리가 행하는 명상의 가장 중요한 목표를 이 화합에 두어야 한다고 주장했다.[11] 이것은 스토아 철학의 개념인 로고스Logos와 비슷하다. 이 개념에 따르면 우주에 만연한 "능동적 이성active reason"이 우주에 생기를 불어넣고, 세상의 모든 것은 이 전체의 부분으로 보여진다고 한다.

자연에 있는 모든 분자는 그 안에 작은 영혼을 가지고 있다. 생명체의 가장 작은 단위에도 그 안에 신이 있으며, 우리 몸의 모든 세포 하나하나가 이 영적인 의식을 가지고 있다. 우리가 전체를 아우르는 이 통합된 렌즈로 인간의 조건을 생각해본다면, 선이라는 덕목은 자연스러운 것이며, 우리가 들이쉬고 내쉬는 숨만큼이나 우리와 친밀한 것임을 깨닫게 된다. 에머슨은 "인간 존재의 영광, 사랑, 겸허함, 믿음을 만드는 이러한 정서들이 원자 속에 있는 친밀한 신성이기도 하다"고 생각했다. 이러한 관점으로 생각한다면, 우리의 진정한 본성을 깨달아가는 우리의 태생적인 생물학적 경향을 점점 더 확신하게 된다. 또한 이러한 관점은 우리로 하여금 다음과 같은 것들을 얻을 수 있게 도와준다.

그의 몸과 마음의 내부에서 발현되는 확신과 선견지명. 꽃이 자신의 성숙함에 다다를 때에 향이 나는 것과 같은 이치다.

우리 존재가 이렇게 신성과 가깝다는 것을 인지하며 사는 삶이 얼마나 특별할지 생각해보라. 당신 안에 존재하는 영적인 거인이 진짜라는 사실이 마침내 눈에 들어올 것이다. 당신은 이제 당신을 꽁꽁 묶었던 자아의 구속복을 벗어던지고, 스스로 짐지웠던 한계를 뛰어넘어 집단과 전통의 인력을 뿌리치고, 당신이 모든 창조물의 헌신을 받는 존재임을 깨달아 알 것이다.

확장하는 원

젊은 시절 알제리에서 스토아 철학을 공부한 성 아우구스티누스는 신을 "중심이 어디에나 있고 둘레는 어디에도 없는"[12] 무한대의 구球라 표현했다. 에머슨의 경우 인간의 잠재력에 관해 이와 매우 흡사하게 생각했다. "인간의 삶은 스스로 발전하는 원과 같다. 알아볼 수 없을 만큼 작은 점에서 온 방향으로 내달려 새로운 원, 더 커다란 원이 된다. 그렇게 끝없이 확장한다."

우리가 얼마나 더 멀리 확장할 수 있느냐는 우리가 스스로를 얼마나 신뢰하느냐에 달려 있다. "이 원들, 이 바퀴 없는 바퀴가 어디까지 확장될지는 그의 영혼의 힘, 혹은 영혼의 진실에 달려 있다." 우리의 원이 점점 커질 때, 자아는 비워지고 그 자리에 거인이 그의 날개를 활짝 펼칠 수 있는 공간이 생긴다. 우리의 개인적인 이야기들은 더 이상 우리를 규정하지 못한다. 에머슨은 이렇게 설명한다. "심장은 그의 첫 박동, 그 가장 좁디좁은 박동 속에 갇히기를 거부한다. 심장은 거대한 힘으로 굽어 밖을 향한다. 광활한, 셀 수 없이 무수한, 확장을 향해."

스토아 철학자 히에로클레스Hierocles는 개별 인간으로서 우리가 수행해야 할 임무는 다른 모든 사람들이 우리의 친밀한 원 안으로 들어올 수 있게 길을 내어 그들을 원 안으로 불러들이는 것이라 믿었다.[13] 그는 인생이 연속되는 동심원이라고 가르쳤다. 가장 첫 번째 존재는 인간의 정신이며, 그 정신을 직계가족의 원, 대가족의 원, 지역 공동체의 원, 인접한 마을의 원, 나라의 원, 그리고 결국 전 세계의 원이 따른다. 이러한 포용적인 수용은 '오이케이오시스oikeiosis'(불교에서는 '자비' 혹은 '자애'라 한다)라는 말로 알려져 있다. 우리의 자애로움이 가진 힘이 점점 강해질 때, 우리는 우리 인생의 닫힌 담장을 오르기를, 그리고 가장 먼저 가까운 사람들에게, 그다음으로는 아는 사람들, 낯선 사람들, 원수에게까지 우리의 심장을 확장하기를 요청받는다. 그릇된 행동을 용납하거나 그들의 일그러진 세계관을 인정하라는 뜻이 아니다. 우리는 그저 우리는 그들과 달리 더 선하고, 더 순수하며, 더 완벽한 것으로 만들어진 존재라는 (증오와 폭력, 고통을 양산하는) 자만심을 버리면 되는 것이다.

이 필수불가결한 과정을 거치지 않고는 자신의 영적 잠재력을 펼칠 수 없다. 에픽테토스는 이렇게 가르쳤다. "타인의 선함을 독려하지 않는다면, 그는 결코 자신의 가장 높은 선함을 추구할 수 없을 것이다. 스스로의 가장 선한 것을 구함은 다른 인간의 안녕을 적극적으로 도모한다는 것과 같다."[14] 고대 스토아 철학자들의 가르침이 메아리치듯, 에머슨 또한 우리에게 영적으로 성숙한 어른이 되고, 우리의 상호의존성을 부정하기를 멈추고, 자기신뢰의 도구를 손에 들고, 우리를 위한 더 좋은 인생을 건설하라 가르친다. 이러한 변화가 일어나기 전까지는, 우리는 이 세계에 치유가 있기를 기원할 수 없다. "우리가 이런 존재이기에, 우리가 이렇게 행동한다. 그리고 우리가 이렇게 행동하기에, 우리에게 이것이 임하는 것이다. 우리의 흥망성쇠를 결정짓는 이는 바로 우리다." 그리고 결국, 아마도 이것이 그 무엇보다 가장 선한 복음일 것이다.

요약

깨우침은 인생의 목표이며, 스스로를 아는 것의 자연스러운 결과다. 우리는 자기신뢰와 정신적으로 연결되어 있다. 착각, 무지, 그리고 스스로를 잊는 것으로부터 자유로워질 수 있다는 가능성은 우리 본성의 핵심이자 필수다. 비현실에서 현실을 구분하기 위해 이성과 자아실현의 방법을 사용하다 보면, 스스로에 대한 이미지(이야기로서의 나) 너머에 있는 진짜 당신의 자아를 볼 수 있는 능력이 생긴다. 이 자아는 개인적이고도 초월적인 한마음, 지나가는 생각과 감정의 소용돌이 아래 당신과 늘 함께하는 내면의 거인, 그것의 반사체다. 이 자아는 오로지 영원한 현재에만 존재하며, 오직 지금, 이곳에서만 경험할 수 있다. 이러한 접속을 경험하기 위해 필요한 외부의 권한은 단 하나도 없다. 지금 당신의 내면에 있는 거인과 하나가 되기 위해 과거(혹은 전통)가 승인해주기를 고대하는 것은 실수다. 만일 종교가 직접적인 영적 경험은 경시하면서 계속해서 과거만 찬미한다면, 그들은 개인적인 깨달음을 위해 다리가 되어준다는 자신들의 핵심적인 목표를 달성하지 못하고 실패할 것이다. 진정한 자기신뢰에 다다르기 위해서는 반드시 내면의 거인을 인정해야 한다. 이 거인은 신, 샤크티, 도道, 부처,

자연, 신성한 지성 등, 무수히 많은 이름으로 불린다. 이러한 초월적인 자아를 인식함으로써 확장된 당신은 보살핌과 사랑의 원 또한 확장하며, 당신의 영적인 근원과 늘 상통하고, 당신이 태어난 이유인 자기이해를 향한 나팔 소리에 응답한다.

에머슨의 삶과 자기신뢰

너 자신을 믿으라

혼돈의 시대가 도래하면 사람들은 삶을 구원해줄 방법을 찾기 마련이다. 생존이 위협받고 우리가 가장 소중하게 여겼던 가치들이 쇠락할 때, 우리는 이 위협과 격변의 시기를 동요 없이 극복하기 위해 오랜 시간에 걸쳐 많은 이들이 그 효용성을 인정한 실용적인 지혜를 필요로 하게 된다.

미국 역사에서 가장 극단적인 양극화와 폭력의 시기로 평가받는 남북전쟁 시기와 그를 포함한 노예 해방 시기에 이르기까지, 일련의 기간에 목사였다가 성직을 내려놓은 랄프 왈도 에머슨은 동료 시민들이 그들 본성의 선한 천사를 신뢰하고 실의에 빠지지 않도록 힘을 북돋았고, 자신을 믿는다면 분명히 발휘될 무한한 가능성과 독창적인 정신, 대범함, 그리고 아직 발현되지 못한 내면의 자유로움을 기억하라고 촉구했다. 에머슨은 초월주의의 창시자였고, 콩코드전투의 선지자였으며, 막 하늘을 날기 시작한 어린 새와 같았던 조국이 자신만의 선험적인 영혼을 찾을 수 있게 돕는 영적 안내자였다. 미국의 국가적 특성에 그가 끼친 영향력이 구석구석 배어 있지 않은 곳이 없다 보니 오히려 간과되는 부분도 많다. 하고 싶은 일을 하라. 너의 행복을 따르라. 삶은 목적이 아닌 여정이다. 이 모든 것이 에머슨의 말이다. 사회의 압박에 굴하지 않고 나의 길은 내가 선택할 권리, 다른 사람들의 기대를 뛰어넘을 권리, 나의 잠재력을 실현할 권리, 나의 뛰어남을 기반으로 성장할 권리, 나 자신을 지킬 권리, 이런 결코 빼앗길 수 없는 권리들에 관한 우리의 강한 믿음… 이 중요한 가치는 자신을 자각한 인간이 삶을 사는 방식에 관한 에머슨의 특정한 통찰에서 곧바로 나온 것들이다.

에머슨은 강연과 에세이, 논평, 시, 서신을 통해 양심의 소리를 설득력 있게 전달했다. 그가 "자기신뢰"라고 부르는 길은 모든 사람들이 피부색이나 계급, 경제적 상황이나 사회적 장애물에 상관없이 타고 태어난 한계를 넘어설 수 있다고 약속한다. 에머슨은 우리가 우리 자신을 더 잘 알면 알수록 영혼의 불꽃은 인간의 심장 속에서 더욱 빛나 환히 비칠 것이라고 믿었다. 이 열망 가득한 구호는 이제 어느 곳을 가든 울려 퍼진다. 작가이자 교수인 조지 손더스는 2013년 시라큐스대학 졸업식 축사에서 사회로 나가는 청년들에게 다음과 같이 말했다.

여러분의 개별적 특성을 넘어 존재하는 빛을 발하는 부분, 여러분이 원한다면 여러분의 영혼은 그 어느 때보다도 밝게 빛날 겁니다. 셰익스피어의 빛처럼, 간디의 빛처럼, 테레사 수녀의 빛처럼 밝게 빛날 거예요.[1]

그들이 이것을 알고, 늘 기억하고, 더욱 키워나갈 것을 당부했던 조지 손더스는 자신이 에머슨의 말을 전하고 있다는 것을 알았을까. ("아담이 가졌던 모든 것, 카이사르가 할 수 있었던 모든 것을 당신도 가질 수 있고, 할 수 있다. (…) 당신의 세상도 그들의 것만큼 훌륭하다. (…) 그러니, 당신만의 세상을 건설하라.") 부정할 수 없는 것은, 에머슨이 말했던 "보편적 낙관주의cosmic optimism"가 당신의 심장을 뛰게 한다는 것이다. 자기인식이 결여된 허장성세의 물질주의는 그저 굴욕만을 초래하는 것으로, 에머슨은 동료 시민들에게 그들의 영적 기반을 잊지 말아야 한다고 경고했다.

"어떤 방법이나 설계로도 영향을 줄 수 없는 뻔뻔한 부富가 훌륭하다고 생각하는 천박함이 이곳에 있다"고 그는 적었다. "이곳에는 많은 가치들이 있지만, 믿음이나 희망은 없다." 이렇게 잠시 활동을 중단한 가치들을 되살리기 위해 우리는 영혼의 건강과 안녕에 주의를 기울여야 한다.

왈도에서
랄프 왈도 에머슨으로

랄프 왈도 에머슨은 7대째 대대로 유니테리언교회의 목사인 윌리엄 에머슨과 그의 아내 루스 해스킨스 사이에서 태어났다. 여덟 자녀 중 세 번째 아이였다. 윌리엄 에머슨이 서른셋의 나이에 갑작스럽게 이질로 사망하면서 루스 해스킨스가 아이들 양육을 혼자 떠안게 되었다. 사회적으로 형편이 나아질 가능성도, 경제적 여유도 없는 상황이었다. 장애가 있었던 버클리를 제외한다면, 랄프(그는 "왈도"라고 불리는 것을 좋아했다)는 에머슨가※의 아이들 중 가장 장래가 어두운 아이였다. 침울하고 내향적이며 유약했던 그는 활달한 다른 형제들이 드리우는 긴 그림자에 가려 힘든 유년기를 보냈다. 자신은 무가치한 존재라는 느낌에 사로잡혀 힘들어했다. 지하실에 틀어박힌 채 창문으로 마을 공동묘지를 내다보며 책에 파묻히거나 몽상에 빠졌고, 병적일 정도로 깊은 생각 때문에 힘겨운 나날을 보냈다. 에머슨가의 여덟 자녀들 중 다섯 명만이 목숨을 부지했을 정도였으므로 가족의 안전에 대한 우려도 컸다.

루스 해스킨스는 최소한의 생계를 유지하기 위해 하숙집을 차렸고, 이 일을 돕기 위해 아이들의 고모인 매리 무디 에머슨이 함께 지내기 시작했다. 독신이었고, 똑똑하고 별나고 독실했던 그녀는 왈도에게 가장 큰 영향을 끼친 멘토가 되었다. 왈도는 자선 단체의 지원을 받아 14세의 나이에 하버드대학에 입학했다. 비록 학업 성적은 우수하지 못했지만(59명 중 33등으로 졸업했다) 최연소 입학생이었다. 철학과 종교학에 심취했던 왈도는 가업을 이어받기로 결심하고, 목사가 될 계획으로 2년 후 하버드 신학대학에 입학한다. 공부를 마친 후 이곳저곳을 다니며 설교하는 무임목사로 일하기 시작했고, 뉴햄프셔에 머무르는 동안 열여섯 살의 사랑스러운 시인, 엘렌 터커를 알게 된다. 그는 그녀와 깊이 사랑에 빠져 2년 후에 결혼한다.

이미 결핵을 앓고 있었던 엘렌 터커는 건강이 몹시 좋지 못했고, 왈도는 그녀를 구하겠다는 단호한 의지로 결혼 후 18개월 동안 그녀와 함께 병마와 싸웠다. 왈도는 훗날 이 시기를 "인생에서 가장 행복했고, 가장 비참했던"[2] 시기라고 회상했다. 결국 엘렌은 열아홉 살의 나이에 사망했고, 왈도는 죽음을 생각할 정도의 극심한 우울증에 빠졌다. 사랑하는 사람을 잃은 지 8개월이 지나고, 절망을 떨쳐낼 수 없었던 왈도는 1832년 3월 29일 아침, 삶을 끝낼 마음을 품고 마운트오번공원묘지에 있는 엘렌의 무덤으로 향한다. 이때의 사건이 준 충격은 그를 다시 삶으로 복귀시켰고, 자신의 인생 항로를 결정하는 큰 변화를 겪게 된다. 전통적인 기독교 신앙을 잃은 그는 보스턴 제2교회에서 제안한 높은 자리를 거절하고 자신의 재능을 다시 갈고닦아 전문 작가로서의 인생을 살겠다고 결심했다. 그리고 몇 달 뒤 유럽으로 항해를 떠난다. 존 스튜어트 밀의 추천으로 윌리엄 워즈워스(그다지 강렬한 인상을 받지는 못했다고 했다), 새뮤얼 테일러 콜리지(재미도 없고 시시하다고 했다), 그리고 평생 친구가 된 토머스 칼라일 등 당대의 유명 작가들이 드나드는 모임에 들어갈 수 있었다.

유럽에서 3개월을 보내고 왈도는 보스턴으로 돌아와 리시움회Lyceum circuit의 강사로 탈바꿈한다. 강연 단체이자 토론회였던 리시움운동은 시대에 뒤떨어진 사고방식을 폐하고 새로운 사고를 받아들이려는 사람들(즉, 구도자들)에게 큰 인기를 끌었던 교육 기관으로, 당대의 새로운 사업이었다. 왈도의 강연 스타일은 화려하고 재미난 편은 아니었지만(그가 무대에서 강연하는 모습을 똑바로 선 시체에 비유한 사람도 있었다), 그가 전달하는 메시지는 풍성한 울림이 있는 그의 바리톤 목소리가 더해지면서 사람들을 열광시켰다. 그의 강연 스타일은 곧 대중의 인기를 끌게 되었고, 다음 반세기 동안 그의 가족을 먹여 살릴 전문 강연자의 길에 올라서게 된다. 그는 기차를 타고 미국 동부 해안을 오르내렸고, 멀게는 유타까지도 강연을 다녔다.

엘렌과 사별하고 4년이 지난 후, 왈도는 리디아 잭슨이라는 이름의 신실한 여성과 결혼한다. 부부는 결혼하고 8년 동안 두아들과 두 딸을 낳아 가정을 꾸린다. 에머슨은 콩코드 턴파이크에 있는 2층짜리 큰 집에 정착했다. 자신의 강연에 대한 대중들의 따뜻한 반응에 자신감이 생긴 왈도는 대중 강연을 토대로 쓴 그의 첫 에세이집 집필에 몰두했다. 1836년 출간한《자연》은 한 달도 되지 않아 초판 인쇄본이 모두 팔렸다. 순회 강연자, 명예가 실추된 전前 성직자 왈도는 별안간 미국 문학계의 조지 워싱턴, 콩코드전투의 선지자, 그리고 그의 세대를 대변하는 영적 목소리로서의 랄프 왈도 에머슨으로 격상되었다. 그는 19세기 미국의 특징을 정의내린 작품을 쓴 당대 작가와 사상가들의 멘토이자 친구였다. 헨리 데이비드 소로와 더불어 월트 휘트먼, 너새니얼 호손, 허먼 멜빌, 마거릿 풀러, 브론슨 알코트, 윌리엄 채닝이 그의 콩코드모임의 일원이었다. 월트 휘트먼은 그의 첫 시집《풀잎》에 왈도의 추천사를 실었다. 야심 찬 시인이 이제 막 시를 쓰기 시작하면서 빠졌던 스스로에 대한 의구심의 구렁텅이를 탈출하게 해준 추천사였다. 월트 휘트먼은 "끓어오를듯 말듯하고 있던 나를 끓는점까지 끌어올려준 사람이 에머슨이었다"며 속내를 털어놓았다.[3]

1841년, 헨리 데이비드 소로는 관리인이자 정원사, 아이들의 가정교사로 에머슨가에서 일하기 시작했다. 그와 에머슨의 우정은 다소 복잡했다. 서로에게 찬사를 아끼지 않다가도 서로들이받기를 마다하지 않았고, 진심으로 서로를 존경하면서도 몹시 불쾌해했다. 왈도는 지역 생태계와 소로 사이의 기이할 정도의 유대감과 생태계 내에 서식하는 동식물에 관한 그의 백과 사전 같은 지식에 경탄했다. 소로의 경우에는 7년간 왈도 휘하에서 일하면서 멘토의 영적 존재감과 자기신뢰 철학에 점점 더 빠져들게 되었다. 소로를 만나고 1년 후에 왈도의 막내아들 월리가 성홍열을 끝내 이기지 못하고 세상을 떠났다. 왈도가 자기 인생에서 가장 비극적인 일이라 여겼던 죽음이었다. 그는 자신의 비통함을 시 〈비가〉에 쏟아부었고, 이 시는 여전히 미국 문학사에서 가장 위대한 애가로 손꼽힌다. 가장 사랑하는 이의 죽음을 반복적으로 극복해야 했던 삶의 질곡이 그의 창의력을 더욱 위대하게 만들었고, 스스로 재생한다는 그의 철학이 더욱 설득력 있게 들렸다.

세네카의 《삶의 지혜를 위한 편지》부터 그가 가장 좋아했던 미셸 드 몽테뉴의 외설적인 에세이에 이르기까지 탐욕적 독서가였던 왈도는 영혼의 눈을 뜨기 위해, 존재론적 의구심을 해소하기 위해, 내면에 있는 지혜를 일깨우기 위해 문학에 빠져들었다. 그는 《바가바드 기타》를 굉장히 좋아해서 콩코드 일대에서는 그를 "양키 힌두교 신자"라고 부르기도 했다. "인간의 어두워진 인생에 불을 밝히겠다"는 그의 의지는 한 번도 꺾인 적이 없었다. 요즘은 서점에 가면 이런 책들이 자기계발서로 따로 분류되어 있지만, 다른 일반적인 주제와 지혜 문학을 분리한다는 생각이 왈도에게는 굉장히 이상하게 여겨질 것이다. 몽테뉴의 전기를 쓴 사라 베이크웰도 "16세기 프랑스 귀족에게 자기계

발서와 아카데미 철학이 다르다고 한다면 크게 의아해할 일"이
라며 같은 이야기를 했다.[4] 왈도는 철학이 우리가 일상에서 겪
는 어려움을 해결하는 데 도움을 주려는 목적을 갖지 않는다면
철학이라고 불릴 자격이 없다고 주장했다. 왈도 이전 시대에 있
었던 몽테뉴와 스토아 철학자들처럼 그는 철학의 단 한 가지 목
적은 우리가 우리 스스로를 더 잘 알고, 삶을 더 잘 누릴 수 있게
도와주는 것, 우리의 놀라운 존재를 제대로 인식할 수 있게 도와
주는 것이라고 믿었다.

　　왈도는 열성적인 노예제 폐지론자였다. 에이브러햄 링컨이
노예제 종식을 위해 더 끈질기게 싸우도록 종용했고, 당시(그리
고 그 이후로도) 뛰어난 아프리카계 미국인들이 정치적 영향력
을 펼칠 수 있게 도왔다. 개혁가이자 정치인이었던 프레더릭 더
글러스는 왈도가 노예제 반대론자가 된다는 것이 어떤 의미인
지를 강변한 연설을 듣고 크게 감명받았다고 이야기한 바 있다.
사회학자 W. E. B. 듀보이스 또한 왈도의 "이중 의식(사적 자아
와 공적 자아)" 개념을 접한 뒤에 큰 영향을 받아 해방에 관한 자
신의 가르침에 접목하기도 했다.[5] 왈도가 사회적으로 가장 크게
영향력을 발휘했던 것은 1840년대에 불현듯 나타났던 초월주
의운동으로, 왈도가 이 운동의 지도자였다. 동양의 정신에 큰 영
향을 받은 초월주의운동은 지나치게 종교적 독실함을 강조하는
기독교에 대한 대중적인 반발이었고, 주류 프로테스탄트교도들
의 온정 없는 합리주의에 대한 불만이 만연해 있었음을 반증한

다. 초월주의자들은 더 강렬하고 직접적인 영적 경험을 열망했고, 그랬기 때문에 예수를 신의 독자獨子가 아닌 부처, 소크라테스, 혹은 노자 같은 현자라고 여겼던 왈도는 자연스럽게 그들의 리더가 되었다. "예수의 인간성에 대한 과장이 독약이 되어" 역사적인 그리스도를 반인반신半人半神으로 바꾸면서 보편성을 지닌 예수의 가르침을 전복시키고 그것을 우상숭배로 바꿔치기했다는 것이 왈도가 믿는 바였다. 초월주의운동은 이 도그마를 회복해 영적인 삶을 우리에게 내재하는 신성의 결과물이라는 올바른 자리에 돌려놓았다.

40년 동안 그는 감히 쉽게 감당할 수 없는 연설 일정들을 꾸준히 소화했고, 1860년대 말이 되어서야 주춤하기 시작했다. 알츠하이머 초기 증상인 건망증이 점차 심해지면서 강연을 지속하는 것이 어려웠기 때문이었다. 1871년, 왈도는 미국 중서부 지역 순회 강연을 마지막으로 대중 강연 활동을 중단한다. 그의 딸 이디스의 말에 따르면, 시간이 지나면서 천천히 사라져가던 그의 기억은 더 이상 왈도를 괴롭히지 못했다고 한다. "아버지는 무척 행복하게 잘 지내고 계세요." 칼라일에게 보내는 편지에서 그녀는 이렇게 적었다. "어머니께서는 아버지와 함께 지낸 십수 년 동안 지금이 가장 행복해 보인다고 자주 말씀하세요. 늘 건강한 정신에 아침마다 즐겁게 일어나십니다."[6]

1882년 4월 21일, 왈도는 매일 다니던 산책 도중에 폭우를 만나 감기에 걸렸고, 이것이 폐렴으로 악화되었다. 6일 후, 그는 세상을 떠났다. 그가 세상을 떠나던 마지막 날, 왈도는 아내의 만류에도 불구하고 옷을 차려입은 후, 그가 늘 그러했듯 1층 서재에서 읽고 쓰며 하루를 보냈다. 이디스는 아버지가 평소보다 일찍 책을 덮는 것에는 결국 동의했지만, 서재를 닫는 일을 돕겠다는 건 한사코 거절했다고 한다. 왈도는 가족들이 보는 가운데 이 창문에서 저 창문으로 천천히 걸으며 덧창을 내리고 잠갔다. 그러고는 평소 습관대로 화로에서 장작을 하나씩 하나씩 집어 한쪽 끝에 두고는, 타는 숯을 따로 꺼내 화롯불을 껐다. 자신의 일상적인 업무를 모두 마친 그는 독서용 램프를 들고 자신의 방으로 올라갔다. 그렇게 왈도는 마지막으로 서재를 떠났다.

자기신뢰란 무엇인가?

에머슨 철학의 원칙은 보편성이다. 결코 영적인 믿음과 그에 따른 행실을 요구하지 않는다.

- 각 개인은 자신만의 현실을 창조한다.
- 무엇도 당신의 허락 없인 당신을 해칠 수 없다. (신체적 폭력은 예외다.)
- 장애물은 기회가 될 수 있다.
- 선행은 행복으로 가는 지름길이다.

- 당신 안에 있는 신이 모든 것에 깃든 신과 당신을 연결해 준다.
- 당신의 기질은 운명이다.
- 당신 없이는 나도 없다. (모든 것은 서로 의지한다.)
- 삶의 유한성은 가장 위대한 스승이다.
- 경탄과 경이는 천국으로 가는 열쇠다.
- 스스로에 대한 앎 없이 삶을 산다는 건 무가치한 일이다.

자기신뢰는 이기적인 것과는 아무 관련이 없다. 이것은 에머슨 철학의 가장 중심적인 가르침을 두고 벌어지는 가장 큰 오해인데, 건강하지 못한 개인주의, 그리고 아인 랜드Ayn Rand가 주장한 남근지배phallocracy와 연관되어 자주 회자되었다. 에머슨은 자기신뢰를 가장 중요한 영적 훈련이라고 확실하게 선을 그은 바 있다. "자기신뢰는 신을 신뢰하는 것이다." "자기중심적인 이기주의자만큼 약한 것은 없다." 그의 가르침 속에서 우리는 그가 어떻게 물리적인 것과 형이상학적인 것을, 물질적인 것과 초월적인 것을 함께 고려하는지 볼 수 있다. 또한 그는 영성과 일상 사이의 잘못된 이원성에 매몰되지 않을 것을 촉구했다.

지금 이 시대는 그 어느 때보다도 통합이 절실한 시대다. 보스턴의 인구가 9만 명이고 마약성 진통제가 대유행하던 시대가 시작되기도 전인 1840년, 왈도는 다음과 같이 개탄했다. "아, 미국이여! 대기는 지금 양귀비와 어리석은 자들, 분열과 나태로 가득하다."[7] 그는 동시대를 살아가는 사람들의 수동성을 두고 "진실을 두려워하고, 서로를 두려워하며, 소심한 마음으로 낙담한 울보들"로 지칭하며 질타했다. 그리고 미국이 자신들의 영적 가치를 포기할 경우, 탐욕과 외로움은 미국의 만성적인 문제가 될 것이라고 경고했다. "지형은 숭고하나 인간들은 그렇지 않은 것이 내가 미국과 벌이고 있는 싸움이다." 미국인의 영혼의 건강에 관한 왈도의 선견지명은 비극적일 수준으로 사실이 되었다. 우울, 불안, 중독, 공포가 돌이킬 수 없을 정도로 증가하고 있다. 2007년에서 2018년 사이에 10세에서 24세 사이 젊은이들의 자살률은 거의 60퍼센트 이상 증가했다.[8] 10세에서 14세 사이 여자 청소년 중 스스로 상해를 입히거나 자발적으로 중독에 빠지는 등의 자해를 하는 비율은 미국 내에서 2009년과 2015년 사이 거의 3배가량 증가했다.[9] 슈퍼버그부터 화염 토네이도, 유독 물질이 섞인 물, 물고기가 없는 바다까지, 현재 혹은 미래에 있을 재앙에 관한 경고가 밤낮없이 쇄도하고 있다. 코로나바이러스감염증-19는 이러한 공포를 몇 배로 증폭시키며 이 행성을 세계적 공황을 배양하는 지구 크기의 샬레로 바꿔놓았다. 꽤 큰 모집단을 상대로 미국인들이 경험하는 다양한 공포를 측정한 설문의 결과에 따르면 70퍼센트가 넘는 사람들이 자연재해의 두려움 속에서 살고 있으며, 다른 통계에서는 사이버 테러, 정부의 부패, 내전, 불특정 다수를 대상으로 한 폭력, 심지어 노숙자로 생을 마칠 수 있다는 두려움도 언급되고 있다.[10]

에머슨의 가르침은 독자의 혜안을 영적인 깨달음으로 이끌어 우리가 무력하다는 착각을 떨칠 수 있게 도와준다. 그는 스토아 철학자들과 마찬가지로 자신의 경험을 이해하려고 노력하고, 자신의 관점을 주의 깊게 살피며, 거짓에서 진실을 구별해내기 위해 자신의 시간을 쏟는 모든 사람들이 확장된 시야를 가질 수 있다는 것을 상기시킨다. 이것이 성찰하는 삶을 이루는 것이다. 시인 메리 올리버는 이렇게 썼다. "에머슨이 단호하게 주장했던 하나는, 우리가 정원에서 잡초를 뽑든, 소의 젖을 짜든, 되도록, 아니 반드시 생명수를 찾아야 한다는 것, 문제가 되는 것을 곱씹고, 생각에 주의를 기울여야 한다는 것이다."[11] 자신을 아는 깨달음을 얻게 되면, 종래의 세계란 더 깊은 현실의 대역일 뿐이라는 진실을 보게 될 것이다. 차를 타고 영국 농촌 지역을 달리면 볼 수 있는 1차원의 폴리하우스(folly house, 건물의 본래 기능 없이 공원 등에 장식적으로 건설된 건물)를 떠올려보라. 이 건축물은 그럴듯해 보이는 건물 앞면으로 실제 모습을 감추고 있다. 에머슨은 우리가 주로 겉으로 드러난 모습과 표면의 환상에 집중하기 때문에 우주에 있는 우리의 진정한 고향을 알아보기 어려운 것이라 믿었다.

자기신뢰는 세 가지 철학적 원류에 기반하고 있다. 먼저 에머슨의 깊숙한 곳에 있는 기독교다. 그는 교회를 등졌지만 예수의 가르침은 늘 소중하게 여겼다. 이러한 불일치는 종래의 기독교 전통을 떠나 좀 더 새로운 접근 방식으로 믿음에 다가가려는 오늘날의 많은 기독교운동과 공명한다. 밀레니엄에 들어서면서 전통 교회에 대한 충성도를 지키고 있는 기독교인의 수가 거의 절반으로 급감했다.[12] 기독교가 그의 성격에 떼려야 뗄 수 없이 얽혀 있듯, 기독교는 미국 문화에도 (종종 그 사실을 잊을 정도로) 구석구석 스며들어 있다. (미국 역사상 단 한 번도 기독교인이 아닌 대통령은 없었다. 모럴머조리티Moral Majority는 여전히 미국 보수파를 주도하고 있고, 성경 속 하나님을 뜻하는 경구 "In God We Trust(우리는 신을 믿는다)"가 지폐에 새겨져 있다. 2021년 대법원은 복음주의 대법관을 한 명 더 임명했고, 이로써 낙태, 피임, 동성 간 결혼 등 기독교에 반하는 권리들의 신장을 위협하고 있다. 미국은 뿌리 깊은 기독교 국가다.) 예수의 가르침에 대한 믿음은 있지만 기독교교회에 대한 회의 때문에 고민인 기독교인들이라면 에머슨의 갈등 속에서 그들이 가지고 있는 불만과 양가적인 감정을 발견하게 될 것이다.

기독교적 영향 이외에도 자기신뢰는 초월주의와 스토아 철학이라는 불운한 조상들의 사상적 사생아이기도 하다. 이 서로 다른 학파의 사상은 우리가 생각하는 것보다는 공통점이 꽤 있다. 초월주의는 프로테스탄트교회의 계급주의, 성차별주의, 본성을 거스르는 특성, 죄와 구원에만 초점을 맞춘 교리에 반대하는 영적인 저항이다. 초월주의는 지루한 교회의 의식 절차를 통하기보다는 보다 직접적으로 신과 관계 맺기를 원하며, 믿음 또한 직관, 감정, 계시, 그리고 "이 세계의 불가침적 질서"와 우리 사이의 자연적 유대감을 통해 강화하기를 원한다. 인간의 선함이 가진 잠재력에 초점을 맞춘 초월주의는 신과 친밀한 관계를 맺는 일에 영적인 중재자가 반드시 필요한 것이 아니라고 가르친다.

비록 초월주의운동은 단명했지만(대략 20년 정도 지속되는 데 그쳤다), 이 철학의 뿌리는 독창성과 인간의 자유가 높은 가치로 칭송받는 이곳에 깊숙이 자리매김하고 있다. 에머슨의 "우주와의 독자적 관계" 개념, 그리고 신의 영은 자연의 모든 곳(인간의 본질 또한 여기에 포함된다)에 존재한다는 믿음은 인간의 자기결정성, 개인의 권리, 영적 자유라는 미국의 초월적 신념과 분리할 수 없게 되었다. 레이디 가가가 깃발을 휘날리며 열광하는 사람들이 가득한 경기장에서 그녀의 대표곡 "Born This Way(태어난 그대로)"를 열창할 때, 그것은 이 해방의 물결에 바치는 찬사였다. 인종적 정의와 성평등, 종교의 자유, 대자연에 대한 신성 모독적 남용 등 가장 뜨거운 논쟁거리가 되는 주제의 대부분이 초월주의자들의 각본에서 나온 것들이다.

초월주의가 남긴 또 다른 유산은 낙관주의지만, 이 희망에 찬 태도는 인간이 행할 수 있는 악을 부정하며 탄생한 것이 아니었다. 오히려 에머슨의 "보편적 낙관주의"는 인간의 불완전성이라는 잔혹한 진실을 마주한다. 단, 이것의 구원 가능성을 놓치지 않는다. 열렬한 초월주의자였던 마틴 루터 킹 주니어 목사가 "정의를 향한 여정은 길지만, 결국 정의를 향하게 될 것"이라고 했던 연설도 그러한 보편적 낙관주의의 메아리였던 것이다. 에머슨은 최악의 상황에서도 선함과 지혜가 가능하다고 주장했다. 그는 이렇게 썼다. "우리가 이것으로 무엇을 할지 알기만 한다면, 늘 그러하듯, 이 또한 아주 좋은 시간이 될 것이다." 인간의 실패에 관해서라면 날카로운 눈으로 보는 그였지만, 개별 인간과 더 나은 삶을 위한 우리의 능력에 관해서만큼은 희망적이었다.

자기계발에 관한 믿음은 스토아 철학의 핵심이기도 했다. 2,000년 전 그리스와 로마에서 성행했던 이 실용적이고 현실적인 철학은 고대의 비극들 속에서 형성되었다. 안토니누스역병(페스트 또는 홍역이 원인으로 추정되는 전염병)이 발발해 로마를 휩쓸어 로마 시민 3분의 1이 목숨을 잃었을 때, 황제 마르쿠스 아우렐리우스는 《명상록》을 썼다. 스토아 철학은 상황이 최악으로 치달을 때 그 진가를 발휘하는데, 오늘날 이 철학이 큰 인기를 누리는 것은 이 때문이다. 스토아 철학자들은 고난을 마주했을 때 성장하기 위한 실제적인 도구들을 제안한다. 이 책의 마지막에서 다루는 "자기신뢰 연습"도 그에 영향을 받았는데, 사실 스토아 철학의 영적 훈련과 인지행동치료 사이의 유사성은 이미 밝혀진 바 있다.[13] 자기인식, 우리가 가진 것에 대한 감사, 우리가 모르는 것(그리고 통제할 수 없는 것)에 대한 겸손, 고난이 가져다주는 이점, 관점을 바꿀 자유, 세상에 스민 신성한 신비에 대한 스토아 철학자들의 강조는 에머슨의 가르침과 정확히 일치한다. 어려움에 처했을 때도 삶을 있는 그대로 받아들이는(아모르 파티) 스토아식 훈련과 우리의 유한성을 기억하는 것(메멘토 모리memento mori)이 주는 성장 가능성에 대한 스토아 철학자들의 초점 또한 자기신뢰의 핵심이다. 마지막으로 에머슨과 스토아 철학자들은 가장 중요한 철학적 질문을 공유한다. 위태하고, 예측하기 어려우며, 고통스러운 세상 속에서 "어떻게 우리는 행복eudaimonia할 수 있을까?" 이들은 진정한 행복이 (심리학자 빅터 프랭클의 용어를 빌어) "인간의 마지막 자유"에 의지한 "이성적 초월"을 통해서만 가능하다는 것에 동의한다. 이것은 어떤 환경에 처하든 우리의 태도를 선택할 수 있는 의지를 뜻하는데, 이 자유가 삶이 우리에게서 우리가 소중하게 여기는 것을 빼앗아 갈 때, 그럼에도 우리가 온전한 우리로서 남을 수 있게 할 것이다.

자기신뢰 연습

에머슨과 스토아 철학자들은 통찰력을 촉발하고, 인격에 깊이를 더하며, 더욱 건강하고 안녕한 삶을 살아갈 방도로 '영적 훈련'을 적극적으로 지지했다. 질문은 인식의 문을 열어주고 삶의 기술을 날카롭게 연마한다. 하루에 20분, 일주일에 5일, 당신에게 적절하다고 생각되는 영적 훈련을 숙고하는 것이 도움이 될 것이다. 개인적인 글쓰기, 명상을 통해 실천할 수 있고, 동료들과의 대화를 통해, 혹은 치료의 한 방법으로 실천해볼 수 있을 것이다.

자기신뢰 연습 ① 독창성

+++

◆ 당신의 그늘진 부분을 받아들이고 통합하라 ◆

보상의 법칙을 떠올리며 당신이 현재 창피함, 불편함, 혹은 두려움 때문에 숨겨두고 있는 특정한 성격을 어떻게 하면 받아들이고 통합할 수 있을지 생각해보라. 당신이 당신의 엉뚱한 점, 이상한 점, 한계, 흠결을 당신 성격의 일부로 받아들일 때, 당신은 당신을 꽃피우게 될 것이다.

깊은 곳으로 나아가는 질문

당신의 성격 중에서 받아들일 수 없는 면이 무엇인가? 어떻게 하면 그러한 면을 당신의 의식 속으로 통합시킬 수 있을까? 이것이 어떻게 당신의 삶을 풍요롭게 할 수 있을까? 구체적으로 생각해보자.

◆ 밖으로 나가라 ◆

관습을 거부하고, 충동적으로 행동하며, 과도하게 부풀려진 예의범절의 중요성에서 벗어나고자 하는 당신의 의지를 생각해보라. 광야는 당신과 당신의 신체에 대한 유대감을 더욱 강화해주며, 당신의 육체적 본성을 다시 찾게 해준다는 것을 알아야 한다. 이것을 알면 더 강한 자극을 찾고, 집중하지 못하고 산만해지며, 정서적으로 회피하려 하고, 과도하게 집에만 머무르려는 경향을 균형 있게 바로잡을 수 있을 것이다.

깊은 곳으로 나아가는 질문

기술 중독을 포함해 우리의 집중력을 흐트러뜨리는 인간이 만든 오락 활동이나 대리 경험을 피하는 것이 어떻게 당신의 삶을 향상시킬 수 있을까? 구체적으로 생각해보자.

◆ 행복의 통로를 찾아라 ◆

당신에게 기쁨과 목적을 가져다주고, 당신의 영혼을 만족시키며, 당신에게 가장 자연스럽게 여겨지는 것이 무엇인지 생각해보라. 행복은 얕은 쾌락이나 순간적인 만족보다는 계속적인 흐름, 자기신뢰와 더 관련이 깊다. 대부분의 행복은 당연한 노력과 수많은 시도, 희생을 필요로 한다.

깊은 곳으로 나아가는 질문

당신에게 기쁨과 목적을 주는 것이 무엇인가? 무엇 때문에, 그리고 어떻게 당신은 가장 큰 행복감을 느끼는 그 일들을 하지 않고 버티는 것인가? 구체적으로 생각해보자.

자기신뢰 연습 ② 관점

+ + +

♦ 더 높은 곳에서 보라 ♦

4만 피트 상공에서 당신을 바라본다고 상상해보자. 무력함을 느끼기보다는, 이렇게 공중에서 보듯 상상하면서 타인과의 관계 속에서 내가 어느 정도의 비율을 차지하는지 관찰하고, 당신에게 가장 큰 문제라고 여겨지는 것이 상대적으로 그렇게 중요하지 않다는 것을 이해하라. 당신을 가장 힘들게 하는 것은, 물론 실제로 존재하기는 하지만, 당신이 믿는 만큼은 아니다. 당신은 아주 작고, 동시에 아주 거대하다.

깊은 곳으로 나아가는 질문

4만 피트 상공에서 당신의 삶을 본다면, 요즘 당신을 가장 불안하게 하고 두렵게 하는 것 중에 중요하지 않다는 것이 확연히 눈에 보이는 것이 무엇일까? 무엇이 그런 새로운 감각을 불러일으키는가?

♦ 당신의 반응을 관찰하라 ♦

당신이 다른 사람들에게, 공간에, 그리고 외부로부터 오는 정보에 어떻게 반응하는지 진지하게 주의를 기울여보라. 그때 잠시 멈춰 깊게 생각할 여유를 가져라. 그리고 _____이(그것이 무엇인지 빈칸을 채워보라) 당신이 변화시킬 수 있는 범위 이내에 있는 것인지(그렇다면 당신의 행동으로 이것에 어떤 영향을 끼치는 것이 좋다) 혹은 그렇지 않은지 질문하라. 반복되는 계기, 편견, 판단, 두려움, 그리고 눈을 가리는 것을 유심히 살펴라.

깊은 곳으로 나아가는 질문

언제, 혹은 누구를 상대로 당신은 과한 반응을 보이며, 지나치게 마음을 쓰고, 적절하지 않을 만큼 과도하게 감정적으로 반응하는가? 그리고 당신은 그러한 행동을 어떤 식으로 정당화하고 있는가?

◆ 타자화하는 법을 배워라 ◆

특정 사건이 당신에게 일어났을 때와 다른 사람에게 일어났을 때, 당신이 이 사건을 보는 방식이 얼마나 다른지 생각해보라. 좋지 않은 일이 다른 사람들에게 일어났을 때 당신이 얼마나 더 쉽게 평정을 유지하는지 살펴보고, 왜 그럴 수 있는지 스스로에게 물어보라. 힘든 일이 생겼을 때 그것이 다른 사람에게 일어난 일인 것처럼 대해보라. 그리고 차이점을 발견하라.

깊은 곳으로 나아가는 질문

요즘 당신이 삶에서 겪고 있는 어려운 일이 모르는 사람에게 벌어진 일이라고 상상해보라. 이 상상이 그 일로 인해 느꼈던 압박감에 어떤 영향을 주는가?

자기신뢰 연습 ③ 비순응

+++

◆ 다른 사람들에게 호감을 사고 싶어 하는 당신의 마음에 ◆
의문을 제기하라

다른 사람들의 승인과 허락을 얻기 위해 당신이 얼마나 많은 시간과 에너지를 쏟고 있는지 생각해보라. 당신이 스스로를 얼마나 검열하는지, 동의하지도 않는 사회적 규칙에 얼마나 얽매이는지, 얼마나 비순응을 두려워하는지 주의 깊게 들여다보라. 당신 스스로가 되기 위해 다른 이들의 허락을 구하는 것은 매우 모순된 일이다.

깊은 곳으로 나아가는 질문

다른 사람의 승인을 구하고자 하는 마음이 언제 당신이 진정한 자기 자신이 되는 것을 방해하는가? 그리고 왜 당신은 그토록 다른 이들의 허락을 구하는가? 구체적으로 생각해보자.

◆ 당신의 원동력을 명확하게 하라 ◆

당신의 행동, 그 이면에 있는 의도를 생각해보라. 그리고 그것들의 진실성을 가늠해보라. 좋은 행동도 부정적인(이기적인) 의도로 한다면 그 끝이 좋지 않을 가능성이 매우 높다. 당신 행위의 동기가 두려움, 욕망, 이성, 공격성, 지혜, 혹은 근시안적인 사고인지 살펴라. 당신에게 원동력이 되는 것이 무엇인지 안다면, 훨씬 더 능수능란하게 행동할 수 있을 것이다.

깊은 곳으로 나아가는 질문

살면서 당신이 어떤 행위를 했을 때, 그 행위의 결과와 그 행동을 한 이유가 언제 일치하지 않는가? 이 불일치의 이유가 무엇인가? 구체적으로 생각해보자.

◆ 선함의 가면에 의문을 제기하라 ◆

선하게 행동한다는 것이 당신에게 어떤 의미인지 생각해보라. 당신은 선함을 구성하는 것이 무엇이라 믿는가. 인간은 선천적으로 선하다고 믿는가, 혹은 믿지 않는가. 겉으로 보이는 선함과 실제 선함 사이에 존재하는 간극을 주의 깊게 살펴보라. 선한 제스처, 선한 척하는 것을 피하라.

깊은 곳으로 나아가는 질문

당신은 살아가며 어떤 상황에서 실제 당신보다 더 나은 인간인 것처럼 행동하는가? 혹은 진심은 아니지만 선한 '척'하는가?

자기신뢰 연습 ④ 모순

+++

♦ 모순에게도 자리를 내어주라 ♦

경험의 이중성에 대해 생각해보라. 겉으로 보기에는 반대되는 것들이 어떻게 똑같은 진실로 동시에 존재할 수 있는지 생각해보자. 일어난 사건에는 최소한 두 개의 측면이 있다는 것을 기억하라. 이것을 기억하면 이 지혜로 인해 서로 반대되는 진실을 (둘 중 하나를 꼭 배척하지 않고도) 동시에 마음에 품을 수 있는 능력을 배양할 수 있을 것이다. 원이 음과 양을 위한 모든 공간을 만들 듯, 전체를 아우르는 것은 두 가지를 모두 끌어안는 것이다.

깊은 곳으로 나아가는 질문

당신의 인생에 존재하는 모순과 역설을 살펴보자. 그것들이 어떻게 어우러져 전체를 구성하는지 생각해보라. 당신은 이 역설들에 어떤 식으로 저항하고 있는가? 구체적으로 서술해보라.

♦ 장애물을 뒤집어 보자 ♦

지금 당신이 인생에서 맞닥뜨린 힘든 상황을 어떻게 하면 기회로 바꿀 수 있을까? 그것이 작든 크든, 당신이 지금 마주하고 있는 그 고통을 역설의 렌즈를 통해 바라보고 당신의 관점을 바꿈으로써 상황이 좋아질 수 있다는 것에 주의를 기울여보라. 그렇게 하다 보면 좌절했던 마음이 회복되고, 수렁에서 빠져나올 수 있게 도와줄 새로운 가능성, 해결책, 전환, 지름길, 작은 탈출로를 발견할 수 있을 것이다.

깊은 곳으로 나아가는 질문

요즘 겪고 있는 어려움을 가능한 한 여러 가지 다양한 관점에서 생각해보라. 달라 보이는 점이 무엇인가?

◆ 우리와 타자의 이분법을 넘어서라 ◆

집단 충성도가 당신의 인생에 미치는 영향에 대해 생각해보자. 집단중심주의, 파벌주의, 맹목적 애국주의, 우월주의, 집단 나르시시즘이 당신의 현실을 어떤 식으로 주조하고 있는가? 당신이 개인적으로 가장 소중하게 여기는 꼬리표와 거부하는 꼬리표가 무엇인지 생각해보라. 이것을 생각하면 당신이 왜 특정 집단에게 강한 거부함을 표하게 되는지 알 수 있을 것이다.

깊은 곳으로 나아가는 질문

당신이 동질감을 느끼는 집단을 떠올려보라. 이 집단의 정체성이 당신의 선택, 편견, 행동에 어떤 영향을 끼치고 있는가?

자기신뢰 연습 ⑤ 회복력

+++

◆ 의도적 선택을 훈련하라 ◆

선택을 해야 할 때, 당신은 어떤 방식으로 그 선택을 결정하는 가? 그럴 필요가 없는데도 당신의 결정권을 포기해버리는 때가 있다면, 그런 경우는 언제인가? 내면에 있는 통제력의 근원이 자신감을 불어넣고 회복력을 강하게 해준다는 것을 이해하라. 당신의 인생에 스스로 책임을 지고 더 이상 상황의 피해자가 되지 말라. 다른 선택을 내림으로써 인생의 향방을 바꿀 수 있는 능력을 놓치지 말라.

> **─ 깊은 곳으로 나아가는 질문 ─**
>
> 당신은 다른 사람들이나 외부의 사건에 탓을 돌리며 당신의 인생과 당신이 내린 선택에 대한 책임을 '언제', '어떻게' 유기하는가? 이러한 행위가 어떻게 당신의 권한을 빼앗는가? 구체적으로 생각해보라.

◆ 당신의 날을 위해 준비하라 ◆

요즘 같은 때에 당신에게 닥칠 수 있는 불확실성, 실망, 놀라움, 공격에는 무엇이 있을까? 세상의 불완전한 본성을 받아들이고 나면 비현실적인 기대를 내려놓을 수 있으며, 무슨 일이 벌어지든 적응할 수 있고, 중심을 지킬 수 있으며, 방향을 바꿀 수 있다는 사실을 알게 된다. 일어날 가능성이 있는 실망스러운 상황을 준비하는 것은 비관적인 것과는 다르다. 이것은 실패할 준비를 마친 당신을 잡아줄 진실의 예방접종이다.

깊은 곳으로 나아가는 질문

요즘 당신의 일상에서 가장 당신을 거부하고, 공격하고, 힘들게 한 것은 무엇인가? 그리고 눈을 똑바로 뜨고서 실망을 마주할 수 있게 당신을 준비시키려면 무엇을 해야 할까?

◆ 떼어놓고 보라 ◆

사건이나 사람, 물건이나 소유물에 당신이 얼마나 애착을 갖고 있는지 생각해보자. 그리고 이러한 것들을 가장 작은 부분으로 잘게 나누어서 본다면 그것들에 대한 애착이 변화하는지, 어떻게 변하는지 살펴보라. 외부의 것을 가장 작은 구성 성분으로 쪼개고 나면 실제로 그것들이 무엇인지 눈에 보이게 되고, 물질적인 것과 상황에 너무 많은 가치를 두지 않는 법을 배우게 된다. 그것들이 일시적인 것들이고 조건에 따라 달라지는 것임을 알고 나면 선망하는 사람들이나 장소, 혹은 물건에게 느끼는 마법 같은 매력, 뿐만 아니라 그것들을 잃어버릴지도 모른다는 두려움까지 떨쳐낼 수 있다.

깊은 곳으로 나아가는 질문

살면서 탐나는 것이 있다면 무엇인가? 당신이 그것을 잘게 쪼
개어 생각한다면, 당신이 선망하는 그 대상이 어떻게 변하는
가? (예를 들어, 좋아하는 신발을 생각해보자. 이것은 죽은 소의 말
린 가죽을 소재로 풀과 실로 한데 엮은 것이다. 혹은 집착적인 사랑
을 앓고 있다면, 그 혹은 그녀를 흠이 있는 인간으로 보는 것은 어
떨까?)

자기신뢰 연습 ⑥ 생명력

+++

◆ 자연의 지시를 따르라 ◆

당신이 인간으로서 경험하는 것들을 보다 자세하게 설명해주는 자연의 보편 법칙들을 생각해보라. 개미의 근면성실함, 매의 우아함, 삼나무의 힘, 넓은 바다의 유연함까지, 우리 또한 자연의 일부로서 그러한 미덕을 가지고 있다. 동물이나 사물을 의인화해 상상하면서 무한히 다양한 자연의 모든 생명체로부터 가르침을 받아라.

깊은 곳으로 나아가는 질문

일기장을 가지고 자연 속으로 들어가라. 마음을 고요하게 하고, 당신을 둘러싼 생명들이 당신에게 무어라 말하는지 귀 기울여라. 동물들, 식물들, 대지가 당신에게 어떻게 살아가라 말하는가?

◆ 당신의 근원이 무엇인지 찾아라 ◆

당신 안에 있는 생기, 당신의 몸과 마음에 생명력을 불어넣는 에너지의 흐름을 인식하라. 손가락 끝에서 느껴지는 얼얼한 느낌, 목뒤에 털이 쭈뼛 선 느낌, 당신의 골격이 바로 설 수 있게 해주는 척추, 그 생명력의 기둥에 주의를 기울여보라. 이 전류의 흐름이 당신이라는 생명의 근원적 힘이다. 딜런 토머스Dylan Thomas

는 이 힘에 대해 이렇게 말했다. "초록색 선을 따라 꽃으로 내달리는 힘."

깊은 곳으로 나아가는 질문

언제, 어떻게, 왜 당신은 당신의 생명력을 최대한으로 발휘할 수 있음에도 그것을 스스로 방해하는가? 어떤 식으로 당신은 스스로의 에너지를 방해하고 스스로의 힘을 희생시키는가? 구체적으로 생각해보자.

◆ 비이원성에 대해 생각하라 ◆

삼라만상의 통합을 생각해보라. 그리고 당신이 당신 자신과 외부 세계 사이에 세워둔 인공의 장벽에 대해 생각해보라. 인간이 만든 이 장벽이 허상임을 깨닫고, 창조 세계의 서로 분리될 수 없는 하나됨을 깊게 숙고해보라. 통합된 인식에서 당신을 떼어 놓는 유일한 한 가지는 당신의 정신임을 기억하라.

깊은 곳으로 나아가는 질문

서로가 이어져 있다는 것을 인지하고 나면 당신의 견해, 행동, 기대, '외부' 세계와의 갈등이 어떻게 변화하는가? 구체적으로 생각해보자.

자기신뢰 연습 ⑦ 용기

+++

◆ 겉모습에 겁먹지 말라 ◆

겉모습에 속고 있지는 않은지 주의를 기울여라. 겉모습은 불필요한 두려움을 만들어낸다. 두려움은 비합리적이고, 언어화되지 않으며, 고정관념에 예민하게 반응한다는 것을 기억하라. 또한 우리는 스스로를 위험으로부터 보호하기 위해 정신적으로 손쉽고 빠른 방법을 사용하기 때문에 어떤 위험이 우리에게 실질적으로 위협이 되는지, 되지 않는지에 상관없이 두려워 보이는 외부에 자동적으로 반응한다는 점을 기억하라.

> **깊은 곳으로 나아가는 질문**
>
> 표면적으로 보이는 것 이면에 있는 진실이 혹여 위협적인 것과는 거리가 멀다고 해도, 그것과는 상관없이 보면 곧장 겁을 먹게 되는 겉모습이 있다면 그것이 무엇인가? 구체적으로 생각해 보자.

◆ 당신이 해야 할 일과 동등해져라 ◆

당신의 삶에서 이 문제는 내가 극복할 수 없을 것이라 느끼는 영역들을 적어보라. 그리고 이러한 믿음 뒤에 있는 이야기, 즉 당신의 두려움 뒤에 있는 현실에 주의를 기울여보자. 준비가 미흡하거나 지식이 부족할 때 흔들리는 자신감과 부정적인 예측이 당신의 길을 가로막는다는 것을 알아야 한다. '난 할 수 없다'는 생각이 자꾸 반복될 때, 이 생각을 믿어도 좋을 만한 이유가 있는지 잘 살펴라.

> ─── 깊은 곳으로 나아가는 질문 ───
>
> 당신의 삶에서 맞닥뜨린 어려움만큼이나 스스로 강하다고 느끼기 위해 당신이 배워야 할 것, 연습해야 할 것, 버려야 할 것은 무엇인가? 구체적으로 생각해보자.

◆ 자유를 두려워하는 마음을 극복하라 ◆

미지에 대한 불안감, 수많은 선택지 중 하나를 선택할 수 있는 당신의 자유를 인정하는 데서 오는 두려움을 깊이 생각해보라. 어떻게 이 두려움이 당신이 당신의 길로 나아가는 것을 방해하고, 스스로 결정하지 못하는 것을 외부 조건의 탓으로 돌리게 하는지 살펴보라. 자유는, 마치 사랑처럼, 많은 이가 간절히 바라면서도 그에 저항한다. 우리는 위대함, 가능성, 대부분의 미지를 두려워하고, 스스로를 낮은 기대감 속에 가둬놓는다.

> ─── 깊은 곳으로 나아가는 질문 ───
>
> 당신은 자유를 무엇이라 정의하는가? 자유로움을 두려워하는 마음이 창의적이고 만족할 만한 결정을 내리는 것을 방해하는 때는 언제인가? 구체적으로 떠올려보자.

자기신뢰 연습 ⑧ 친밀함

+++

♦ 친구를 잘 선택하라 ♦

가족, 친구, 동료, 자주 어울리는 사람들을 포함해 당신이 관계를 유지하고 있는 사람들이 당신에게 어떤 영향을 주는지 생각해보자. 이들과의 관계가 당신에게 힘을 북돋아주는가, 아니면 오히려 당신의 기를 꺾는가? 영감을 주는가, 아니면 약해지게 만드는가? 자주 만나는 사람들이 당신을 보살피고, 당신의 말을 들어주고, 당신과의 관계를 감사하게 여기고 있다는 느낌이 드는지 스스로에게 물어보라. 진실한 따스함과 친밀함이 느껴지지 않는다면, 왜 그들과 계속해서 관계를 이어나가고 있는지 생각해보라.

깊은 곳으로 나아가는 질문

만나서 시간을 함께 보내는 사람들을 목록화하라. 각 사람과의 관계를 진지하게 평가해보라. 만일 그 관계가 (이를테면 가족 구성원처럼) 떼어낼 수 없는 관계일 경우, 이러한 관계를 어떻게 하면 최대한 긍정적으로 활용할 수 있을까? 또는 부정적 영향으로부터 자신을 보호할 수 있을까? 구체적으로 생각해보자.

♦ 듣는 법을 배워라 ♦

듣기의 기술에 대해 깊게 생각해보자. 또한 당신의 경청하는 능력이 (혹은 그 능력이 없을 경우에도) 가까운 사람들과의 관계에 어떤 영향을 끼치는지 생각해보자. 열린 마음과 정신으로 다른 사람을 지켜보는 행위가 공감의 핵심임을 인지하라. 우리의 안녕과 행복을 바라는 사람들이 우리를 지켜보고 있고, 우리의 말을 듣고 있다는 것을 아는 것은 언제나, 그리고 힘든 시기를 지나고 있다면 더더욱, 귀중한 선물이다.

──── 깊은 곳으로 나아가는 질문 ────

> 당신은 다른 사람들의 말을 경청할 수 있는가? 아니면 쉽게 산만해지는가? 집중하지 못하고 몰입하지 못하게 방해하는 것은 무엇인가? 구체적으로 생각해보자.

◆ 사랑은 인격적인 것이 아님을 기억하라 ◆

사랑을 마치 식물이 태양을 향하듯 개별 인간들이 서로 끌어당기는 자연스러운 힘, 이를테면 중력 같은 일반적인 힘이라고 생각하라. 관계의 형식은 다를지라도, 서로의 마음을 끌어당기는 이 힘은 모든 관계에서 동일하다. 낭만적 사랑의 신화, 부모님에 대한 자식의 사랑에 관한 신화가 보여주듯, 특정 몇몇 관계는 다른 종류의 관계보다 더 특별하다고 여겨지는 경향이 있다. 하지만 이는 앞서 언급한 사실과 상충된다는 것에 특별한 주의를 기울여야 한다. 형식과 그 내용을 혼동하지 말아야 한다.

당신의 관계가 소유욕, 경쟁, 내용이 아닌 형식에 대한 집착(이를테면 관계의 형태 같은 것) 때문에 고통받고 있지는 않은가? 만일 그렇다면, 사랑은 소유가 아니라 힘이라는 관점으로 이 고통을 어떻게 치유할 수 있을까?

자기신뢰 연습 ⑨ 역경

+++

◆ 일어난 일을 사랑하라 ◆

인생의 불완전한 완전성에 대해 깊이 생각해보라. 또한 만물이 정확히 그 모습 그대로 옳다는 것에 대해 생각해보라. 저항하지 않고 주어진 상황을 받아들일 때(아모르 파티), 갈등과 어려움, 스트레스가 줄어든다. 당신과 당신의 삶을 향상시키기 위해 기울이는 노력은 역설적이게도 상황을 수용하기 시작할 때 점점 더 큰 효과를 발휘하게 된다. 무언가 잘못됐고 그것을 고쳐야 한다는 오해에서 벗어나면 당신이 하는 행동은 더 긍정적인 영향력, 더 오래도록 지속되는 영향력을 갖게 된다.

깊은 곳으로 나아가는 질문

당신이 받아들이기를 가장 극렬히 거부하고 있는 당신 삶의 조건은 무엇인가? 그리고 당신이 '아모르 파티'를 연습할 때, 이 저항감이 얼마나 줄어드는가? 구체적으로 생각해보자.

◆ 고난은 일시적인 것임을 기억하라 ◆

감정의 짧은 수명, 언제나 변하는 고통의 영향력에 대해 생각해보라. 고통이 덧대어진 이야기는 고통받는 것과 똑같다는 진실을 기억하라. 또한 상실, 비난, 억울함의 이야기는 당신을 통과해 지나가려던 고통을 감정적으로 더 강하게 묶어두는 경향이 있음을 알아야 한다.

깊은 곳으로 나아가는 질문

요즘 당신의 삶에서 당신이 가장 비통해하는 것은 무엇인가? 이 비통함에 관해 당신이 하는 이야기들이 이것을 과거의 일이 될 수 없도록 막고 있지 않은가?

◆ 불사조를 생각하라 ◆

다시 회복되는 과정을 치유의 자연스러운 단계로 여겨라. 회복할 수 없을 것 같았던 상처를 치료하고, 생명력을 잃은 곳에 다시 활기를 불어넣는 우리의 삶이 어떻게 놀라운 방식으로 무너졌던 것을 다시 회복시키는지 보라. 모든 것이 타고 남은 잿더미에서 새로운 투지로 다시 솟아오르는 당신의 불사조 같은 능력에 주목하라.

깊은 곳으로 나아가는 질문

무너지고, 쓰러지고, 패배했다고 느끼는 삶의 영역에서 어떻게 다시 회복의 힘을 발휘할 수 있을까? 구체적으로 생각해보자.

자기신뢰 연습 ⑩ 낙관

+++

♦ 현실적인 낙관론을 연습하라 ♦

희망이 가진 회복력, 힘든 시기에 영혼에게 웃음을 줄 수 있는 희망에 주목해야 한다. 눈앞에 펼쳐진 사실에만 집착하는데 어떻게 현재의 상황에서 최선의 방법을 찾아낼 수 있겠는가? 앞으로 벌어질 수도 있을 법한 일에 상관없이, 그것 이외의 다른 것 또한 진실임을 깨달아야 한다. 이것을 깨달으면, 깨어 있는 상태로 마음의 문에 틈이 생겨 새로운 가능성이 드러나게 된다.

깊은 곳으로 나아가는 질문

오늘날 어떻게 하면 주어진 상황을 있는 그대로 받아들이면서도 낙관론을 훈련할 수 있을까? 또한 비관적인 편견에 맞설 수 있을까? 구체적으로 생각해보자.

♦ 사람 혹은 대상에 대한 판단을 멈춰라 ♦

별다른 숙고 없이 곧장 판단해버리는 자신을 생각해보라. 당신의 무의식적 편견이 어떤 영향을 끼치는지 살펴보라. 사람 혹은 대상을 비난하기 전에 잠시 멈춰 그 비난을 의심해보는 훈련을 하라. 이 훈련을 통해 비난이 투사된 반응을 반복하는 파괴적인 행동을 멈출 수 있고, 자기실현적인 예언의 부정적인 영향력을 줄일 수 있다.

당신은 무엇(혹은 누구)을 대상으로 가장 거칠게 비난하는가? 이렇게 곧장 판단함으로써 사람들 혹은 대상의 진실을 못 보고 지나치지는 않는가? 구체적으로 생각해보라.

◆ 가벼워져라 ◆

스스로에 대해 너무 심각하게 생각하고 있지는 않은지 생각해 보라. 당신이 겪고 있는 문제의 중요도, 당신이 가진 영향력, 당신이 겪고 있는 고통의 정확한 크기를 과장하고 있지는 않은지 살펴보라. 그 비대해진 자만이 어떻게 당신을 끌어내리고 새로운 통찰을 방해하는지 보라. 자아도취, 생각을 되씹고 또 되씹는 것, 자기과시는 행복을 방해하며, 당신의 삶에서 감사와 은혜를 앗아간다.

당신은 어떤 식으로 스스로를 '과도하게' 진지하게 받아들이는 가? 그리고 이러한 태도가 어떻게 불필요한 고통을 초래하는지 생각해보라. 당신이 조금 가벼워진다면 당신의 삶이 어떻게 바뀔까? 구체적으로 생각해보자.

자기신뢰 연습 ⑪ 경외

+++

◆ 우주 속에 있는 자신을 보라 ◆

당신이 존재하는 우주의 크기, 공간의 광대함을 생각해보라. 당신의 한가운데에 자리 잡은 무수한 존재들, 이 신비로운 창조 세계를 유지하는 상상할 수 없는 힘을 가진 물리력을 숙고해보라. 우주 속에 자리한 당신의 존재를 명상하며 경이가 어떻게 정신을 고요하게 하고, 마음을 열며, 갈등을 완화하고, 분리된 존재라는 허상을 치유하는지 살펴보라.

깊은 곳으로 나아가는 질문

이렇게 우주적 관점으로 자신의 인생을 보는 것이 스스로에 대한 동정을 줄이고 다른 사람을 사랑하는 데 어떤 영향을 끼치는가? 구체적으로 생각해보자.

◆ '광채'와 깨달음에 주목하라 ◆

어떻게 하면 불가사의한 경험, 깨달음을 주는 경험을 잘 인식할 수 있을지 생각해보자. 눈이 밝아져 새로운 방식으로 세상을 볼 수 있게 되는 초월적인 순간, 동기화되는 순간을 어떻게 잘 인지할 수 있을지 생각해보자. 깨달음이 당신의 존재를 확장하며, 평범한 것들의 비범한 특성을 발견하게 해준다는 것을 기억하라.

깊은 곳으로 나아가는 질문

깨달음과 절정경험이 현실에 대한 당신의 인식을 어떻게 바꾸는지 가능한 한 자세히 기술해보라. 그러한 순간에 당신이 배운 점은 무엇인가? 구체적으로 생각해보자.

◆ 사랑의 눈으로 보라 ◆

조건 없는 보살핌과 애정의 렌즈로 당신 존재를 보라. 감사와 다정함, 인내와 경이로 세상을 보라. 신의 눈(혹은 의식의 통합체)을 통해 당신의 삶을 본다고 상상해보라. 존재의 기적 같은 면, 창조 세계의 유약함과 일시성이 보일 것이다. 이 관점이 어떻게 당신의 마음과 정신을 고양시키는지 살펴보라.

깊은 곳으로 나아가는 질문

당신의 일상을 사랑의 눈으로 본다면, 그렇지 않았을 때와 비교했을 때 확연히 눈에 들어오지 않는 것이 무엇인가? 구체적으로 기술해보자.

자기신뢰 연습 ⑫ 깨우침

+++

♦ 과거는 떠나보내라 ♦

지금 이 순간을 인식함으로써 과거를 떠나보낼 수 있음을 고찰해보라. 모든 순간이 새로운 시작이며, 이미 벌어진 일은 죽은 것이고 끝난 것이다. 역사와 관습의 노예가 되지 말고, 과거의 성취나 실패에 과장된 의미를 부여해 마음을 쏟는 일을 하지 말라. 존재란 지금 이 순간에 얻는 힘으로 지속되는 창조의 행위임을 알아야 한다.

깊은 곳으로 나아가는 질문

당신이 지닌 스스로에 대한 신뢰를 희생하면서까지 이전 사람들의 성취를 칭송하느라 과거에 지배당하고 있지는 않은가? 구체적으로 생각해보자.

♦ 합리적 초월을 연습하라 ♦

어떻게 하면 당신의 영적 삶에 이성을 통합시킬 수 있을지 생각해보라. 초월적 인식과 합리성 사이의 갈등은 상상의 허구임을 기억하라. 이 이분법적이고 물질주의적인 관점을 당신이 자세히 들여다보면, 그것은 이내 산산조각 날 것이다. 기억하라. 신체적인 것과 영적인 것, 개인적인 것과 개인의 한계를 넘어서는 것, 보이는 것과 보이지 않는 것, 이 모든 것들은 다 동일하게 분리할 수 없는 온전한 전체의 양상들이다.

깊은 곳으로 나아가는 질문

이성이 당신의 영적 인식을 방해할 때는 언제이며, 당신의 영적
인식이 이성을 방해할 때는 언제인가? 구체적으로 생각해보자.

◆ 원을 확장하라 ◆

당신의 동정심이 닿는 범위를 어떻게 하면 넓힐 수 있을지, 어떻
게 하면 당신의 자애로운 마음을 확장해 온 인류를 품을 수 있을
지 생각해보라. 당신의 마음이 닫히는 곳, 무감각해지는 곳, 그
리고 보살핌의 원에서 다른 이들을 배제하는 곳이 어디인지 살
펴보라. 특히 당신에게 혐오감을 불러일으키는 것이 무엇인지,
당신이 동류의식을 느끼지 않고 거리를 두며 대상을 악마라 일
컫는 때가 언제인지 특별히 주의를 기울여 살펴라.

깊은 곳으로 나아가는 질문

당신이 지닌 동정심의 원에서 배제되는 집단, 개인은 누구인
가? 스스로 거리를 두는 것이 인간으로서의 당신을 협소하게
만드는 것은 아닌가? 어떻게 하면 '타자'를 당신이 동류의식을
느낄 인간으로 생각할 수 있을까?

참고문헌

Aurelius, Marcus. Meditations. Trans. Gregory Hays. New York: Random House, 2002.

Baker, Carlos. Emerson Among the Eccentrics. London: Penguin, 1997.

Bode, Carl, and Malcolm Cowley, eds. The Portable Emerson. London: Penguin, 1979.

Emerson, Ralph Waldo. Society and Solitude. Delhi: Prabhat Prakashan Publishing, 2020.

————. Letters and Social Aims. South Yarra, Australia: Leopold Classic Library, 2016.

————. Ralph Waldo Emerson Collection: Collected Essays and Lectures—Nature, The American Scholar, Essays: First and Second Series, Representative Men, The Conduct of Life, English Traits. Independently published, 2022.

————. On Man and God: Thoughts Collected from the Essays and Journals. White Plains, NY: Peter Pauper Press, 1961.

————. Uncollected Writings: Essays, Addresses, Poems, Reviews and Letters. Madrid: HardPress Publishing, 2014.

————. Selected Journals, 1841–1877. New York: Library of America, 2010.

Epictetus. Discourses and Selected Writing. Scotts Valley, CA: CreateSpace Book Publishing, 2016.

Geldard, Richard. The Spiritual Teachings of Ralph Waldo Emerson. Hudson, New York: Lindisfarne Books, 2001.

Kazin, Alfred. God and the American Writer. New York: Vintage Books, 1998.

랄프 왈도 에머슨의 저작과 강연(ABC순)

- Address on Education (published posthumously in The Complete Writings of Ralph Waldo Emerson, edited by his son, Edward Emerson, in 1904), Address at the Concord Free Library (1835)

- "Beauty" (The Conduct of Life, 1860)

- "Compensation" (Essays, First Series, 1841), "Considerations by the Way" (The Conduct of Life, 1860), "Character" (Essays, Second Series, 1844), "Circles" (Essays, First Series, 1841), "Clubs" (Society and Solitude, 1870), Celebration of Intellect Speech at Tufts College (1861), "Considerations" (The Conduct of Life, 1860), "Courage" (Society and Solitude, 1870), "Culture" (The Conduct of Life, 1860)

- "Experience" (Essays, Second Series, 1844)

- "Fate" (The Conduct of Life, 1860), "Friendship" (Essays, First Series, 1841), Fugitive Slave Law Speech (address to Citizens of Concord, 1851)

- Harvard Divinity School Address (1838), "History" (Essays, First Series, 1841)

- "Inspiration" (Letters and Social Aims, 1875), "Intellect" (Essays, First Series, 1841)

- "Love" (Essays, First Series, 1841)

- "Manners" (Essays, Second Series, 1844), "Montaigne; or, The Skeptic" (Representative Men, 1850), "Man the Reformer" (lecture read before the Mechanics' Apprentices' Library Association, 1841)

- "Nature" (Nature, 1836), "Natural History of the Intellect" (The Conduct of Life, 1860)

- "The American Scholar" (Phi Beta Kappa speech, 1837), "The Conservative" (lecture at the Masonic Temple, 1841), "The Over-Soul" (Essays, First Series, 1841), "The Transcendentalist" (lecture read at the Masonic Temple, 1842), "The Tragic" (essay from The Dial, 1844), "The Young American" (lecture read before the Mercantile Library Association, 1844)

- "Politics" (The Conduct of Life, 1860), "Power" (The Conduct of Life, 1860)

- "Success" (Society and Solitude, 1870), Speech for Meeting of the Citizens Town Hall, Concord (1856), "Spiritual Laws" (Essays, First Series, 1841), "Self-Reliance" (Essays, First Series, 1841)

- "Worship" (The Conduct of Life, 1860), "Work and Days" (Society and Solitude, 1870), Williams College Speech (1854)

notes

프롤로그

1. Ralph Waldo Emerson, Journals and Miscellaneous Notebooks of Ralph Waldo Emerson, vol. 3: 1826 – 1832, eds. William Gilman and Alfred R. Ferguson (Cambridge: Harvard Univ. Press, 1963).

2. Ralph Waldo Emerson, Emerson in His Journals, ed. Joel Porte (Cambridge: Belknap Press of Harvard Univ. Press, 1982), 206.

3. Lucius Annaeus Seneca, Letters on Ethics: To Lucilius, trans. Margaret Graver and A. A. Long (Chicago: Univ. of Chicago Press, 2015), 14.

1장

1. Van Wyck Brooks, The Life of Emerson (New York: E. P. Dutton, 1932).

2. Ralph Waldo Emerson, The Selected Letters of Ralph Waldo Emerson, ed. Joel Myerson (New York: Columbia Univ. Press, 1998), 68.

3. Ralph Waldo Emerson, Complete Works with a Biographical Introduction and Notes by Edward Waldo Emerson, and a General Index, vol. 10 (Boulder: Univ. of Colorado, Boulder, 1911), 407.

4. Ralph Waldo Emerson, Selected Writings of Ralph Waldo Emerson (New York: W. Scott, 1888), xii.

5. Ralph Waldo Emerson, The Heart of Emerson's Journals, ed. Bliss Perry (Wentworth Press, 2019), 39.

6. James Woelfel, "Emerson and the Stoic Tradition," American Journal of Theology and Philosophy 32, no. 2 (May 2011), 122.

7. Buckminster Fuller, Utopia or Oblivion: The Prospects for Humanity

(New York: Penguin, 1972), 62.

8. Emerson, The Selected Letters, 306.

9. Satu Teerikangas and Liisa Välikangas, "Exploring the Dynamic of Evoking Intuition," Handbook of Research Methods on Intuition (London: Edgar Elgar Publishing, 2014), 72–78.

10. Ralph Waldo Emerson, Emerson in His Journals, ed. Joel Porte (Cambridge: Belknap Press of Harvard Univ. Press, 1982), 71.

11. Emerson, Emerson in His Journals, 199.

12. Mike Yarbrough, "The Mind of Man: Compartmentalization," Wolf & Iron: Feed the Wolf, Be the Iron (n.d.), https://wolfandiron.com/blogs/feedthewolf/the-mind-of-a-man-compartmentalization.

13. Alexandra Mysoor, "The Science Behind Intuition and How You Can Use It to Get Ahead at Work," Forbes, February 2017, https://www.forbes.com/sites/alexandramysoor/2017/02/02/the-science-behind-intuition-and-how-you-can-use-it-to-get-ahead-at-work/?sh=4e3895b8239f.

14. Joel Porte and Saundra Morris, eds., The Cambridge Companion to Ralph Waldo Emerson (Cambridge, UK: Cambridge Univ. Press, 1999), 41.

15. Andy Warhol, The Philosophy of Andy Warhol (San Diego: Harcourt, 1975), 149.

16. Lawrence Buell, Emerson (Cambridge: Harvard Univ. Press, 2003), 73.

17. Erich Fromm, The Sane Society (New York: Rinehart, 1955), 25.

18. Erich Fromm and Leonard A. Anderson, The Sane Society (Abingdon, UK: Taylor & Francis, 2017), xxvi.

19. Amanda L. Chan, "6 Unexpected Ways Writing Can Transform Your Health," HuffPost, December 6, 2017, https://www.huffpost.com/entry/writing-health-benefits-journal_n_4242456.

20. Stephen Dunn, "A Secret Life," A Cottage by the Sea, September 11, 2015, https://www.acottagebythesea.net/poems/a-secret-life-by-stephen-dunn.

21. Lord Byron, The Works of Lord Byron (Palala Press, 2015).

22. Jayne O'Donnell, "Teens Aren't Socializing in the Real World. And That's Making Them Super Lonely," USA Today, March 20, 2019, https://www.usatoday.com/story/news/health/2019/03/20/teen-loneliness-social-media-cell-phones-suicide-isolation-gaming-cigna/3208845002/.

23. O'Donnell, "Teens Aren't Socializing."

24. Ian Sample, "Shocking but True: Students Prefer Jolt of Pain to Being Made to Sit and Think," The Guardian, July 3, 2014, https://www.theguardian.com/science/2014/jul/03/electric-shock-preferable-to-thinking-says-study.

25. D. W. Winnicott, "The Capacity to Be Alone," The International Journal of Psychoanalysis 39 (September 1958), 416–20.

26. C. G. Jung, Herbert Read, Gerhard Adler, and Michael Fordham, Collected Works of C.G. Jung, vol. 13: Alchemical Studies (Princeton, NJ: Princeton Univ. Press, 1953), 265.

27. Howard Thurman, Meditations of the Heart (Boston: Beacon Press, 2014), 92.

2장

1. Evan Puschak, Escape into Meaning: Essays on Superman, Public Benches, and Other Obsessions (New York: Atria Books, 2022), 20.

2. Ralph Waldo Emerson, Journals of Ralph Waldo Emerson: With Annotations, vol. 3, ed. Edward Waldo Emerson and Waldo Emerson Forbes (Reprint Services Corporation, 2008), 272.

3. Bessel van der Kolk, The Body Keeps the Score: Brain, Mind, and Body in the Healing of Trauma (New York: Viking, 2014), 191.

4. John M. de Castro, "Different Meditation Types Alter Brain Connectivity Patterns Differently Over the Long Term," Contemplative Studies, November 2021, http://contemplative-studies.org/wp/index.php/2021/11/24/different-meditation-types-alter-brain-connectivity-patters-differently-over-the-long-term/.

5. Lou E. Whitaker, "How Does Thinking Positive Thoughts Affect Neuroplasticity?," Meteor Education: Accelerating Engagement, n.d., https://

meteoreducation.com/how-does-thinking-positive-thoughts-affect-neuroplasticity/.

6. Buddha, Dhammapada, a collection of sayings of the Buddha in verse form and one of the most widely read and best-known Buddhist scriptures.

7. "What Is the Default Mode Network?," Psychology Today, n.d., https://www.psychologytoday.com/us/basics/default-mode-network.

8. Marcus Aurelius, Meditations: A New Translation, trans. Gregory Hays (New York: Random House, 2002), 59.

9. Amanda L. Chan, "6 Unexpected Ways Writing Can Transform Your Health," HuffPost, updated December 2, 2017, https://www.huffpost.com/entry/writing-health-benefits-journal_n_4242456.

10. James Pennebaker, "Writing About Emotional Experiences as a Therapeutic Process," Psychological Science 8, no. 3 (May 1997), 162–66.

11. This is a basic tenet of Victor Frankl's "Logotherapy."

12. Jerry Mayer and John P. Holms, comps., Bite-Size Einstein: Quotations on Just About Everything from the Greatest Mind of the Twentieth Century (New York: St. Martin's Publishing Group, 2015).

13. Jonathan Haidt, The Happiness Hypothesis: Finding Modern Truth in Ancient Wisdom (New York: Basic Books, 2006), 13.

14. Ralph Waldo Emerson, Emerson in His Journals, ed. Joel Porte (Cambridge: Belknap Press of Harvard Univ. Press, 1982).

15. Steve Bradt, "Wandering Mind Not a Happy Mind," Harvard Gazette, November 11, 2010.

16. Matthew A. Killingsworth and Daniel T. Gilbert, Harvard Univ. study, published in Science Daily, November 12, 2010.

3장

1. Marcus Aurelius, Meditations: A New Translation, trans. Gregory Hays (New York: Random House, 2002), 32.

2. Ralph Waldo Emerson, Emerson in His Journals, ed. Joel Porte (Cambridge: Belknap Press of Harvard Univ. Press, 1982).

3. Harold Bloom and Luca Prono, eds., Henry David Thoreau (Facts on File, 2014), 21.

4. Bloom and Prono, eds., Henry David Thoreau, 102.

5. Ralph Waldo Emerson, Emerson's Complete Works, Riverside ed., vol. 2, ed. Edward Waldo Emerson and James Elliot Cabot (digitized, 2007), 102.

6. Frances Eggleston Blodgett and Andrew Burr Blodgett, The Blodgett Readers by Grades, Book 6 (Boston: Ginn and Co., 1910), 116.

7. Emerson, Emerson in His Journals, 181.

8. Henry David Thoreau, Walden: A Fully Annotated Edition (New Haven, CT: Yale Univ. Press, 2004), 92.

9. Eldad Yechiam, "The Psychology of Gains and Losses: More Complicated Than Previously Thought," American Psychological Association, January 2015, https://www.apa.org/science/about/psa/2015/01/gains-losses.

10. Saul Mcleod, "Asch Conformity Line Experiment," Simply Psychology, February 2, 2023, https://simplypsychology.org/asch-conformity.html.

11. Al Christensen, "Nomad Origin Stories: Joe," January 17, 2017, https://youtu.be/TiuI2FZSMzs (3:55).

12. Dan Ariely, Predictably Irrational: The Hidden Forces That Shape Our Decisions (New York: Harper, 2009).

13. Richard Joyce, Evolution of Morality (Cambridge: MIT Press, 2007), 110.

14. William Wordsworth, The Complete Poetical Works of William Wordsworth (Philadelphia: Troutman & Hayes, 2008), 85.

15. E. E. Cummings, E. E. Cummings Complete Poems, 1904–1962 (New York: Liveright, 1994).

16. Colin Wilson, The Ultimate Colin Wilson: Writings on Mysticism, Consciousness and Existentialism, ed. Colin Stanley (London: Watkins Media, 2019).

17. Andrew Harvey and Mark Matousek, Dialogues with a Modern Mystic (Wheaton, IL: Theosophical Publishing House, 1994), 33.

18. Epictetus, The Art of Living (Prabhat Prakashan, 2021).

19. Ralph Waldo Emerson, Journals, vol. 7, ed. Edward Waldo Emerson and Waldo Emerson Forbes (Bibliography Center for Research, 2009), 407.

20. Ralph Waldo Emerson, Complete Works of Ralph Waldo Emerson, Illustrated: Nature, Self-Reliance, Experience, The Poet, The Over-Soul, Circles (Strelbytskyy Multimedia Publishing, 2021).

21. Ralph Waldo Emerson, Self-Reliance: The Unparalleled Vision of Personal Power, ed. Mitch Horowitz (New York: Gildan Media, 2018).

22. Robert Lawson-Peebles, American Literature Before 1880 (London: Taylor & Francis, 2003), 188.

4장

1. Kaiping Peng and Richard E. Nisbett, "Culture, Dialectics, and Reasoning About Contradiction," Univ. of California at Berkeley/Univ. of Michigan, n.d., http://www-personal.umich.edu/~nisbett/cultdialectics.pdf.

2. Martin Buber, I and Thou (Marlborough, MA: eBookit.com, 2012).

3. Frans de Waal, Primates and Philosophers: How Morality Evolved (Princeton, NJ: Princeton Univ. Press, 2006), 155.

4. Lawrence Wilde, Erich Fromm and the Quest for Solidarity (New York: Palgrave Macmillan US, 2016), 134.

5. Robert Gooding-Williams, In the Shadow of Du Bois: Afro-Modern Political Thought in America (Cambridge: Harvard Univ. Press, 2011).

6. Lance Morrow, Evil: An Investigation, trans. Gregory Hays (New York: Basic Books, 2003), 25.

7. Marcus Aurelius, Meditations: A New Translation, trans. Gregory Hayes (New York: Random House, 2002), 34.

8. Ralph Waldo Emerson, The American Scholar: Self-Reliance, Compensation (Woodstock, GA: American Book, 1893), 105.

9. Ralph Waldo Emerson, Journals and Miscellaneous Notebooks of Ralph Waldo Emerson, vol. 1: 1819–1822, ed. William H. Gilman, Alfred R. Ferguson, George P. Clark, and Merrell R. Davis (Cambridge: Belknap Press of Harvard Univ. Press, 1974), 133.

10. Emerson, Journals and Miscellaneous Notebooks, vol. 1, 39.

11. Marcus Aurelius, Meditations, 41.

12. Ralph Waldo Emerson, Journals, vol. 8 (Wentworth Press, 2016), 380.

13. George Kateb, Emerson and Self-Reliance (Lanham, MD: Rowman & Littlefield, 2002), 123.

14. Margaret Fuller, The Essential Margaret Fuller, ed. Jeffrey Steele (Princeton, NJ: Rutgers Univ. Press, 1994), xxxiv.

15. Kate Bornstein, "Naming All the Parts," The Middlebury Blog Network, 2013, http://sites.middlebury.edu.

5장

1. Courtney E. Ackerman, "What Is Self-Efficacy Theory? (Incl. 8 Examples & Scales)," Positive Psychology, May 29, 2018, https://positivepsychology.com/self-efficacy/.

2. Robert Holman Coombs, Addiction Counseling Review: Preparing for Comprehensive, Certification, and Licensing Examinations (London: Taylor & Francis, 2004), 77.

3. Maurice York and Rick Spaulding, Ralph Waldo Emerson: The Infinitude of the Private Man (Ann Arbor, MI: Wrightwood Press, 2008), 20.

4. Ralph Waldo Emerson, The Letters of Ralph Waldo Emerson, vol. 4, ed. Ralph L. Rusk (New York: Columbia Univ. Press, 1939), 439.

5. Michael Lounsbury, Nelson Phillips, and Paul Tracey, Religion and Organization Theory (Bradford, UK: Emerald Group Publishing, 2014), 138.

6. Marcus Tullius Cicero, On the Nature of the Gods: On Divination; On Fate; On the Republic; On the Laws; and On Standing for the Consulship (Urbana-Champaign: Univ. of Illinois at Urbana-Champaign, 1902).

7. Lucius Annaeus Seneca, Fifty Letters of a Roman Stoic, trans. Margaret Graver and A. A. Long (Chicago: Univ. of Chicago Press, 2021), 35.

8. P. Gollwitzer, "Implementation Intentions: Strong Effects of Simple Plans," American Psychologist, July 1, 1999.

9. Brené Brown, Daring Greatly: How the Courage to Be Vulnerable

Transforms the Way We Live, Love, Parent, and Lead (New York: Penguin, 2013).

6장

1. Dominique Mann, "After Every Trauma I've Faced as a Black Woman, I've Turned to the Woods," Glamour, February 2021, https://www.glamour.com/story/after-every-trauma-ive-faced-as-a-black-woman-ive-turned-to-the-woods.

2. Andreas Weber, Matter and Desire: An Erotic Ecology (White River Junction, VT: Green Publishing, 2017), 135.

3. Mukul Sharma, "Quantum Interconnectedness," Economic Tims, March 20, 2009.

4. Jalal Al Rumi, The Essential Rumi, trans. Coleman Barks (San Francisco: HarperOne, 2004).

5. Louise Gilder, The Age of Entanglement: When Quantum Physics Was Reborn (New York: Vintage Books, 2009).

6. Fyodor Dostoyevsky, The Idiot: A Novel in Four Parts (London: Heinemann, 1916), 383.

7. Marcus Aurelius, Meditations: A New Translation, trans. Gregory Hays (New York: Random House, 2002).

8. Ryan Holiday and Stephen Hanselman, The Daily Stoic: 366 Meditations on Wisdom, Perseverance, and the Art of Living (New York: Penguin, 2016).

9. Walter Isaacson, Steve Jobs (New York: Simon & Schuster, 2013), 82.

10. Epictetus, The Complete Works: Handbook, Discourses, and Fragments, ed. and trans. Robin Waterfield (Chicago: Univ. of Chicago Press, 2022), 55.

11. Peter Y. Chou, ed. "One Universal Mind," WisdomPortal.com, May 26, 1837.

7장

1. Mary Oliver, Upstream: Selected Essays (New York: Penguin, 2016).

2. Robert Richardson Jr., Emerson: The Mind on Fire (Berkeley: Univ. of California Press, 1995), 179.

3. Haiku by Mizuta Masahide, as noted in David Brother Steindl-Rast, i am through you so I (Mahwah, NJ: Paulist Press, 2017).

4. Eric Lindberg, "Veteran and Firefighter Who Saved Countless Lives Struggled to Save His Own," USC Trojan Family, winter 2021, https://news.usc.edu/trojan-family/michael-washington-marine-veteran-firefighter-social-work-trauma-hope-healing

5. Ralph Waldo Emerson, Everyday Emerson: A Year of Wisdom(New York: St. Martin's, 2022), 25.

6. Evgenia Cherkasova, Dostoevsky and Kant: Dialogues on Ethics(Amsterdam: Rodopi, 2009), 73.

7. Ralph Waldo Emerson, Society and Solitude: Twelve Chapters(London: S. Low, Son & Marston, 2006), 227.

8. Claudia Deane, Kim Parker, and John Gramlich, "A Year of U.S Public Opinion on the Coronavirus Pandemic," Pew Research Center, March 5, 2021, https://www.pewresearch.org/2021/03/05/a-year-of-u-s-public-opinion-on-the-coronavirus-pandemic/.

9. A. N. Schelle, "Social Atrophy: Failure in the Flesh," Indiana University South Bend, April 2013, https://clas.iusb.edu/search/?q=Schelle.

10. David Robson, "The Threat of Contagion Can Twist Our Psychological Responses to Ordinary Interactions, Leading Us to Behave in Unexpected Ways," BBC Future, April 2, 2020: 3. https://www.counsellingresources.co.nz/uploads/3/9/8/5/3985535/fear_of_coronavirus_is_changing_our_psychology.pdf.

11. Grenville Kleiser, Dictionary of Proverbs (APH Publishing, 2005).

12. Ralph Waldo Emerson, Journals and Miscellaneous Notebooks of Ralph Waldo Emerson, vol. 8: 1841 – 1843, ed. William H. Gilman and J. E. Parsons (Cambridge: Belknap Press of Harvard Univ. Press, 1960), 60.

13. Wilhelm Reich, The Mass Psychology of Fascism, 3rd ed. (New York:

Farrar, Straus and Giroux, 2013).

14. Frederick Douglass, Narrative of the Life of Frederick Douglass(Mineola, NY: Dover Publications, 1995), 73.

8장

1. Ralph Waldo Emerson, Complete Works of Ralph Waldo Emerson, Illustrated: Nature, Self-Reliance, Experience, The Poet, The Over-Soul, Circles (Strelbytskyy Multimedia Publishing, 2021).

2. Larry A. Carlson, "Bronson Alcott's 'Journal for 1837' (part two)," Studies in the American Renaissance (1982): 53 – 167, https://www.jstor.org/stable/30227495.

3. Ralph Waldo Emerson, Emerson in His Journals, ed. Joel Porte(Cambridge: Belknap Press of Harvard Univ. Press, 1982), 230.

4. Ralph Waldo Emerson, The Heart of Emerson's Journals, ed. Bliss Perry (Wentworth Press, 2019), 123.

5. Margaret Fuller Ossoli, Life Without and Life Within (Outlook Verlag, 2020), 70.

6. Ralph Waldo Emerson, Journals and Miscellaneous Notebooks of Ralph Waldo Emerson, vol. 8: 1841 – 1843, ed. William H. Gilman and J. E. Parsons (Cambridge: Belknap Press of Harvard Univ. Press, 1960), 34.

7. Rainer Maria Rilke, Rilke on Love and Other Difficulties: Translations and Considerations, trans. John J. L. Mood (New York: W. W. Norton, 1994), 45.

8. Emerson, Journals and Miscellaneous Notebooks, vol. 8, 34.

9. Emerson, The Heart of Emerson's Journals, 129.

10. Ralph Waldo Emerson, The Selected Letters of Ralph Waldo Emerson, ed. Joel Myerson (New York: Columbia Univ. Press, 1997), 228.

11. Ralph Waldo Emerson, Journals and Miscellaneous Notebooks of Ralph Waldo Emerson, vol. 5: 1835 – 1838, ed. William Gilman and Alfred R. Ferguson (Cambridge: Harvard Univ. Press, 1965), 336.

12. Emerson, Emerson in His Journals, 264.

13. Margaret Fuller, The Woman and the Myth: Margaret Fuller's Life and Writings, ed. Bell Gale Chevigny (Boston: Northeastern Univ. Press, 1976), 124.

14. Emerson, The Selected Letters, 223.

15. Emerson, Emerson in His Journals, 414.

16. John Keats, "Letter to Benjamin Bailey," n.d., http://www.john-keats.com/briefe/221117.htm.

17. Giannis Stamatellos, Plotinus and the Presocratics: A Philosophical Study of Presocratic Influences in Plotinus' Enneads (New York: State Univ. of New York Press, 2012), 104.

18. Marcus Aurelius, Meditations: A New Translation, trans. Gregory Hays (New York: Random House, 2002), 56.

9장

1. Theodore Roethke, On Poetry and Craft: Selected Prose (Port Townsend, WA: Copper Canyon Press, 2013), 11.

2. Marcus Aurelius, Meditations: A New Translation, trans. Gregory Hays (New York: Random House, 2002), 17.

3. Edwin John Ellis and William Butler Yeats, eds., The Works of William Blake: Poetic, Symbolic, and Critical (Ann Arbor: Univ. of Michigan, 1893), 432.

4. Lucius Annaeus Seneca, Dialogues and Essays, trans. John Davie (Oxford: Oxford Univ. Press, 2008), 64.

5. Marcus Aurelius, Epictetus, and Lucius Annaeus Seneca, Stoic Six Pack: Meditations of Marcus Aurelius, The Golden Sayings, Fragments and Discourses of Epictetus, Letters from a Stoic, and The Enchiridion, trans. Gregory Long (Lulu, 2015), 421.

6. Amy Morin, "7 Scientifically Proven Benefits of Gratitude That Will Motivate You to Give Thanks Year-Round," Forbes, November 23, 2014, https://www.forbes.com/sites/amymorin/2014/11/23/7-scientifically-proven-benefits-of-gratitude-that-will-motivate-you-to-give-thanks-year-round/?sh=6c33e72f183c.

7. Derek Beres, "How to Raise a Non-materialistic Kid," Big Think, October 22, 2018, https://bigthink.com/neuropsych/how-can-i-make-my-kid-less-materialistic/.

8. Marcus Tullius Cicero, Catilinarian Orations from the Text of Ernesti (Longman, 1829), xxxi.

9. Ralph Waldo Emerson, Journals and Miscellaneous Notebooks of Ralph Waldo Emerson, vol. 8: 1841 – 1843, ed. William H. Gilman and J. E. Parsons (Cambridge: Belknap Press of Harvard Univ. Press, 1970).

10. Ralph Waldo Emerson, The Letters of Ralph Waldo Emerson, vol. 7: 1807 – 1844, ed. Eleanor Marguerite Tilton (New York: Columbia Univ. Press, 1939), 502.

11. Courtney E. Ackerman, "Dabrowski's Theory of Positive Disintegration in Psychology," Positive Psychology, August 4, 2017, https://positivepsychology.com/dabrowskis-positive-disintegration/.

10장

1. Ralph Waldo Emerson, The Poems of Ralph Waldo Emerson (Boston: Houghton Mifflin, 1904).

2. John Dewey and Patricia R. Baysinger, The Middle Works, 1899-1924 (Carbondale: Southern Illinois Univ. Press, 1997), 191.

3. Marcus Aurelius, Meditations: A New Translation, trans. Gregory Hays (New York: Random House, 2002), 113.

4. William James, Pragmatism and Other Writings (New York: Penguin, 2000), 312.

5. Kate Bowler, Blessed: A History of the American Prosperity Gospel (Oxford: Oxford Univ. Press, 2013).

6. Kate Bowler, "Death, the Prosperity Gospel and Me," New York Times, February 14, 2016, https://www.nytimes.com/2016/02/14/opinion/sunday/death-the-prosperity-gospel-and-me.html.

7. William James, Essays, Comments, and Reviews (Cambridge: Harvard Univ. Press, 1987), 310.

8. Anne Trafton, "How Expectation Influences Perception," MIT News,

July 15, 2019, https://news.mit.edu/2019/how-expectation-influences-perception-0715.

9. Jerome Groopman, The Anatomy of Hope: How People Prevail in the Face of Illness (New York: Random House, 2003).

10. James Bond Stockdale, Courage Under Fire: Testing Epictetus's Doctrines in a Laboratory of Human Behavior (Stanford, CA: Hoover Institution Press, 2013).

11. Rabindranath Tagore, The Complete Works: Poems, Novels, Short Stories, Plays, Essays & Lectures (DigiCat, 2022), ccclvii.

12. Tali Sharot, "With Age Comes Unbridled Optimism," Tampa Bay Times, January 21, 2013, https://www.tampabay.com/news/aging/lifetimes/with-age-comes-unbridled-optimism/1271646/.

13. Martin Luther King Jr., The Radical King, ed. Cornel West(Boston: Beacon Press, 2016), 79.

14. Marcus Aurelius, Meditations, 151.

15. Marcus Aurelius, Meditations, 110.

16. Henry David Thoreau, Letters to Various Persons (Boston: Ticknor and Fields, 1865), 46.

11장

1. John Muir, Cruise of the Revenue-Steamer Corwin in Alaska and the N.W. Arctic Ocean in 1881: Botanical Notes: Notes and Memoranda: Medical and Anthropological; Botanical; Ornithological (Creative Media Partners, 2015).

2. John Muir, Delphi Complete Works of John Muir, Illustrated(Delphi, 2017).

3. John Muir, John Muir: His Life and Letters and Other Writings(Bâton Wicks, 1996), 132.

4. John Muir, Letter from Muir to Emerson, March 18, 1872(Online Archive of California).

5. Peter James Holliday, American Arcadia: California and the Classical Tradition (Oxford: Oxford Univ. Press, 2013), 3.

6. Ralph Waldo Emerson, Journals and Miscellaneous Notebooks of Ralph Waldo Emerson, vol. 2: 1822 – 1826, ed. William H. Gilman, Alfred R. Ferguson, and Merrell R. Davis (Cambridge: Belknap Press of Harvard Univ. Press, 1961), 116.

7. Robert D. Richardson Jr., Emerson: The Mind on Fire (Berkeley: Univ. of California Press, 1995), 5.

8. Abraham H. Maslow, Religions, Values, and Peak-Experiences (BN Publishing, 2019).

9. Abraham H. Maslow, Toward a Psychology of Being (New York: Wiley, 1999), 118.

10. Abraham Harold Maslow, Robert Frager, Ruth Cox, and James Fadiman, Motivation and Personality (New York: Harper and Row, 1987), 160.

11. Jean Grasso Fitzpatrick, Something More: Nurturing Your Child's Spiritual Growth (New York: Penguin, 1992), 35.

12. Ralph Waldo Emerson, Emerson in His Journals, ed. Joel Porte (Cambridge: Belknap Press of Harvard Univ. Press, 1982), 122.

13. Emily Mae Mentock, "Why 'Awe' Might Be the Secret Ingredient for Happiness," Grotto, n.d., https://grottonetwork.com/navigate-life/health-and-wellness/why-wonder-and-awe-can-lead-to-a-happier-life/.

14. Victor M. Parachin, Eleven Modern Mystics and the Secrets of a Happy, Holy Life (Hope Publishing House, 2011), 1.

15. Maslow, Toward a Psychology of Being.

16. Nathaniel Hawthorne, The Complete Works of Nathaniel Hawthorne (Strelbytskyy Multimedia Publishing, 2022).

17. George Santayana, Selected Critical Writings of George Santayana, ed. Norman Henfrey (Cambridge, UK: Cambridge Univ. Press, 1968), 117.

18. Abraham Joshua Heschel, God in Search of Man: A Philosophy of Judaism (New York: Farrar, Straus and Giroux, 1976), 112.

19. T. S. Eliot, "Vergil and the Christian World," The Sewanee Review 61, no. 1 (1953): 1 – 14.

20. James Joyce, Dubliners (New York: Knopf, 1991), xxiv.

21. Evelyn Underhill, Mysticism: A Study in Nature and Development of Spiritual Consciousness (Devoted Publishing, 2017), 8.

22. Frederick Buechner, Beyond Words: Daily Readings in the ABC's of Faith (New York: HarperCollins, 2009), 268.

23. Abraham H. Maslow, Religions, Values, and Peak-Experiences(Rare Treasure Editions, 2021), viii.

24. Maslow, Toward a Psychology of Being.

12장

1. Aldous Huxley, The Perennial Philosophy: An Interpretation of the Great Mystics, East and West (New York: HarperCollins, 2012).

2. Huxley, The Perennial Philosophy, 14.

3. Jonathan Haidt, The Happiness Hypothesis: Finding Modern Truth in Ancient Wisdom (New York: Basic Books, 2006).

4. Nitin Mishra, The Diary of a Yogi (Chennai, India: Notion Press, 1921).

5. Michael Lipka and Claire Gecewicz, "More Americans Now Say They're Spiritual but Not Religious," Pew Research Center, September 6, 2017, https://www.pewresearch.org/fact-tank/2017/09/06/more-ameri-cans-now-say-theyre-spiritual-but-not-religious/.

6. Ralph Waldo Emerson, The Letters of Ralph Waldo Emerson, vol. 7: 1807 - 1844, ed. Eleanor Marguerite Tilton (New York: Columbia Univ. Press, 1939), 7.

7. Ralph Waldo Emerson, Journals and Miscellaneous Notebooks of Ralph Waldo Emerson, vol. 2: 1822 - 1826, ed. William H. Gilman, Alfred R. Ferguson, and Merrell R. Davis (Cambridge: Belknap Press of Harvard Univ. Press, 1961), 27.

8. Cindy Dampier, "Mindfulness Is Not Just a Buzzword, It's a Multibillion Dollar Industry. Here's the Truth About the Hype," Chicago Tribune, July 2, 2018, https://www.chicagotribune.com/lifestyles/ct-life-de-bunking-mindfulness-0702-story.html.

9. Pierre Hadot, The Inner Citadel: The "Meditations" of Marcus Aurelius

(Cambridge: Harvard Univ. Press, 1998), 124.

10. Emerson, Journals and Miscellaneous Notebooks, vol. 2, 28.

11. Pierre Teilhard de Chardin, The Heart of Matter (Lulu, 2016).

12. Saint Augustine, Harvard Classics: Complete 51-Volume Anthology: The Greatest Works of World Literature (e-artnow, 2019).

13. Hierocles, Ethical Fragments (Lulu, 2015), 53.

14. Epictetus, The Art of Living (Prabhat Prakashan, 2021).

해설

1. Joel Lovell, "George Saunders's Advice to Graduates," The New York Times: The 6th Floor Blog, July 2013, https://archive.nytimes.com/6thfloor.blogs.nytimes.com/2013/07/31/george-saunderss-advice-to-graduates/.

2. Gay Wilson Allen, Waldo Emerson: A Biography (New York: Viking Press, 1981), 147.

3. John Townsend Trowbridge, "Reminiscences of Walt Whitman," The Atlantic, February 1902.

4. Sarah Bakewell, How to Live: Or a Life of Montaigne in One Question and Twenty Attempts at an Answer (New York: Other Press, 2011).

5. W. E. B. Du Bois, The Souls of Black Folk (Aurora, CO: Chump Change, 1903).

6. Robert D. Richardson Jr., Emerson: The Mind on Fire (Berkeley: Univ. of California Press, 1995), 571.

7. Ralph Waldo Emerson, The Topical Notebooks of Ralph Waldo Emerson, vol. 3, ed. Ralph H. Orth and Glen M. Johnson (Columbia, MO: Univ. of Missouri Press, 1994), 76.

8. Alia E. Dastagir, "More Young People Are Dying by Suicide, and Experts Aren't Sure Why," USA Today, September 2020, https://www.usatoday.com/story/news/health/2020/09/11/youth-suicide-rate-increases-cdc-report-finds/3463549001/.

9. Emily Baumgaertner, "How Many Teenage Girls Deliberately Harm

Themselves? Nearly 1 in 4, Survey Finds," New York Times, July 2, 2018, https://www.nytimes.com/2018/07/02/health/self-harm-teenagers-cdc.html.

10. "Stress in America: Money, Inflation, War Pile on to Nation Stuck in COVID-19 Survival Mode," American Psychological Association, March 2022, https://www.apa.org/news/press/releases/stress/2022/march-2022-survival-mode?utm_source=twitter&utm_medium=social&utm_campaign=apa-stress&utm_content=sia-mar22-money#inflation.

11. Mary Oliver, Upstream: Selected Essays (New York: Penguin, 2016).

12. "In U.S., Decline of Christianity Continues at Rapid Pace," Pew Research Center, October 17, 2019, https://www.pewresearch.org/religion/2019/10/17/in-u-s-decline-of-christianity-continues-at-rapid-pace/.

13. Dr. Miklos Hargitay, "Stoicism: The Philosophical Roots of Cognitive Behavioral Therapy," Manhattan Therapy Collective Blog (November 2020).